MW01241490

Su Camino Hacia los Milagros es un increíble relato de todo lo que Dios ha hecho y sigue haciendo mediante su vida y ministerio. Alimentará su fe y le dará una nueva pasión para creer a Dios por lo milagroso en su propia vida.

—Joyce Meyer
Autora de éxitos de ventas
Fundadora, Joyce Meyer Ministries
Fenton, Missouri

Endoso sinceramente este nuevo libro de Marilyn Hickey. Su vida consiste en una serie de acontecimientos milagrosos, y en este estupendo libro la Dra. Hickey habla extensamente de sus experiencias más extraordinarias y llenas de Dios, lo cual hace que este libro sea uno de los que no puede dejar de leer.

—Reverendo Dr. David Yonggi Cho
Pastor Emérito, Yoido Full Gospel Church
Presidente de la Junta de Church Growth International
Seúl, Corea del Sur

Recomiendo este libro porque tiene testimonios vivos y reales de sus experiencias personales, milagros que demuestran que Jesús vive. *Su Camino Hacia los Milagros* liberará y activará la fe de muchos para recibir un milagro. Este libro confirma que Dios es el mismo ayer, hoy y siempre. La Dra. Hickey enseña y vive lo sobrenatural. Como resultado, Dios la usa mucho en señales, milagros y maravillas.

—Guillermo Maldonado
Pastor fundador, Ministerio Internacional El Rey Jesús
Miami, Florida

Creo que Marilyn Hickey ha visto regularmente más milagros que ningún otro ministro del evangelio que yo conozca. Ya sea en su vida personal, en la iglesia en Denver donde ella pastorea, o en sus reuniones en Pakistán, África, Rusia o cualquier otro de los 120 países donde ha ministrado, el ministerio de Marilyn ha demostrado que los milagros no conocen límites geográficos; se producen en toda nación, tribu y lengua: *dondequiera* que las personas crean en Jesús.

—Rick Renner
Fundador y pastor principal, Moscow Good News Church
Fundador de la red televisiva Media Mir
Moscú, Rusia

Marilyn Hickey es una de las mujeres más ungidas de la tierra. Ella no sólo cree en milagros... los ve cada día. Permita que su nuevo libro, *Su Camino Hacia los Milagros*, le establezca en su propio viaje de milagros en el poderoso nombre de Jesús.

—Richard Roberts
Presidente y Director General,
Asociación Evangelística Oral Roberts
Copresentador del programa de televisión *The Place for Miracles*
Tulsa, Oklahoma

Su Camino Hacia los Milagros capturará su corazón y le inspirará con lo que Dios ha hecho por medio de la vida de una mujer. Marilyn Hickey es un tesoro para el cuerpo de Cristo, y verdaderamente vive lo que Dios nos ha llamado a hacer a todos. Somos muy bendecidos al tener esta recopilación de milagros genuinos.

—Howie y Theresa Danzik
Danzik Enterprises
Colorado Springs, Colorado

Quedé cautivada por las historias verdaderas que Marilyn compartió mientras leía *Su Camino Hacia los Milagros*. No quería dejar de leer. Motivará a todos los lectores a creer a Dios para obtener milagros. ¡Esta generación necesita este libro!

—Sharon Daugherty
Pastora principal, Victory Christian Center
Tulsa, Oklahoma

Marilyn es una maestra de la fe radical. Todo creyente debería aprender del maravilloso viaje de su vida. Sus historias le llevarán con ella a cada una de sus experiencias, lo cual edificará y fortalecerá su fe.

—Licda. Juanita Cercone Gonzalez
Enlace International

Su
Camino
Hacia
los
Milagros

Su Camino Hacia los Milagros

Marilyn HICKEY

WHITAKER
HOUSE

Traducción al español realizada por:
Belmonte Traductores
Manuel de Falla, 2
28300 Aranjuez
Madrid, ESPAÑA
www.belmontetraductores.com

SU CAMINO HACIA LOS MILAGROS

Publicado originalmente en inglés bajo el título: *Your Pathway to Miracles*

Marilyn Hickey Ministries
P.O. Box 6598
Englewood, CO 80155
www.marilynandsarah.org

ISBN: 978-1-60374-433-1
Impreso en los Estados Unidos de América
© 2012 por Marilyn Hickey Ministries

Whitaker House
1030 Hunt Valley Circle
New Kensington, PA 15068
www.whitakerhouse.com

RECONOCIMIENTOS

Ciertamente, quiero reconocer a mi familia: Wally, Reece, Sarah y Michael, quienes, a lo largo de los años, me han alentado a caminar en el sendero de los milagros.

También quiero dar las gracias a Terri Michel por ayudarme a realizar este libro. Sus talentos, su paciencia y su amor por Jesús han sido una estupenda bendición.

Quiero reconocer que Dios es un buen Dios y nos ama a todos. Él quiere que vivamos y caminemos en lo milagroso.

CONTENIDO

PREFACIO

El gran predicador del siglo XIX, Charles Spurgeon, era conocido por su énfasis en la soberanía divina y en ganar almas. Un joven ministro se acercó a él con la preocupación por no estar viendo conversiones en su ministerio, y se preguntaba a qué se debía. El Sr. Spurgeon le preguntó: "¿Espera usted ver conversiones *cada vez que predica*?". El hombre respondió: "Oh, no, claro que no"; a lo cual Spurgeon observó: "¡Y esa es precisamente la razón de que no las tenga!".

A medida que leía el libro de Marilyn Hickey, esta historia de Spurgeon y de ganar almas seguía viniendo a mi mente. He observado que aquellos que más intentan ver a personas salvadas, testifican más a los perdidos, y buscan tener personas que reciban cuanto antes el evangelio son quienes ven más personas convertidas. Aquellos que tienen la mayor expectativa y no tienen miedo a aventurarse son quienes cosechan los mayores resultados. Lo mismo sucede con quienes oran para que Dios haga milagros. Si algunos de nosotros no los vemos con mucha frecuencia, ¿podría deberse a que no estamos orando por ellos, o a que no los esperamos?

Marilyn Hickey ora por milagros *y* espera verlos. Como resultado, ¡ella ve suceder más cosas extraordinarias que la mayoría de las personas en el ministerio ven nunca! Yo admiro su vida personal, su testimonio, su dedicación a Cristo, su vida de oración, su búsqueda del rostro de Dios día tras día, y su osada defensa del evangelio. Marilyn Hickey es una estudiante

11

genuinamente seria de la Palabra de Dios. Aquí está una mujer que ha memorizado largas partes de la Biblia a lo largo de los años. Podría gustarle saber que ella acaba de terminar de memorizar 1 Corintios; ¡algo sobre lo que yo ni siquiera había pensado hacer! Y todo lo que ella es y hace surge de su "lugar de oración". ¿A cuántas personas conoce que memoricen los nombres de las naciones del mundo país por país a fin de orar por ellos?

Marilyn Hickey actualmente tiene puertas abiertas para ministrar en el mundo musulmán que la mayoría de nosotros puede que no tengamos nunca, y ella afronta todo el tiempo el peligro con valentía en países normalmente cerrados para la mayoría de las personas. Ella levanta sin temor el nombre de Jesús dondequiera que va. Además, su deseo de proclamar el evangelio y ver salvos a los perdidos eclipsa su amor a los milagros, y eso honra a Dios. Pero, incuestionablemente, ¡ella ve milagros! Se emocionará usted al leer sobre sus experiencias en el libro que tiene entre sus manos, pero quedará igualmente impresionado con su vulnerabilidad y su honestidad con respecto a los fracasos. Además, no tendrá duda alguna de que Dios usa los milagros para captar la atención de los perdidos.

Que este libro le inspire a no avergonzarse del Dios de la Biblia. ¡Oro para que le bendiga de manera que sobrepase sus mayores expectativas!

—R. T. Kendall
Fundador, R. T. Kendall Ministries
Anterior ministro principal, Westminster Chapel
Londres, Inglaterra

Capítulo 1

Todos necesitan un milagro

¿Qué milagro está buscando?

En los Estados Unidos y alrededor del mundo, incontables números de personas están buscando milagros en sus vidas. Cuando algunas personas dicen: "Estoy orando por un milagro", en realidad están hablando de deseos o de una vaga esperanza de que las cosas mejoren. Otros, sin embargo, quieren decir que están pidiendo a Dios que intervenga en sus vidas basándose en la realidad de sus promesas. ¡Hay una gran diferencia! A lo largo de los años, mi ministerio ha recibido numerosos informes de milagros que han llegado mediante la oración y por aferrarse a la Palabra de Dios, milagros como:

> Mi hijo de ocho años tenía leucemia. Hice un llamado a orar por fortaleza para soportar el tratamiento. Esa maravillosa compañera de oración reprendió la enfermedad y oró para que él fuese sanado en el nombre de Jesús. ¡Ahora mi hijo está sano! ¡No hay leucemia en su cuerpo! Fue un tremendo testimonio para los doctores y las enfermeras.

> Tuve un colapso nervioso [y cuando peor me sentía] le escuché decir: "¡Este es el mejor día de su vida!"... Poco a poco el gozo comenzó a aumentar... Quiero que sepa que mi mente ahora está sana. Estuve enfermo

por siete años. Siento de nuevo la paz de Dios y el gozo del Señor.

Recientemente pedí que se pusiera de acuerdo conmigo para perder peso porque había llegado a los 92 kilos. Bien, gloria a Dios, el Señor ha hecho un milagro para mí. Seguí una dieta y he perdido 25 kilos, y aún no he terminado.

Usted profetizó que un niño que había sido secuestrado por su papá iba a ser regresado a su mamá. ¡Yo reclamé esa palabra para mí! Permanecí en fe durante dos años y medio antes de aquella palabra; y en menos de un mes recuperé a mi hijo. Estaba cansada y agotada... lista para rendirme; su palabra de parte de Dios renovó mis fuerzas para soportar.

Los milagros están a nuestra disposición en la actualidad porque la Palabra de Dios los promete.

Todos necesitan un milagro de algún tipo, ya sea de sanidad, de provisión económica, una relación restaurada, puertas de oportunidad abiertas, favor con otra persona, u otra intervención de Dios. Yo he experimentado muchos milagros en mi vida, y sigo experimentándolos. Los milagros están a nuestra disposición en la actualidad porque la Palabra de Dios los promete. ¿Qué milagro está usted buscando?

Nuestro Padre celestial es un Dios de lo milagroso. Desde Génesis hasta Apocalipsis, su Palabra (la Biblia) es un libro milagroso. Es un regalo sobrenatural, una revelación de Dios, la cual Él ha dado para nuestra enseñanza, consuelo y dirección en la vida. Nos habla de muchos milagros que Dios ha proporcionado para su pueblo a lo largo de miles de años. Sin embargo, la Biblia no sólo habla sobre milagros del pasado; nos dice cómo podemos experimentar milagros en el presente y el futuro. Dios no ha cambiado. ¡Él desea hacer milagros por nosotros también!

Porque yo Jehová no cambio. (Malaquías 3:6)

Jesucristo es el mismo ayer, y hoy, y por los siglos.
(Hebreos 13:8)

UNA SEÑAL MILAGROSA

Un milagro es algo que, sin la intervención de Dios, nunca hubiera sucedido a la persona que lo recibió. Milagro también puede definirse como algo que ocurre fuera de los procesos naturales de la vida que normalmente experimentaríamos en nuestro mundo físico.

En octubre del año 2000 llevé a un grupo de viajeros a un viaje ministerial a La Paz, Bolivia, y realizamos una serie de reuniones para la ciudad en el estadio allí. Hay muchas personas indígenas en Bolivia cuyas raíces culturales están inmersas en la idolatría, la brujería, el chamanismo y otras cosas parecidas, y que necesitan oír el evangelio transformador de Jesucristo.

Una de las viajeras que nos acompañaban me dijo que había tenido un sueño singular. Dijo: "Soñé que había tres arco iris en círculos perfectos en el cielo. No sé lo que significa, pero podrían ser el Padre, el Hijo y el Espíritu Santo, o alguna visitación especial mientras estamos en Bolivia". Yo no compartí esa conversación con nadie, sino que la guardé en mi corazón.

Mientras estábamos en Bolivia, realizamos tres noches de reuniones de sanidad en el estadio, al igual que dos días de reuniones con ministros bolivianos, porque nos gusta derramar el conocimiento de la Palabra de Dios en los corazones de los ministros. Habíamos llevado libros impresos en español, y tuvimos períodos especiales de enseñanza y compañerismo con ellos.

El presidente de Bolivia me invitó a asistir a un desayuno que él patrocinaba, y me pidieron que hablase a algunos de los líderes clave del gobierno. Aquella fue una inesperada y maravillosa puerta abierta para el ministerio.

Lo que yo no sabía era lo que Dios Padre haría para preparar los corazones de las personas para aquel desayuno en nuestras reuniones de sanidad. La primera mañana de nuestra escuela de formación ministerial estábamos en el centro de La Paz enseñando a los pastores locales. Aproximadamente mil líderes bolivianos estaban allí, además de las 125 personas de los Estados Unidos que nos habían acompañado en el viaje. Una de las personas de nuestra plantilla me pasó una nota mientras yo estaba hablando, que decía que había multitudes en la calle y el tráfico estaba detenido porque había tres arco iris en círculos perfectos sobre el edificio donde nosotros estábamos. Yo le dije a la gente: "Hay algo muy poco normal sucediendo fuera. Debemos salir y verlo".

Salimos fuera y, tal como nos habían dicho, había tres arco iris en el cielo por encima del edificio. Los tres estaban formados en círculos perfectos. Uno era muy claro, y el segundo estaba más desenfocado, pero los dos parecían ser blancos. El tercero era un círculo de colores, más parecido al arco iris tradicional. Los tres anillos se cruzaban, de modo parecido al logo de las Olimpiadas. Pudimos captar esa escena en video. Nadie sabía qué pensar. A mí me sorprendió que Dios hiciera un milagro tan inusual allí mismo.

Regresamos a la reunión, y alabamos y adoramos a Dios. Después de la reunión, subimos a nuestros autobuses para regresar a nuestro hotel. Cuando llegamos, vimos que los tres arco iris nos habían seguido y se habían detenido por encima del hotel. También nos enteramos de que se habían reunido brujas en el exterior, protestando haciendo sonar campanas y golpeando cacerolas. El presidente del país había convocado una conferencia de liderazgo de brujas, y aquellas personas estaban muy molestas porque nosotros estuviéramos allí y con los arco iris que estaban situados sobre el hotel, y habían llegado para pronunciar maldiciones contra nosotros. Pero deje que le diga algo: nadie puede maldecir lo que Dios ha bendecido (véase, por ejemplo, Números 22:1–24:13).

Tanto en el Antiguo como en el Nuevo Testamento, la Biblia dice que Jesús llevó la maldición de nuestros pecados sobre sí mismo en la cruz para que nosotros pudiéramos ser bendecidos (véase, por ejemplo, Isaías 53:4–5; Gálatas 3:13–14). Sabiendo eso, reprendimos a Satanás y pedimos a Dios que llevase a aquellas brujas a la salvación en Jesús.

Cuando fui a desayunar, oh, qué desayuno fue, debido a todas las noticias que habían salido en televisión y en los periódicos con respecto a nuestra visita y la manifestación de los arco iris. ¡Qué momento tiene el Señor! Él había dado a una mujer en nuestro equipo un sueño y después hizo que sucediera como una señal para nosotros y para el pueblo de Bolivia. Debido a los tres arco iris que habían aparecido sobre la ciudad, yo supe qué decir a todos aquellos que asistieron al desayuno. Les pregunté: "¿Qué está diciendo Dios? Él quiere traer avivamiento a La Paz, Bolivia. Dios quiere moverse en este país, pero solamente puede hacerlo cuando nosotros entreguemos nuestras vidas a Jesucristo".

El desayuno fue una maravillosa oportunidad de alabar a Dios. Él ya había enviado una señal de su presencia en forma de los tres arco iris. La Biblia dice que señales milagrosas seguirán a los que creen (véase Marcos 16:17). ¡Aquel fue un tiempo en el que las señales iban delante de nosotros y también nos seguían!

> **La Biblia dice que señales milagrosas seguirán a los que creen.**

Yo aproveché la señal que Dios había enviado llamando a las personas al arrepentimiento. Después, en las reuniones en el estadio, las personas eran llenas del Espíritu, y literalmente miles de personas fueron salvas y sanadas. Hubo un número de personas poco usual que fueron sanadas de bultos y tumores. También había personas que llegaban y lanzaban a la plataforma sus lentes porque podían ver perfectamente sin ellas.

Pudimos emitir aquellas reuniones vía satélite a todos los países de habla hispana en el mundo. Fue un tiempo increíble, un tiempo en el que Dios se manifestó y "presumió".

¿POR QUÉ MILAGROS?

¿Por qué hace Dios milagros en las vidas de su pueblo y con respecto a situaciones que les preocupan? Nuestras experiencias en Bolivia atrajeron la atención a cinco razones importantes por las que Dios hace milagros.

1. Los milagros de Dios revelan su poder como Creador-Rey

Cuando Dios creó la tierra y todo lo que hay en ella, incluyendo a los seres humanos, fue un acontecimiento milagroso que nos revela su poder como Creador, al igual que su soberanía sobre la tierra. El mundo creado sigue revelando la naturaleza y el poder de Dios.

> *Los cielos cuentan la gloria de Dios, y el firmamento anuncia la obra de sus manos. Un día emite palabra a otro día, y una noche a otra noche declara sabiduría. No hay lenguaje, ni palabras, ni es oída su voz. Por toda la tierra salió su voz, y hasta el extremo del mundo sus palabras.* (Salmos 19:1–4)

Los tres notables arco iris en el cielo demostraron que este mismo Dios creador poderoso participaba en nuestra visita a Bolivia. Dios dio existencia al mundo con sus palabras en el principio del tiempo, y Él no sólo continúa creando maravillas que le glorifican, sino que también da existencia a las cosas que necesitamos cuando nosotros declaramos su Palabra a las circunstancias y los problemas en nuestras vidas. A medida que Él hace eso, nos manifiesta su naturaleza y sus caminos.

2. Los milagros de Dios revelan la realidad espiritual que sostiene nuestro mundo físico

Los milagros dan a conocer la existencia de una realidad espiritual invisible que es la realidad verdadera y definitiva en la vida. La mayoría de las personas viven solamente según lo que pueden experimentar mediante sus cinco sentidos, pero hay una esfera espiritual que sostiene, y es mayor que la realidad física de nuestro mundo, y en la cual existe nuestra realidad física. La Biblia nos dice que Jesús, que es Dios Hijo, la segunda persona de la Trinidad, creó y sostiene nuestro mundo: *"Porque en él fueron creadas todas las cosas... todo fue creado por medio de él y para él... y todas las cosas en él subsisten"* (Colosenses 1:16–17).

Una señal milagrosa como la que vimos en La Paz, y el resultante derramamiento de sanidades sobrenaturales y otras manifestaciones, revelaron al pueblo boliviano la presencia de la esfera espiritual de Dios y su deseo de intervenir para satisfacer sus necesidades físicas y espirituales.

3. *Los milagros de Dios expresan su compasión por su pueblo*

Dios Padre hace milagros para bendecir y liberar a su pueblo, porque Él es amoroso y compasivo. Por ejemplo, cuando envió a Moisés a liberar a los hebreos, que eran esclavos en Egipto, le dijo:

> *Bien he visto la aflicción de mi pueblo que está en Egipto, y he oído su clamor a causa de sus exactores; pues he conocido sus angustias, y he descendido para librarlos de mano de los egipcios, y sacarlos de aquella tierra a una tierra buena y ancha, a tierra que fluye leche y miel.* (Éxodo 3:7–8)

En el curso de liberar a los hebreos, Dios realizó muchos milagros, incluyendo las manifestaciones de las columnas de humo y de fuego, que eran señales de su constante presencia con su pueblo, y la división del mar Rojo, mediante la cual Él los rescató de sus enemigos (véase Éxodo 13:21; 14:21–30). Y Dios sigue salvando y liberando en la actualidad.

Dios ama a todas las personas del mundo. Él las creó a su imagen y envió a su Hijo a redimirlas. *"Porque de tal manera amó Dios al mundo, que ha dado a su Hijo unigénito, para que todo aquel que en él cree, no se pierda, mas tenga vida eterna"* (Juan 3:16). Cuando Jesús vino a la tierra, sus sanidades y otros milagros fueron impulsados por su compasión. En una ocasión, cuando dos hombres ciegos clamaron a Él pidiendo misericordia, *"Entonces Jesús, compadecido, les tocó los ojos, y en seguida recibieron la vista; y le siguieron"* (Mateo 20:34).

La señal de los tres arco iris en Bolivia fue un símbolo para el pueblo de que Dios los conocía y los amaba, y quería moverse entre ellos con compasión, sanidad, liberación y el derramamiento de su Espíritu.

El apóstol Pablo escribió que si Dios entregó a su Hijo para morir en la cruz por nosotros, *"¿cómo no nos dará también con él todas las cosas?"* (Romanos 8:32). *"Todas las cosas"* incluye los milagros.

4. *Los milagros de Dios promueven la fe en la verdad del evangelio*

Los milagros son también un modo en el cual Dios Padre confirma la fe de las personas en la legitimidad del mensaje del evangelio, ayudando a llevarles al arrepentimiento y a una relación con Él mediante Jesucristo.

> [Jesús dijo a sus seguidores]: *"Id por todo el mundo y predicad el Evangelio a toda criatura... En mi nombre echarán fuera demonios; hablarán nuevas lenguas... sobre los enfermos pondrán sus manos, y sanarán... Y ellos, saliendo, predicaron en todas partes, ayudándoles el Señor y* **confirmando la palabra con las señales que la seguían**. (Marcos 16:15, 17–18, 20)

De igual manera, Dios abrió la puerta y validó nuestro ministerio en Bolivia mediante la manifestación de los arco iris, los cuales atrajeron la atención del pueblo cuando vieron la señal personalmente o escucharon al respecto en los medios de comunicación. Después, durante nuestras reuniones en Bolivia, miles de personas fueron salvas y sanadas. Las sanidades, incluyendo las de bultos y tumores, fueron señales añadidas, *señales que seguían*, que confirmaron el ministerio del evangelio que Dios nos había dado para el pueblo.

Por favor, recuerde que Jesús dijo que no debemos buscar manifestaciones de señales como una sustitución para la fe en la Palabra de Dios (véase Mateo 12:38–39). Y no debemos buscar señales sólo por tenerlas, como forma de entretenimiento. Sin embargo, Dios usará los milagros para promover la fe en su Palabra de modo que las personas crean y sean salvas, sean sanadas y experimenten vida abundante en Él.

> **Jesús dijo que no debemos buscar manifestaciones de señales como una sustitución para la fe en la Palabra de Dios.**

5. Los milagros de Dios distinguen entre espiritualidad genuina y falsa

Las señales que acompañaron a nuestra predicación del evangelio en Bolivia fueron un testimonio de actividad espiritual verdadera y piadosa en contraste con la espiritualidad falsificada. Las brujas que habían protestado por nuestra presencia allí se habían reunido para una conferencia en La Paz a petición del presidente, quien también me había invitado a hablar a líderes del gobierno en un desayuno, de modo que había una obvia confusión en aquel país con respecto a qué tipo de espiritualidad debería practicarse y fomentarse. Para algunas personas, la brujería o el chamanismo pueden parecer inocentes y útiles, pero esas prácticas son falsas y destructivas. Los hechiceros habían intentado causar una conmoción e interrumpir nuestro ministerio; sin embargo, Dios mostró que Él es mayor que la espiritualidad falsificada. Él derramó su Espíritu de manera poderosa conforme a su amor, llevando salvación, sanidad y liberación a las personas.

Por favor, sea consciente de que los falsos maestros y profetas pueden mostrar señales y milagros falsos. Jesús dijo: *"Porque se levantarán falsos Cristos, y falsos profetas, y harán grandes señales y prodigios, de tal manera que engañarán, si fuere posible, aun a los escogidos"* (Mateo 24:24). Y el apóstol Pablo escribió:

Inicuo cuyo advenimiento es por obra de Satanás, con gran poder y señales y prodigios mentirosos, y con todo engaño de iniquidad para los que se pierden, por cuanto no recibieron el amor de la verdad para ser salvos.

(2 Tesalonicenses 2:9–10)

Los milagros genuinos de Dios, sin embargo, son reconocidos por quienes conocen sus caminos y son iluminados por su Espíritu. Uno de los líderes religiosos de tiempos de Jesús llamado Nicodemo le dijo: *"Rabí, sabemos que has venido de Dios como maestro; porque nadie puede hacer estas señales que tú haces, si no está Dios con él"* (Juan 3:2). Y los creyentes corintios a quienes Pablo ministraba eran conscientes de que el mensaje y la obra de un apóstol de Dios serían confirmados mediante señales y milagros: *"Con todo, las señales de apóstol han sido hechas entre vosotros en toda paciencia, por señales, prodigios y milagros"* (2 Corintios 12:12).

Recuerde que los milagros verdaderos dan gloria a Dios, y no al "hacedor del milagro". Confirman la verdad de la salvación mediante el sacrificio de Jesucristo en la cruz y su resurrección y triunfo sobre el diablo y todas las fuerzas del mal (véase, por ejemplo, Colosenses 2:11–15).

¿CÓMO LLEGAN A NOSOTROS LOS MILAGROS DE DIOS?

Los milagros de Dios, sus intervenciones milagrosas en nuestras vidas, llegan a nosotros de diferentes maneras. Aunque puede que haya similitudes entre esas maneras, y puede que se solapen, cada una es importante en sí misma. A lo largo de este siglo exploraremos varias caminos mediante los cuales Dios trae milagros a nuestras vidas. También descubriremos lo que necesitamos saber y practicar a fin de recibir nuestros milagros. Los milagros normalmente no sólo "suceden" en nuestras vidas porque, como ya hemos visto, Dios hace milagros por diversas razones y los da a medida que le buscamos mediante la fe en su Palabra.

Piense en usted mismo en un camino para recibir los milagros que desea de Dios. Le invito a hacer un viaje conmigo a medida que relato las aventuras de la vida milagrosa que he experimentado en mi vida, sabiendo que también usted puede experimentar los mismos tipos de milagros y vivir en la esfera de lo milagroso. El camino hacia los milagros es un camino continuo, y podemos experimentar milagros de varios tipos a lo largo de nuestra vida.

Podemos experimentar milagros de varios tipos a lo largo de nuestra vida.

Asegurémonos de no perdernos todo lo que Dios tiene para nosotros. Hay consecuencias de no aceptar y recibir los milagros que Él quiere darnos mediante la fe en Él. La Escritura dice que Jesús *"no hizo allí* [en su ciudad natal] *muchos milagros, a causa de la incredulidad de ellos"* (Mateo 13:58). No queremos perdernos nuestras oportunidades de milagros, las cuales son parte de la maravilla espiritual y el destino que Dios ha planeado para nuestra vida.

Si alguien es testigo de los milagros de Dios pero los observa solamente como espectador y sigue en incredulidad hacia Jesús y su oferta de salvación, hay un elevado costo para esa persona.

> *Entonces* [Jesús] *comenzó a reconvenir a las ciudades en las cuales había hecho muchos de sus milagros, porque no se habían arrepentido, diciendo: ¡Ay de ti, Corazín! ¡Ay de ti, Betsaida! Porque si en Tiro y en Sidón se hubieran hecho los milagros que han sido hechos en vosotras, tiempo ha que se hubieran arrepentido en cilicio y en ceniza... Y tú, Capernaum, que eres levantada hasta el cielo, hasta el Hades serás abatida; porque si en Sodoma se hubieran hecho los milagros que han sido hechos en ti, habría permanecido hasta el día de hoy.* (Mateo 11:20–21, 23)

No experimentar una sanidad o liberación que Dios desea para usted sería lo bastante trágico, pero una falta de arrepentimiento y negarse a recibir a Cristo conduciría a un oscuro castigo. No queremos perdernos los propósitos de Dios para nuestras vidas. Seamos capaces de decir junto con Pablo: *"Porque en él* [en Dios] *vivimos, y nos movemos, y somos"* (Hechos 17:28).

Cómo recibir sus milagros

Mediante *Su Camino Hacia los Milagros* quiero mostrarle cómo obtener una relación más profunda con su Padre celestial y cómo vivir en lo milagroso conforme a sus planes. Él tiene episodios espectaculares para su vida a medida que usted se mantiene firme en la fe. Prepárese para ser liberado de la frustración y la derrota al fijar sus ojos continuamente en las verdades y principios positivos de Él, incluso cuando contienda con circunstancias y situaciones negativas. Descubrirá...

- cómo comienzan los milagros

- las razones y los períodos para los milagros

- los papeles de la fe, la expectativa, la afirmación positiva y la oración

- la importancia de reclamar su milagro

- cómo reconocer los milagros que tiene en sus propias manos

- claves para evitar problemas enormes que obstaculizan sus milagros

- como tener acceso a milagros "gigantescos" para grandes necesidades

- maneras en las cuales Dios da favor y oportunidad

- la naturaleza de "paquetes de milagros"

- cómo perseverar para recibir el milagro de Dios cuando no parece haber solución alguna para su problema y todo parece sin esperanza.

Amigo mío, sea cual sea el tipo de milagro que necesita, ¡siga leyendo!

CAPÍTULO 2

HACER NACER MILAGROS
¿Dónde comienzan los milagros?

Cuál es el punto de comienzo de su camino hacia los milagros? El viaje comienza recibiendo una vida totalmente nueva, o al tener un renacimiento, mediante Jesucristo. Experimentar este renacimiento también se denomina ser "nacido de nuevo". ¿Por qué es necesario este paso? ¡Porque el camino no existe en su vieja vida! Jesús dijo: *"El que no naciere de nuevo, no puede ver el reino de Dios"* (Juan 3:3). Aunque cualquier persona podría recibir un milagro de Dios, nadie puede recibir vida eterna o vida *continuamente* en los milagroso sin este renacimiento.

El nuevo nacimiento le traslada espiritualmente a una esfera de vida totalmente nueva en la que de otro modo no podría vivir: la esfera del reino de Dios Padre, que es la esfera de los milagros. Físicamente, usted sigue viviendo en la esfera de este mundo, pero espiritualmente usted existe, y tiene acceso, a la eterna gracia y poder milagroso de Dios.

Podemos entrar en esta nueva esfera espiritual solamente porque Jesucristo vino a la tierra por medios milagrosos y sobrenaturales para convertirse en el Salvador del mundo, el Salvador de todo aquel que cree en Él y le recibe. *"Mas a todos los que le recibieron* [a Jesús], *a los que creen en su nombre, les dio potestad de ser hechos hijos de Dios; los cuales no son engendrados de sangre... sino de Dios"* (Juan 1:12–13). Jesús vivió una vida perfecta y murió por nuestros pecados para que pudiéramos ser restaurados a una relación con Dios nuestro Padre y tener vida eterna.

MI ENTRADA AL CAMINO DE LOS MILAGROS

Entré por primera vez en este camino a lo milagroso cuando tenía dieciséis años de edad y asistía a un campamento metodista para jóvenes. Me habían ofrecido una beca para ese campamento, la cual me emocionó mucho aceptar. Mientras estaba allí, un ministro compartió cómo podríamos invitar a Jesús a entrar en nuestros corazones para poder tener una relación personal con Él.

Cuando tiene a "Cristo en usted" puede llevar una vida milagrosa.

Yo ya sabía de Jesús. Después de todo, asistía a la iglesia, leía la Biblia y había oído un poco del evangelio, las "buenas nuevas", de Jesucristo. Sin embargo, yo no había recibido personalmente a Jesús en mi corazón. La Biblia afirma claramente en Colosenses 1:27: *"Cristo en vosotros, la esperanza de gloria"*. Para recibir vida eterna, no puede usted tener a Cristo "fuera" de usted, en el sentido de solamente leer sobre Él y saber sobre Él; debe tener a *Cristo en usted*. Cuando lo hace, estará conectado con Dios y capacitado para llevar una vida milagrosa.

Cuando el ministro en el campamento para jóvenes nos invitó a orar y recibir a Jesús en nuestros corazones, yo hice una oración muy sencilla en fe y me arrepentí de mis pecados. Le dije al Señor: "Creo en el poder milagroso de la sangre de Jesús para limpiarme de todo pecado. Jesús, te invito a que entres en mi corazón y seas el Señor de mi vida, y te doy gracias por salvarme".

Mi nuevo nacimiento de Jesucristo fue el comienzo de los milagros para mí. Puedo decirle abiertamente y sinceramente que desde aquel momento en adelante, desde los dieciséis años de edad hasta los ochenta, he vivido una vida milagrosa. ¿Cómo sucedió? Sucedió porque yo nací de nuevo.

EL PODER MILAGROSO DE LA SANGRE DE JESÚS

Acabo de mencionar que cuando fui salvada, le dije al Señor que yo creía en el poder milagroso de la sangre de Jesús

para limpiarme del pecado. La salvación es un proceso milagroso, y el papel de la sangre de Jesús es una parte muy importante de ese proceso debido a dos razones: fue la sangre de un
Hombre sin pecado, y fue la sangre de un Sacrificio sin pecado.

LA SANGRE DE UN HOMBRE SIN PECADO

El nacimiento, vida y sacrificio de Jesús en la cruz por
nosotros fueron milagros que tienen importancia especial con
respecto a su sangre. Como probablemente sepa, la sangre es el
elemento que da vida a los seres vivientes. *"Porque la vida de la
carne* ["*criatura*", NVI] *en la sangre está"* (Levítico 17:11). Sin embargo, cuando los primeros seres humanos, Adán y Eva, se rebelaron y pecaron contra Dios en el huerto de Edén, quedaron
espiritualmente muertos, y su naturaleza de pecado ha sido
heredada por todos los seres humanos después de ellos, porque
el pecado había infectado la sangre misma de la humanidad.

Debido a esta realidad, cuando Jesús, Dios Hijo, vino a la
tierra para ser nuestro Salvador, tuvo que nacer de una virgen
(véase Mateo 1:18–24; Lucas 1–2). ¿Por qué? En primer lugar,
para ser un sustituto adecuado de los seres humanos y llevar
su castigo por el pecado, Jesús tenía que ser un "hijo", o descendiente, de Adán. Sin embargo, también tenía que ser un
Hombre sin pecado para poder ser un sacrificio aceptable delante de Dios. Cristo pudo participar de un cuerpo humano, el
cual no es pecaminoso en sí, pero no podían participar de la
línea de sangre de Adán, que estaba totalmente corrompida.
Por tanto, Dios proporcionó un medio por el cual Jesús pudiera nacer como ser humano sin pecado: Él fue concebido por el
Espíritu Santo, y también fue *"nacido de mujer"* (Gálatas 4:4).
Dios envió un ángel a María, la madre de Jesús, con este mensaje: *"El Espíritu Santo vendrá sobre ti, y el poder del Altísimo
te cubrirá con su sombra; por lo cual también el Santo Ser que
nacerá, será llamado Hijo de Dios"* (Lucas 1:35).

En el caso de Jesús, se produjo un nacimiento milagroso
en el cual un Hombre sin pecado fue concebido, que era totalmente Dios y totalmente humano. Fue concebido por Dios Padre, mediante la operación del Espíritu Santo, en el vientre de
una mujer que lo llevó hasta nacer. María aceptó su papel en

este notable estado de cosas mediante su fe en Dios y su amor por Él, diciéndole al ángel: *"He aquí la sierva del Señor; hágase conmigo conforme a tu palabra"* (Lucas 1:38).

La sangre de un Sacrificio sin pecado

La sangre de Jesús tenía que ser pura desde el principio a fin de que Él pudiera ser un Sacrificio sin pecado por los pecados de la humanidad. Él también tenía que vivir una vida completamente sin pecado para que su sangre permaneciese pura. El escritor de hebreos dijo: *"Porque no tenemos un sumo sacerdote* [Jesús] *que no pueda compadecerse de nuestras debilidades, sino uno que fue tentado en todo según nuestra semejanza, **pero sin pecado**"* (Hebreos 4:15).

Cuando la sangre pura de Cristo fue derramada en la cruz, constituyó un pacto de sangre entre Dios y la humanidad para el perdón de los pecados y para la provisión del nuevo nacimiento, en el cual recibimos una nueva naturaleza de justicia en Cristo: *"Al que no conoció pecado, por nosotros* [Dios] *lo hizo pecado, para que nosotros fuésemos hechos justicia de Dios en él"* (2 Corintios 5:21).

> **Vivir una vida milagrosa no podría haber sido posible sin el pacto de sangre a través de Jesucristo.**

El nuevo nacimiento y su resultante vida milagrosa no podrían haber sido posibles sin este pacto de sangre. En el Antiguo Testamento, antes de que Jesús se convirtiera en el sacrificio por el pecado, Dios hizo una provisión temporal para el perdón de los pecados mediante los sacrificios de sangre de animales. El primero de tales sacrificios indicado en la Biblia fue cuando Abel, uno de los hijos de Adán y Eva, sacrificó al primogénito de su rebaño a Dios como ofrenda (véase Génesis 4:4). Este es un ejemplo de un sacrificio de sangre por causa de un individuo.

Más adelante vemos otro ejemplo de un sacrificio de sangre ofrecido a Dios por el pueblo hebreo. Después de que los descendientes de Abraham, Isaac y Jacob fuesen esclavos en Egipto, Dios envió a Moisés para liberarlos. La noche de su liberación, Dios instituyó la primera observancia de la Pascua. Eran sacrificados corderos "*sin mancha*" (Éxodo 12:5) y su sangre se aplicaba a los postes de las casas de los israelitas como protección. El primogénito de todos los hogares en Egipto había de ser muerto aquella noche si no tenía esa protección, porque Faraón había endurecido su corazón contra Dios y se negó a liberar al pueblo de Dios de su cautividad. Debido a que los hebreos aplicaron la sangre de esos corderos a sus casas, fueron salvos de la muerte, y fueron liberados de la esclavitud egipcia (véase Éxodo 12). El sacrificio de la Pascua es un ejemplo de un pacto de sangre que se aplicaba a hogares enteros.

Los hebreos que fueron liberados de Egipto se convirtieron en la nación de Israel, y en Levítico 16 leemos sobre cómo los israelitas observaban el día de la Expiación anualmente. Entre las prácticas de ese día santo, se escogían tres machos cabríos para usarlos para propósitos especiales. Uno era sacrificado sobre el altar por el sumo sacerdote como ofrenda por el pecado por todo el pueblo. El otra macho cabrío era llevado a un lugar deshabitado en el desierto, lejos del campamento de los israelitas, y era soltado, después de que los pecados del pueblo hubieran sido puestos sobre su cabeza de modo simbólico por el sumo sacerdote. Juntos, los dos machos cabríos representaban el sacrificio de Jesús por nosotros en la cruz, en el cual Él tomó nuestros pecados sobre sí mismo y los alejó de nosotros "*cuanto está lejos el oriente del occidente*" (Salmos 103:2), de modo que nunca fueran puestos en contra de nosotros. El ritual que implicaba el sacrificio de uno de los machos cabríos y enviar lejos al otro es un ejemplo de un sacrificio de sangre por los pecados de toda una nación.

Hemos observado sacrificios que fueron ofrecidos por un individuo (Abel), por quienes estaban en hogares (las familias hebreas en Egipto), y por una nación (Israel). Pero el sacrificio más crucial de todos fue el que se ofreció por el mundo entero: el sacrificio de Jesús, el "*Cordero de Dios*" (Juan 1:29, 36). Las anteriores formas de sacrificios eran tan solo precursores del sacrificio final de Él.

Porque también Cristo padeció una sola vez por los pecados, el justo por los injustos, para llevarnos a Dios, siendo a la verdad muerto en la carne, pero vivificado en espíritu. (1 Pedro 3:18)

Porque tal sumo sacerdote [Jesús]... no tiene necesidad cada día, como aquellos sumos sacerdotes, de ofrecer primero sacrificios por sus propios pecados, y luego por los del pueblo; porque esto lo hizo una vez para siempre, ofreciéndose a sí mismo. (Hebreos 7:26–27)

En la sangre derramada de Jesús está la maravilla de la "química divina". Apocalipsis 7:14 dice que los santos de Dios emblanquecieron sus ropas en la sangre del Cordero. Piénselo: ¡lavar algo en sangre y que se vuelva blanco! Lave una de sus prendas de ropa en la sangre de un hombre y vea en qué color se convierte. Es imposible hacer que una prenda se ponga blanca lavándola en sangre humana, pero en el "laboratorio químico" de Dios de la redención, toda la suciedad y las manchas de nuestro pecado son limpiados en la sangre pura del Cordero. ¡Solamente la sangre sin pecado y sobrenatural de Jesús puede realizar este milagro!

TRES MANIFESTACIONES DEL PACTO DE SANGRE EN LA VIDA DE JESÚS

Quiero destacar tres momentos durante la vida de Jesús en los que Él demostró el pacto de sangre. Aunque hay otros, nos enfocaremos en estos tres.

En su circuncisión

En primer lugar, cuando Jesús tenía ocho días de edad, sus padres, María y José, le llevaron al templo para ser circuncidado en cumplimiento de la ley, como señal del pacto de Dios con Abraham (véase Génesis 17:10–14). En aquel momento, Jesús recibió oficialmente su nombre; notablemente, su nombre significa "el Señor [Jehová] es salvación", o "Jehová es el Salvador", o "Jehová salvó"[1] (véase Lucas 2:21).

1. Véase Merrill F. Unger y William White Jr., eds., *Vine's Complete Expository Dictionary of Old and New Testament Words* (Nashville, TN: Thomas Nelson Publishers, 1985), 333, y *New American Standard Exhaustive Concordance of the Bible* [Nueva Concordancia Exhaustiva de la Biblia Norma de las Américas] (versión electrónica), The Lockman Foundation, 1981. Todos los derechos reservados.

Puede que usted diga: "Bien, muchas personas han observado la señal de la circuncisión, y la gente lo sigue haciendo". Eso es cierto, pero la circuncisión era un elemento esencial del desempeño de toda la ley, y Jesús tuvo que pasar por ella para ser un sacrificio adecuado para nosotros. Además, nadie a excepción de Jesús ha cumplido las otras manifestaciones del pacto de sangre.

En el huerto de Getsemaní

Una segunda demostración del pacto de sangre en la vida de Jesús fue cuando Él fue al huerto de Getsemaní, que está situado justamente al otro lado de Cedrón, un valle entre Jerusalén y el monte de los Olivos, a unos 180 metros del muro de la ciudad. *Getsemaní* significa "prensa de aceite".[2] Fue allí donde Jesús oró a Dios Padre con respecto a su inminente sacrificio de la cruz. "*Y estando en agonía, oraba más intensamente; y era su sudor como grandes gotas de sangre que caían hasta la tierra*" (Lucas 22:44).

En la cruz

Una tercera demostración del pacto de sangre en la vida de Jesús fue anunciada en la última cena, cuando Jesús celebró la Pascua con sus discípulos. Allí, Él habló sobre el nuevo pacto de su cuerpo y su sangre cuando bendijo el pan y el vino y los dio a los discípulos para comer y beber.

> *Y habiendo tomado la copa, dio gracias, y dijo: Tomad esto, y repartidlo entre vosotros; porque os digo que no beberé más del fruto de la vid, hasta que el reino de Dios venga. Y tomó el pan y dio gracias, y lo partió y les dio, diciendo: Esto es mi cuerpo, que por vosotros es dado; haced esto en memoria de mí. De igual manera, después que hubo cenado, tomó la copa, diciendo: Esta copa es el nuevo pacto en mi sangre, que por vosotros se derrama.* (Lucas 22:17–20)

---

2. *Strong's Exhaustive Concordance of the Bible* [Concordancia Exhaustiva Strong de la Biblia].

Entonces, al día siguiente, Jesús derramó su sangre en la cruz por los pecados del mundo. Su sangre hizo expiación por nuestros pecados y nos trajo redención. Nuestro perdón y limpieza en Cristo nos hace parte de la familia de Dios y miembros del "cuerpo" de Cristo, con Él como la Cabeza (véase, por ejemplo, Colosenses 1:18).

Por tanto, tan esencial como la sangre física es para nuestros cuerpos en el sostenimiento de nuestra vida natural, la sangre del señor Jesucristo lo es para el cuerpo de Cristo para sostenernos espiritualmente. Es también un "fluido", que llega a todos los miembros de su cuerpo, sin importar lo lejos que esos miembros puedan estar los unos de los otros. Y al igual que la sangre física lleva alimento a las células del cuerpo y elimina los desechos y los venenos producidos por el metabolismo celular, así la sangre del señor Jesucristo es para todos los creyentes la verdadera fuente de alimento y limpieza espiritual. Jesús es nuestro único verdadero apoyo y sostén, tanto en el mundo físico como en el mundo espiritual. Él es quien nos capacita para vivir en la esfera de lo milagroso.

COMENZAR EN EL CAMINO HACIA LOS MILAGROS

El primer paso en la vida de lo milagroso es, por tanto, el milagro del nuevo nacimiento mediante el sacrificio de la sangre de Jesús por nosotros. Fue el nuevo nacimiento el que produjo el maravilloso y milagroso poder de Dios en mi vida. Y puede suceder lo mismo con usted.

Puede que conozca de Jesús, puede que lea su Biblia y puede que asista a la iglesia, como yo lo hacía, sin tener al Autor de la Biblia viviendo en su interior. Para ser salvo, debemos invitar a Jesús a entrar en nuestro corazón y ser el Señor de nuestra vida. Le aliento a comenzar su camino hacia los milagros, si no lo ha hecho ya, recibiendo a Jesús en su corazón. Será el milagro más importante de su vida. Al final del capítulo 14 de este libro hay una oración que puede usted hacer para comenzar su nueva vida y entrar en la esfera del reino de Dios. ¿Por qué no hacerlo en este momento?

Si acaba de hacer esa oración, tiene el milagro del nuevo nacimiento obrando en usted mediante el Espíritu de Dios. Sea que acabe de invitar a Cristo a su vida o que ya sea un creyente, le insto a que reciba el poder milagroso de Dios. No permita que la duda o la incredulidad evite que operen milagros en su vida. En cambio, ¡comience a vivir en lo milagroso!

Todas las promesas de Dios son "sí" en Cristo

No estaríamos en ningún lugar sin el nacimiento milagroso de Jesús, mediante el cual Él vino al mundo para ser nuestro Salvador, o su vida y muerte sacrificial en la cruz, mediante las cuales Él cumplió su propósito de redimirnos por su sangre. Una vez más, el nuevo nacimiento es el fundamento para recibir todos los demás milagros. *"Todas las promesas que ha hecho Dios son 'sí' en Cristo. Así que por medio de Cristo respondemos 'amén' para la gloria de Dios"* (2 Corintios 1:20, NVI). Mediante nuestra salvación en Cristo, obtenemos toda provisión que necesitamos para nuestra vida, que recibimos conforme a las promesas de Dios.

> [Dios] *no escatimó ni a su propio Hijo, sino que lo entregó por todos nosotros, ¿cómo no nos dará también con él todas las cosas?* (Romanos 8:32)

> *Como todas las cosas que pertenecen a la vida y a la piedad nos han sido dadas por su divino poder* [de Dios], *mediante el conocimiento de aquel que nos llamó por su gloria y excelencia.* (2 Pedro 1:3)

Por tanto, quiero dedicar el resto de este capítulo, al igual que el capítulo siguiente, a hablar de otros dos tipos de "hacer nacer milagros" que Jesús nos proporcionó: (1) el milagro de sanidad que produce el nacimiento físico donde había infertilidad o esterilidad, y (2) el milagroso comienzo de nuestro destino y llamado dados por Dios.

MILAGROS DE NACIMIENTO FÍSICO

Los milagros de nacimiento, tanto espirituales como físicos, son los que ilustran las maravillas de la fertilización y la nueva vida. Podemos recibir sanidad física de la esterilidad, porque la sanidad estaba incluida en la expiación de Cristo por nosotros en la cruz, una verdad revelada en Mateo 8:16–17:

> *Y cuando llegó la noche, trajeron a él [Jesús] muchos endemoniados; y con la palabra echó fuera a los demonios, y sanó a todos los enfermos; para que se cumpliese lo dicho por el profeta Isaías, cuando dijo: El mismo tomó nuestras enfermedades, y llevó nuestras dolencias.*

De hecho, las primeras sanidades que se registran en la Biblia fueron milagros de nacimiento. Implicaban la sanidad de mujeres que no podían concebir y dar a luz hijos. En Génesis 20, las mujeres en edad de tener hijos que vivían en la casa real del rey Abimelec de Gerar de repente no podían tener hijos debido a una circunstancia en la cual Abimelec había tomado a la esposa de Abraham, Sara, en su harén. Él creyó que ella era la hermana de Abraham y deseaba hacerla su esposa. Debido a que había tomado a Sara, Dios hizo que los vientres de las otras mujeres se cerrasen. Sin embargo, Dios advirtió al rey en un sueño que Sara estaba casada, y él de inmediato la devolvió a Abraham. Dios la protegió, porque el hijo y heredero que Dios había prometido a Abraham, mediante el cual todas las naciones de la tierra serían benditas, llegaría por medio de Sara. Entonces, de acuerdo a las instrucciones de Dios, Abraham oró y Dios sanó a Abimelec, su esposa, y las otras mujeres de Gerar, de modo que pudieran tener hijos otra vez (véase Génesis 20:17). En este caso, tanto la esterilidad como la renovada capacidad de tener hijos fueron situaciones milagrosas que revelaron la naturaleza y los propósitos de Dios.

El nacimiento de Isaac, el hijo que Dios había prometido a Abraham y Sara, fue un milagro extraordinario. Sara había sido estéril durante los años en que podía tener hijos, y ahora tanto ella como Abraham eran viejos y habían sobrepasado la edad de tener hijos. Sin embargo, Dios cumplió su promesa, a pesar de las realidades físicas y a pesar de cómo se veían las circunstancias externas. Abraham tenía cien años de edad y Sara tenía noventa cuando nació Isaac.

> *Visitó Jehová a Sara, como había dicho, e hizo Jehová con Sara como había hablado. Y Sara concibió y dio a Abraham un hijo en su vejez, en el tiempo que Dios le había dicho.*　　　　　　　　　　(Génesis 21:1–2)

> *Por la fe también la misma Sara, siendo estéril, recibió fuerza para concebir; y dio a luz aun fuera del tiempo de la edad, porque creyó que era fiel quien lo había prometido. Por lo cual también, de uno [Abraham], y ése ya casi muerto, salieron como las estrellas del cielo en multitud, y como la arena innumerable que está a la orilla del mar.*　　　　　　　(Hebreos 11:11–12)

Cuarenta años después, Isaac se casó con Rebeca, y la pareja pronto descubrió que también ella era estéril. Pero Isaac oró por Rebeca, y recibieron un doble milagro de nacimiento físico: gemelos llamados Jacob y Esaú (véase Génesis 25:21–16). En un patrón repetitivo, Jacob creció y se casó con Raquel, que tampoco podía tener hijos. Sin embargo, la Biblia dice: "*Y se acordó Dios de Raquel, y la oyó Dios, y le concedió hijos. Y concibió, y dio a luz un hijo*" (Génesis 30:22–23). Ese hijo fue José, a quien Dios utilizó más adelante para salvar las vidas de su familia durante una época de extrema hambruna. Al hacerlo, Él guardó a las familias cuya descendencia se convertiría en la nación de Israel.

¿Desea usted un milagro de nacimiento físico? Dios sigue haciendo el mismo tipo de milagros en la actualidad. Yo conozco esta realidad de modo personal. El nacimiento de mi hija Sarah fue un claro milagro. No hay duda alguna de que Dios nos la dio a mi esposo, Wally, y a mí de manera sobrenatural.

Yo me casé con veintitrés años de edad, y quería quedarme embarazada a los veintiséis. Sin embargo, después de algunos años de no poder tener un hijo, fui a un médico, quien me envió al especialista. Ese doctor, a su vez, me envió a otro especialista. Todos ellos me decían lo mismo: "Usted tiene una enfermedad hereditaria que evita que pueda concebir un hijo".

> **Los creyentes pueden estar firmes en la Palabra de Dios y establecer milagros en sus vidas.**

Sin embargo, Jesús dijo: *"Al que cree todo le es posible"* (Marcos 9:23). Los creyentes pueden estar firmes en la Palabra de Dios y establecer milagros en sus vidas, y por tanto, Wally y yo creímos que Dios nos daría milagrosamente un bebé.

Cuando yo seguía teniendo veintiséis años, fuimos a una gran reunión de "la voz de sanidad" en una carpa en Dallas, Texas, durante un inolvidable verano caluroso. Un evangelista llamado William Branham estaba allí, y él me llamó entre una multitud de cinco mil personas para que pasara a la plataforma. Entonces, me habló mediante una palabra de conocimiento[3]: "Usted no es de aquí. Viene de una zona boscosa. Es usted de Denver, Colorado. Le gustaría tener un hijo. Váyase a casa y reciba su bebé".

Antes de que él me dijera eso, yo tuve una terrorífica experiencia mientras estaba mirándole sobre aquella plataforma porque vi una manifestación inusual de la presencia de Dios. Al compartir esta historia con usted, debo subrayar que estoy relatando mi experiencia personal.

Entre el evangelista y yo había lo que sólo puedo describir como "una rueda dentro de una rueda", que giraba. Yo podía oír literalmente el giro de las ruedas; hacían sonido que zumbaba. Yo relacioné lo que vi con la descripción de una rueda dentro de una rueda que se encuentran en el libro de Ezequiel. Pero en el relato bíblico, aquellas eran inmensas ruedas que tenían que ver con seres angélicos (véase Ezequiel 1:15–21). Aquellas eran pequeñas y estaban cerca del suelo.

Sin embargo, en mi corazón, sentí que aquella era una manifestación de la presencia de Dios. Cuando William Branham

---

3. Conocimiento específico o especial dado por Dios a un creyente, con frecuencia con el propósito de ministrar a otros. La palabra de conocimiento es uno de los dones del Espíritu Santo enumerados en 1 Corintios 12:7–10.

me dijo que me fuese a mi casa y recibiese mi milagro, sucedió algo muy curioso. La rueda dentro de la rueda pareció entrar por mis pies y subir por mi cuerpo. Desde luego, yo pensé: *Sé que tendremos un bebé con mucha rapidez*, porque el evangelista había dicho: "Váyase a su casa y reciba su bebé".

Sin embargo, no tuvimos un bebé con rapidez. De hecho, *pasaron diez años*, y no había bebé. Para ser sincera, yo me preguntaba si alguna vez lo tendríamos, pero mi esposo siempre creyó durante aquellos diez años que Dios nos daría un hijo natural. Mientras tanto, adoptamos a nuestro hijo, Michael, y estábamos emocionados con aquel dulce muchachito. Pero no teníamos ningún hijo biológico.

Entonces, cuando yo tenía treinta y seis años, me ocurrió algo físicamente. Fui al doctor, y él me preguntó: "¿Por qué está usted aquí? ¿Qué cree que va mal?".

Yo dije: "Creo que estoy embarazada".

Él procedió a examinarme y dijo: "No, no está embarazada. Lo más probable es que esté pasando por un cambio temprano. Es imposible que esté usted embarazada, pues tiene una enfermedad hereditaria, y no puede tener hijos".

Me fui a casa, ¡y sí sufrí algunos cambios! Mi estómago comenzó a ser más grande, así que decidí ir a ver a otro doctor. Él me examinó, y esa vez me dijeron: "Es un embarazo de cinco meses y medio". ¡Un milagro!

Mi hija milagro tiene ahora casi cuarenta años, y puede verla en el programa de televisión que presentamos las dos, *Today with Marilyn and Sarah*.

Tuve que concertar una cita para regresar al primer doctor, debido a asuntos del seguro, y en mi cita de seguimiento, él me dijo: "¿Por qué está usted aquí?".

Yo le dije que acababa de dar a luz.

Él dijo: "Ah, ¿ha adoptado un hijo?".

Yo dije: "No, no adopté un hijo. He tenido un bebé".

Él dijo: "Bueno, eso es imposible".

Yo dije: "Bien, de todos modos he tenido un bebé".

Sarah es ciertamente un milagro real y una bendición en mi vida, al igual que lo son su esposo y sus hijos. A veces, otras personas nos dicen que ciertas cosas son imposibles, pero si permanecemos en fe, podemos hacer nacer milagros mediante la Palabra de Dios.

Si usted desea tener un hijo, o si tiene un ser querido al que le gustaría tener un hijo, le aliento a creer que Dios puede producir un nacimiento milagroso. En mis viajes por todo el mundo, he orado por personas para que tengan hijos, y he visto maravillosos milagros de nacimiento.

Hace algunos años, oré en Singapur en una iglesia grande que había recibido varios informes sobre parejas en la congregación que no podían tener hijos. Desde entonces, he sabido que *lo contrario* es ahora el caso. Están naciendo muchos niños y, de hecho, algunas parejas incluso están teniendo gemelos. Sentí que Dios me había dado una mayor unción para creer por milagros de nacimiento, incluso hasta el nivel de gemelos y trillizos.

MILAGROS DE NACIMIENTO LE ESPERAN

Reciba todos los milagros que Él ha preparado con el nombre de usted escrito en ellos.

El nacimiento de Jesús fue el "nacimiento milagroso" más importante de todos, y su vida sobrenatural fue evidente mediante su ministerio en la tierra. Él llevó milagros a las vidas de muchas personas, y creo que hay milagros que le están esperando también a usted. Si necesita un milagro de nacimiento espiritual, de nacimiento físico o de algún otro tipo, está a su disposición por medio de Cristo. Lo que importa no es su edad, su color de piel o su género. Dios está buscando su fe. Reciba todos los milagros que Él ha preparado con el nombre de usted escrito en ellos.

Capítulo 3

Las semillas de los milagros

¿Qué ha sembrado Dios en su vida?

Con frecuencia no somos conscientes de que Dios ha sembrado las semillas de un milagro y que están echando raíces. Sin embargo, semillas de milagros serán sembradas en nuestras vidas en buena tierra a medida que seamos obedientes a Dios, tengamos fe, oremos y crezcamos en nuestra relación con Él. De hecho, sus semillas de destino fueron sembradas incluso antes de que le conociéramos a Él y sus planes para nosotros.

Las Escrituras indican que Dios hizo planes para nosotros antes de que ni siquiera hubiéramos nacido:

> *Tú has conocido mi sentarme y mi levantarme; has entendido desde lejos mis pensamientos... Mi embrión vieron tus ojos, y en tu libro estaban escritas todas aquellas cosas que fueron luego formadas, sin faltar una de ellas.* (Salmos 139:2, 16)

> *Vino, pues, palabra de Jehová a mí* [el profeta Jeremías], *diciendo: Antes que te formase en el vientre te conocí, y antes que nacieses te santifiqué, te di por profeta a las naciones.* (Jeremías 1:4–5)

Semillas de un ministerio

Cuando reflexiono en el camino del ministerio en el cual Dios me ha llevado a lo largo de los años, puedo ver que los milagros relacionados con él no comenzaron de repente cuando yo cumplí los cincuenta y los sesenta años. Sus semillas fueron plantadas antes en mi vida, cuando comencé a leer la Biblia y a tener un interés en la Palabra de Dios.

Cuando tenía diez años de edad, mi familia vivía en una granja de manzanos en Sewickley, Pennsylvania. Yo tenía un cuarto en el piso superior de la casa, y me iba allí y miraba por la ventana a los pinos. Me sentía muy atraída a Dios y quería estar relacionada con Él, y comencé a orar y a leer mi Biblia, aunque nadie me presionó a hacerlo ni me alentó. Recuerdo incluso memorizar algunos pasajes en aquella época. Por tanto, desde los diez años de edad hasta los dieciséis, aunque aún no era una cristiana nacida de nuevo, leía la Biblia, amando lo que Dios tenía que decirme y creyendo que la Biblia era verdaderamente su Palabra. También recuerdo visitar diferentes iglesias y pensar: *¿Qué tienen ellos, y cómo puedo conectar mejor con Dios?*

Aquellas fueron épocas importantes en mi vida, aunque no las evalué como tales hasta mucho más adelante en la vida. Ahora veo que todo lo que experimenté en aquellos años me señalaba hacia el llamado de Dios en mi vida, un llamado con el que yo nunca habría soñado, que es "cubrir la tierra con la Palabra", basado en Isaías 11:9: *La tierra será llena del conocimiento de Jehová, como las aguas cubren el mar*".

Todos tenemos comienzos espirituales en nuestras vidas. Le aliento a que mire atrás y piense en cómo Dios comenzó a atraerle a Él mismo, cómo comenzó usted a tener hambre de Él por primera vez, y cómo respondió a Él. Aquellos fueron pasos importantes hacia su salvación y la vida a la cual Dios le ha llamado. Esos "comienzos milagrosos" son las etapas iniciales y tempranas en el proceso mediante el cual Dios obra para atraernos a Él de modo que pudiera comunicar su voluntad y nosotros pudiéramos cumplir su plan divino para nosotros.

Creo que todo ser humano tiene un destino divino de parte de Dios.

Estoy segura de que yo no soy la única a quien Dios ha llamado. Creo que todo ser humano tiene un destino divino de parte de Él. Cuando usted tiene un entendimiento

del propósito de Dios para usted, y cuando conoce sus
y aquello a lo que Cristo le ha dado acceso mediante su muu.
y resurrección, Dios puede obrar milagros en su vida mediante
su gran poder.

UN PROPÓSITO TRANSFORMADO

Otro modo en que las semillas para un ministerio y milagros posteriores fueron plantadas en mi vida fue mediante mi
temprano amor por los idiomas extranjeros. Comencé a aprender
latín cuando tenía sólo unos doce años de edad, y me enamoré
de él. Después aprendí español y francés. Me gustaba aprender
sobre otras culturas y relaciones internacionales, y pensé: *Algún día, quiero ser embajadora en el extranjero.* Por tanto, en el
comienzo, mi plan era obtener mi licenciatura, enseñar en un
país extranjero en algún momento, y después regresar a los Estados Unidos y entrar en la arena política de la educación.

Sin embargo, cuando tenía veintitrés años y enseñaba mi
primer año de escuela, conocí a mi futuro esposo. Wally asistía a la misma iglesia que mi mamá. Recientemente él había
entregado de nuevo su vida al Señor y recibió un maravilloso
derramamiento del Espíritu Santo en su vida. A mí me gustaba
él, pero no me gustaba la iglesia porque era lo que la gente llamaba "llena del Espíritu".

Mi mamá siempre había querido que yo fuese a la iglesia
con ella, pero, francamente, yo me sentía incómoda allí. Cuando me interesé en Wally, sin embargo, fui por motivos pura-
mente sociales. Wally me llevaba a la iglesia, y después normalmente salíamos a cenar. Después de nueve meses de noviazgo,
nuestra relación se volvió seria y nos comprometimos.

Una noche, Wally iba a ir a nuestra casa a cenar con nosotros. Sin embargo, extrañamente, aunque le encantaba la coci-
na de mi mamá, llamó y dijo: "No iré a cenar, pero iré después
para verte". Aquello me dejó perpleja.

Cuando él llegó, le pregunté: "¿Por qué no viniste a cenar?".

Su respuesta fue: "Porque estoy ayunando".

Asombrada, le pregunté: "¿Por qué estás ayunando?". Yo sabía del ayuno, porque mi mamá estaba dedicada a ayunar y orar por mi papá, que tenía una grave enfermedad mental.

Él dijo: "Estoy ayunando por ti".

Yo me sentí muy insultada por esa afirmación. Pensé: *Yo soy una cristiana nacida de nuevo. No necesito su ayuno y su oración.* Por tanto, reaccioné preguntándole: "¿Quieres que te devuelva tu anillo de compromiso?".

Esta fue su respuesta: "Quiero que seas una cristiana comprometida. Marilyn, antes de nacer de nuevo, yo serví al diablo con todo mi corazón. Ahora voy a servir a Dios con todo mi corazón, y no voy a casarme con una mujer que esté dividida en su corazón. Por eso estoy haciendo un ayuno de tres días".

Mi corazón se hundió. Yo amaba a Wally y quería casarme con él, pero no quería ser tan "loca y radical" por Jesús como lo era él. Pero ahí estaba yo, escuchando que él estaba ayunando por tres días por causa de mí, y él no sabía si nuestro matrimonio llegaría a producirse.

Me fui a la cama aquella noche inquieta. Dios comenzó a tratar conmigo acerca de una mayor rendición a su voluntad y al poder del Espíritu Santo, el cual yo había alejado. No dormí bien aquella noche. A la mañana siguiente, me levanté para ir al trabajo, pero enseñar a niños de doce y trece años requiere mucha energía y actividad, y yo ya estaba agotada.

La segunda noche tampoco dormí bien. Dios seguía tratando conmigo sobre una entrega plena, y yo seguía negándome. A la mañana siguiente yo estaba aún más agotada. Ya había pasado dos noches sin dormir bien, y seguía teniendo que ir a trabajar y enseñar a jóvenes adolescentes.

La tercera noche, Dios trató con mi corazón una vez más. Nunca olvidaré lo que Él finalmente me dijo: "He tratado contigo sobre el bautismo y el poder del Espíritu Santo desde hace ya cuatro años, y te has negado. No volveré a tratar contigo otra vez después de esta noche. Te mostraré lo que harás si no te rindes a mi voluntad: no te casarás con Wallace Hickey; te irás a California; obtendrás tu licenciatura; te casarás, y tendrás una buena vida y una buena carrera. Serás feliz, e irás al cielo porque tienes a Jesús en tu corazón. Pero —añadió— si te rindes, yo tengo algo tan maravilloso para ti que ni siquiera podrías imaginar".

Aquello me rompió el corazón. Comencé a llorar, y clamé a Él diciendo: "Dios, aunque nunca me case con Wallace Hickey, quiero todo lo que tú tengas para mí. Quiero ser llena del Espíritu Santo. Haz lo que quieras conmigo, porque quiero ser lo que tú quieras que yo sea".

Bueno, desde luego, sí me casé con Wallace Hickey. Nunca imaginé que, tres años después, Dios llamase a mi esposo al ministerio a tiempo completo. Sorprendió por completo a Wally, y para entonces, a mí me sorprendió sólo parcialmente. Nunca estuvo en mis planes ser la esposa de un pastor o llegar a ser activa en el ministerio. Pero, verdaderamente, yo quería seguir a Dios. Y Él había sembrado las semillas del ministerio en mí cuando me rendí a su voluntad.

Yo ni siquiera imaginaba las oportunidades que Dios abriría para mí. Él cumplió los deseos de mis primeros años, de acuerdo a sus propósitos, porque Él me ha proporcionado muchas ocasiones de viajar a otros países como una embajadora de Él. Sí, ¡me convertí en una embajadora! No del modo en que yo había pensado originalmente, sino en el camino del llamado de Dios, el cual me ha conducido a un modo de vida milagroso.

Cuando me rendí a su voluntad, ¿pensé alguna vez que algún día hablaría a 120.000 personas en Pakistán? ¿Imaginé que ministraría a 65.000 personas en Kartún, la capital del país de Sudán? ¿Pude visualizar que iría a Bolivia, vería la señal de los arco iris, y tendría maravillosas reuniones de sanidad en un estadio? ¿Soñé que ministraría en Hungría a 100.000 personas en una iglesia y sería testigo de inusuales milagros? Yo no soñé ninguna de esas cosas. Dios tiene planes maravillosos para nosotros, y necesitamos permitirle que Él haga nacer esos milagros rindiéndonos a Él.

Sí, creo que antes de la fundación del mundo Dios planeó comienzos y finales milagrosos para su pueblo, y que Él

Dios graba su diseño milagroso en cada uno de nosotros.

le conducirá a usted a los propósitos que tiene para su vida.

Él graba su diseño milagroso en cada uno de nosotros. ¿Por qué me inspiró mi maestra de latín de séptimo grado a dedicarme al estudio de los idiomas extranjeros? Porque Dios tenía un propósito para ellos en mi vida.

¿Cuál es el diseño de Dios para usted? Piense en sus capacidades y en lo que le gusta hacer. ¿En qué cosas tiene talento? ¿En qué cosas *no* tiene talento? Si tiene hijos, observe sus talentos y capacidades, y aliéntelos a desarrollarlos. Mi hija Sarah sobresalió en alemán; también sabe hablar bien chino, ha estudiado varios años de hebreo y griego, y sabe hablar un poco de español. Ella siempre dice: "Me encantan los idiomas". Dios puso ese diseño en su ADN con un propósito. Ahora, estoy observando los intereses y dones de mis nietos. A mi nieta le encantan los idiomas, igual que a su mamá y a mí. A mis nietos les encantan las matemáticas y la ciencia, igual que a su padre, Reece.

Pequeños comienzos

He estado observando cómo el diseño divino de Dios se revela, y he notado que empieza con pequeños comienzos. Si esos comienzos son alentados y desarrollados, aumentarán en abundancia. Por ejemplo, mi temprano interés en los idiomas en séptimo grado finalmente condujo a que yo ministrase en 125 países del mundo. Las semillas del ministerio que fueron sembradas con mi rendición a la voluntad de Dios crecieron gradualmente. Otro modo de describir el desarrollo de mi llamado es que yo estaba en el "canal de parto" del ministerio; el proceso de "nacer" en el ministerio me permitió llegar a ser más madura en mi fe y me dio experiencia en la enseñanza de la Palabra y la oración por la gente. Yo no hablé a miles de personas enseguida. Comencé enseñando estudios bíblicos en casa. Hombres y mujeres asistían a aquellas reuniones, y mientras tomaban una taza de café y una galleta, recibían a Jesús y aprendían la Biblia. Después, a medida que el número de estudios bíblicos en que yo participaba creció, la gente comenzó a hablarme de producir un programa de radio de cinco minutos una vez por semana. Yo pensé: *¿Cómo obtendríamos ese presupuesto?* Pero las personas que había en esos estudios bíblicos (yo tenía veintidós estudios bíblicos en aquella época) pagaron el presupuesto para la radio. Costaba sesenta dólares al mes, una cantidad considerable para nosotros en aquel entonces.

El programa de radio fue ganando popularidad y pasó de cinco minutos una vez por semana a quince minutos cada día. Finalmente, condujo a un programa de televisión, que ahora se titula *Today with Marilyn and Sarah*, y tiene una audiencia potencial de más de dos mil millones cada fin de semana. Todo esto era parte del plan de Dios, porque los medios de comunicación tienen un inmenso impacto en alcanzar el mundo con el Evangelio de Jesucristo, su poder sanador y el derramamiento del Espíritu Santo. Verdaderamente, el nacimiento de los milagros es un proceso. Implica no sólo una rendición inicial a Dios sino también una rendición continua.

Dije anteriormente que cada milagro tiene un comienzo, y el ministerio televisivo tuvo su propio proceso de nacimiento. Cuando reconozco cuántas oportunidades tenemos en la actualidad y a cuántos países alcanzamos mediante la televisión, echo la vista atrás a principios de los años setenta, a un grupo de nueve hombres en los estudios de televisión del Canal 9 en Denver, Colorado, con los cuales me reuní para ver si podíamos tener un programa los domingos en la mañana titulado *Life for Laymen*. Ellos me miraron y dijeron: "Nunca lo logrará. Quédese en la radio. Usted es material de radio pero no material de televisión".

Sin embargo, en mi corazón sentía que Dios me había llamado a la televisión. Aunque yo no tenía la formación de una escuela bíblica y no había sido criada en un hogar lleno del Espíritu, tenía la pasión y el fuego en el interior.

Nunca olvidaré a un hombre católico en aquel grupo de nueve que levantó su voz y dijo: "Bien, probemos. Creo que ella pagará la factura". Los demás estuvieron de acuerdo. Estuve en el Canal 9 por ocho años, y siempre pagué mis facturas. Cuarenta años después, sigo estando en la televisión. ¿Por qué? No se debe a una gran capacidad o a los títulos académicos, sino al llamado de Dios en mi vida y la visión y la pasión que Él ha puesto en mi corazón. Hacer nacer un milagro es un proceso de no rendirse y no permitir que otras personas, o Satanás, lo minen.

No se rinda en cuanto a recibir su milagro; de otro modo, puede tener un "aborto". Yo creo que Dios quiere que todas las ideas que Él pone en nuestros corazones nazcan. Pero se requiere mucho en la progresión de los propósitos de Dios: requiere fe por nuestra parte, los detalles con frecuencia toman tiempo para desvelarse, y los planes pueden ser atacados a medida que buscamos llevarlos a cabo.

En la actualidad, siempre que viajo por el mundo, casi invariablemente alguien se acercará a mí y me dirá: "Les veo a usted y a Sarah en la televisión". Eso es un milagro, y nació del llamado de Dios en mi vida, el cual, una vez más, es "cubrir la tierra con la Palabra". Y tome nota: yo ni siquiera recibí la definición de mi llamado hasta los cuarenta y dos años de edad.

> **Necesitamos orar diariamente: "Dios, creo en ti para lo milagroso hoy".**

Cada día es un día de milagros para el creyente. Necesitamos orar diariamente: "Dios, creo en ti para lo milagroso hoy". No deberíamos rendirnos, incluso cuando las circunstancias se vean mal, porque a Dios le encanta realizar lo sobrenatural en las vidas de su pueblo y por medio de ellas.

CAPÍTULO 4

RAZONES, PERÍODOS E INFLUENCIAS PARA TODA LA VIDA

¿A quién se está encontrando en el camino?

J oyce Meyer ha dicho: "Las personas llegan a su vida por razones, por períodos y para toda la vida". Dios ciertamente ha traído a personas a mi vida para esos propósitos. Él ha usado a personas, al igual que situaciones y circunstancias, en varios puntos en mi vida, o para toda una vida de influencia, para ayudarme a lo largo del camino hacia cumplir su visión para mí. Hay razones, períodos e influencias para toda la vida a lo largo del camino de milagros de Dios también para usted.

ENCUENTROS POR UNA RAZÓN

Pablo y Ananías

Un ejemplo bíblico de una persona que es usada en la vida de otra en un momento concreto en la línea de tiempo de milagros de Dios es cuando Dios llamó a Ananías a ministrar a Pablo en su conversión. Pablo se llamaba originalmente Saulo, y nació en Tarso, que actualmente está en el centro-sur de Turquía. Era israelita de la tribu de Benjamín, y también era miembro de los fariseos, un grupo religioso dedicado a la estricta obediencia a la ley de Moisés (pero cuyas reglas e interpretaciones iban más allá de la ley y eran una carga para la gente). Había sido educado en Jerusalén por el notable y respetado maestro Gamaliel. Y era ciudadano romano, lo cual significaba que tenía un estatus privilegiado en la sociedad.

47

Aquel joven fariseo había consentido el apedreamiento de Esteban (véase Hechos 8:1), un líder en la iglesia primitiva, y se unió a la persecución de los seguidores de Cristo, buscando su encarcelamiento y muerte. La persecución de los cristianos había esparcido a muchos de los creyentes que habían vivido en Jerusalén. Parece que algunos habían buscado refugio en Damasco, y la Biblia dice que Saulo, *"respirando aún amenazas y muerte contra los discípulos del Señor"* (Hechos 9:1), fue decididamente al sumo sacerdote, Caifás, para obtener cartas de recomendación dirigidas a las sinagogas de Damasco, de modo que pudiera viajar a esa ciudad y hacer regresar forzadamente a los cristianos a Jerusalén para juzgarlos (véase versículos 1-2).

Pero quien intentaba arrestar a los creyentes fue "arrestado" él mismo mientras viajaba por el camino de Damasco. Aquel fue para Saulo el momento de su decisivo encuentro con Aquel a quien más adelante se referiría como el Señor del cielo (véase 1 Corintios 15:47). Cuando Saulo iba de camino, una gran luz brilló de repente desde el cielo. Él *"cayendo en tierra, oyó una voz que le decía: Saulo, Saulo, ¿por qué me persigues?"* (Hechos 9:4).

Con dificultad podemos imaginar la escena de un hombre maduro de rodillas, tapando sus ojos con sus manos, esperando ver en medio del resplandor y preguntándose quién habla con él. Él respondió: *"¿Quién eres, Señor?"*, y escuchó esta sorprendente respuesta: *"Yo soy Jesús, a quien tú persigues; dura cosa te es dar coces contra el aguijón"* (versículo 5).

¿Cuál era el doloroso *"aguijón"* contra el que Saulo golpeaba? Quizá, después de que Esteban muriese, sus palabras se quedaran en la memoria de Saulo y le persiguiesen: *"Señor, no les tomes en cuenta este pecado"* (Hechos 7:60), al igual que el hecho de que aunque Esteban estaba siendo acusado, su rostro había sido *"como el rostro de un ángel"* (Hechos 6:15). Además, puede que Saulo pensase continuamente en el amor, celo y valentía de los cristianos cuyas sentencias de muerte él había ayudado a que se produjeran. Una y otra vez, Dios había intentado alcanzar a Saulo mediante los seguidores de Jesús, pero Saulo había continuado ignorándole.

Sin embargo, desde aquel momento en adelante, Jesús sería el Señor en el espíritu, mente y voluntad de Saulo. Aquel día, el viejo Saulo murió, y el nuevo Saulo surgió en Cristo. Él exaltó a Jesús quizá como ningún otro hombre lo haya hecho jamás.

Saulo había sido cegado físicamente por la brillante luz, pero ahora veía claramente con su espíritu. Los hombres que le acompañaban podían ver con los ojos humanos, pero no venían nada de valor espiritual en lo que había sucedido porque no habían visto a Jesús (véase Hechos 9:7–8). La obediencia al Señor de Saulo le dio el milagro del nuevo nacimiento y el comienzo de otro milagro: su llamamiento dado por Dios.

> **La obediencia al Señor de Saulo le dio el milagro del nuevo nacimiento y el comienzo de su llamamiento dado por Dios.**

¿Ha estado usted alguna vez en un puerto y ha visto los diminutos remolcadores a medida que guían a los inmensos trasatlánticos de entrada y de salida del puerto? En la historia de Saulo, Ananías fue el "remolcador" de Dios a quien se le dio el propósito de lanzar a este gigante de la fe al ministerio.

Ananías era un creyente que vivía en la ciudad de Damasco. El Señor se le apareció en una visión y le dijo que fuese a Saulo, quien se estaba quedando en una casa en una calle llamada Derecha, diciendo que Saulo había visto una visión de Ananías que llegaba e imponía sus manos sobre el para qué recuperase la vista. (Me encanta el hecho de que Saulo se estuviera quedando en una calle llamada Derecha. ¡Dios cambió su torcido camino!).

Ananías había oído sobre aquel destruidor de discípulos que ahora buscaba a más cristianos a los que perseguir. Por tanto, cuestionó al Señor, quien de inmediato aplacó sus temores. Ananías fue e impuso sus manos sobre Saulo, quien había estado ayunando por tres días. Saulo recibió la vista y fue bautizado como cristiano (véase versículos 9–18). Quizá, de esta manera, Saulo entró en la vida de Ananías con el motivo demostrarle que Dios podía alcanzar a cualquiera con su amor y salvación, incluso a aquel gran perseguidor de creyentes.

Lo que Saulo hizo con su vida desde aquel momento en adelante sirve como piedra angular en la religión cristiana. Se denominó a sí mismo *"siervo de Dios"* (Tito 1:1), y su conversión revolucionó el mundo. Su nombre fue cambiado al de Pablo, reflejando su nueva vida en Cristo, y se convirtió en un predicador del evangelio al igual que en un apóstol. *"Pablo, apóstol (no de hombres ni por hombre, sino por Jesucristo y por Dios el Padre que lo resucitó de los muertos)"* (Gálatas 1:1). Él también escribió trece epístolas: la mitad de los libros del Nuevo Testamento.

Pablo o tuvo vida eterna no sólo para sí mismo sino también para aquellos a quienes tocó con el evangelio salvador de Jesucristo. ¿No se alegra de que Ananías fuese obediente al mandamiento del Señor en aquel momento en el tiempo, y por aquella razón especial, de modo que Pablo pudiera experimentar el milagroso comienzo de una vida de un ministerio milagroso?

Oportunidades de ministerio

Hay encuentros milagrosos en los propósitos de Dios que están esperando también para usted. Él dirigirá a personas a su vida por motivos concretos, y algunas de ellas puede que le ayuden a alcanzar a personas que no son salvas. ¿Recuerda al hombre que estaba en la junta del Canal 9 cuando yo quería comenzar mi ministerio en la televisión? El resto de la junta me dijo que yo no era material de televisión, pero aquel hombre dijo: "Creo que ella pagará su factura". Yo no tenía una relación duradera con él, pero una de las razones por las que él estaba en aquella junta era para ayudarme en el proceso del milagro que Dios estaba desvelado en mi vida a medida que Él abría la puerta del ministerio en la televisión. Y ese ministerio ha conducido a que yo sea la "razón" del milagro del nacimiento espiritual de las vidas de muchas otras personas.

Hace algunos años, una mujer que había visto en nuestro programa de televisión y se había convertido en cristiana llamó para preguntar si yo estaría dispuesta a hablar en un retiro para mujeres mormonas en Illinois. Yo dije: "Claro que sí, me encantaría hablar allí". Yo consideraba el hablar en un retiro de mormones, en una reunión de Testigos de Jehová, o dondequiera que se abriesen puertas de oportunidad para mí.

Ella dijo: "Tengo que preguntar a setenta y dos ancianos y obtener su permiso, pero si lo consigo, ¿vendría usted?".

"Iré", le aseguré yo.

Ella obtuvo el permiso de los ancianos. Sin embargo, cuando yo llegué no tuve una cálida recepción. Yo estaba preocupada con respecto a lo que debería enseñar, así que oré y el Espíritu Santo dijo: *Enséñales como si fuesen cristianos nacidos de nuevo.* En la sesión de la noche del viernes, enseñé sobre Josué 1:8 y cómo meditar en la Palabra de Dios. Las mujeres estaban muy interesadas y hacían preguntas. Yo les alenté a que se uniesen a la lectura de toda la Biblia junto conmigo.

Cuando llegó la tercera sesión, todas las mujeres se habían apuntado para leer toda la Biblia. Estaban abiertas a escuchar más sobre lo que las Escrituras tenían que decir.

Pregunté a la líder si podía invitar a la audiencia a recibir a Jesús como su Salvador, pero ella dijo: "De ningún modo. No puede usted hacer eso".

Yo continué enseñando la Biblia. Durante mi último servicio el domingo en la mañana, me estaba preparando para concluir el servicio cuando el Señor me dijo: *Haz un llamado al altar para que ellas reciban a Jesús como su Salvador.*

Yo argumenté: *Señor, me han dicho que no haga eso.*

Él dijo: *Hazlo, pues de todos modos ya te vas. No te expulsarán.*

Yo invité a aquellas doscientas mujeres a recibir a Jesús mientras ellas estaban de pie en un gran círculo. Todas menos una, la mujer que ya se había convertido en cristiana, levantaron sus manos y oraron para recibir a Cristo en sus corazones.

Nunca recibí otra invitación para ir a sus retiros, pero aquella experiencia fue poderosa. La oportunidad llegó debido a una conexión divina con la mujer que veía nuestro programa de televisión y estaba abierta al Espíritu Santo y a la Palabra de Dios.

Job 8:7 dice: "*Y aunque tu principio haya sido pequeño, tu postrer estado será muy grande*". Vemos muchas situaciones en nuestras vidas y decimos: "¿Qué bien puede salir de esto?". Sin embargo, yo tendría que decir que el pasaje anterior describe mi vida. Creo tan firmemente en el destino y en la soberanía de Dios que sé que Él me diseñó, antes de la fundación del mundo, para el destino y el plan que Él tenía para mi vida. Creo que lo mismo es cierto para usted, y que Dios utiliza a personas en nuestras vidas por razones concretas en el proceso de desarrollar sus propósitos.

> **Dios utiliza a personas en nuestras vidas por razones concretas en el proceso de desarrollar sus propósitos.**

RELACIONES POR UN PERÍODO

Dios también trae a nuestras vidas personas durante "períodos" de tiempo para que nos ayuden a lo largo del camino. Están con nosotros durante más tiempo pero no para toda la vida.

Jesús y Juan el Bautista

Juan el Bautista era familiar de Jesús y un profeta. Dios le utilizó en la vida de Jesús durante un período importante: el inicio del ministerio público de Jesús. El nacimiento de Juan había sido milagroso, y Dios le había ordenado antes de que naciese para ser un heraldo para Jesús. Mientras Juan aún estaba en el vientre de su madre, Elisabet, fue lleno del Espíritu cuando Elisabet oyó el saludo de María (véase Lucas 1:5–57). La Biblia nos dice que Juan fue enviado "*para que diese testimonio de la luz [Jesús]*" (Juan 1:7); también era conocido como la "*voz del que clama en el desierto: Preparad el camino del Señor*" (véase, por ejemplo, Isaías 40:3; Lucas 3:2–6).

Ya que el sistema religioso de los judíos estaba lleno de rituales pero espiritualmente estaba vacío, Juan fue enviado al pueblo de Israel desde fuera del sistema religioso. Él vivía en el desierto, y cuando tenía treinta años de edad comenzó a predicar, señalando la esterilidad espiritual de Israel y llamando al pueblo al arrepentimiento a fin de preparar sus corazones para recibir al Mesías.

Juan era la *"voz"* y Jesús era *"el Verbo"* (Juan 1:1). El Verbo existía antes de que la voz hablase o de que hubiera nacido (véase versículos 2–3). Juan sabía exactamente cuál era su papel y qué estaba llamado a hacer el Mesías. El papel de Juan era anunciar la venida de Jesús, preparar los corazones del pueblo para Él, bautizarle y confirmar ante el pueblo que era el Mesías. Aunque Juan no estaba cómodo con bautizar al Mesías, Jesús le dijo: *"Deja ahora, porque así conviene que cumplamos toda justicia"* (Mateo 3:15). Jesús tenía que cumplir toda justicia, incluyendo el bautismo, para ser nuestro perfecto sustituto y sacrificio. El hecho de que Jesús fuese el Mesías prometido fue validado a Juan cuando vio al Espíritu descender sobre Jesús en su bautismo, una señal que Dios le había revelado de antemano (véase Juan 1:32–33). Entonces él declaró: *"He aquí el Cordero de Dios, que quita el pecado del mundo"* (versículo 29). Juan cumplió su papel especial en un importante período de tiempo en el desarrollo del plan de redención de Dios por medio de Jesús.

Relaciones importantes mediante la iglesia y el ministerio

Dios ha traído personas a mi vida durante períodos a fin de hacer avanzar el ministerio al que Él me ha llamado. En los primeros tiempos, Él lo hizo para llevarme a enseñar estudios bíblicos en casa. Una pareja llevó a sus hijos a la escuela bíblica de vacaciones de nuestra iglesia. Aunque ellos no asistían a nuestra iglesia, llegaron porque la iglesia estaba situada cerca de su casa. La esposa entonces me preguntó si yo consideraría dirigir un estudio bíblico, y ofreció su casa. Yo fui inspirada y pensé: *Qué emocionante ir a una casa y enseñar un estudio bíblico.* Yo nunca había recibido ese tipo de invitación antes, pero estuve de acuerdo. Siete mujeres asistieron al primer estudio bíblico en el que comenzamos a estudiar sobre el Espíritu

Santo. Yo dirigí estudios bíblicos en aquella casa durante siete años, y de ahí surgieron veintidós grupos de estudio bíblico.

Sí, Dios trae personas a nuestras vidas de maneras inesperadas pero maravillosas. Durante aquella época, una mujer llamada Mary Smith, que había sido secretaria de Oral Roberts, vino para trabajar con Wally y conmigo en nuestra iglesia como administrativa. Ella estaba muy familiarizada con el ministerio de Oral Roberts, y sintió que Dios tenía un llamado especial en mi vida. Mary estuvo conmigo hasta que se jubiló a los setenta años de edad. Ella fue una gran bendición, y creía mucho en mí. Dios la usó como una gran alentadora para aumentar mi fe para lo que Dios había planeado para mí.

Aproximadamente en aquel momento, yo me involucré en el ministerio en la radio. Los estudios bíblicos en casas estaban creciendo hasta el punto en que yo ya no sólo los realizaba en Denver, sino también en otras ciudades en Colorado, como Boulder, Fort Collins y Greeley. Incluso tenía un grupo de estudio en Cheyenne, Wyoming. Dios comenzó a levantar apoyo económico para el ministerio porque las personas que estaban en los estudios bíblicos colaboraban conmigo para pagar las facturas de la radio y más adelante las facturas de la televisión. Ese fue ciertamente un período de nuevos comienzos.

Decidimos realizar un evento para colaboradores una noche, e invitamos a las personas de cada grupo de estudio bíblico a participar en una merienda en el hotel Hilton en la ciudad de Denver. Fue un gran paso de fe para mí. Aproximadamente treinta y cinco o cuarenta personas asistieron, y yo presenté la visión de nuestro ministerio para nuestro programa de radio, que alentaba a la gente a que leyera la Biblia y hacía que acudieran a Jesús. También presenté información sobre nuestro nuevo proyecto: nuestro ministerio en la televisión. Les dimos la oportunidad de rellenar tarjetas de compromiso indicando que querían ser colaboradores y comprometerse a donar cierta cantidad de dinero para el ministerio. Tengo que ser sincera: yo tenía mucho temor a dar ese paso, y comencé a cuestionar si era verdaderamente la voluntad de Dios. ¿Estaba yo siguiendo realmente la dirección del Espíritu Santo?

Después del evento para colaboradores, salí del hotel Hilton aquella cálida noche de verano en el mes de julio y miré a un alto edificio que se estaba construyendo enfrente del hotel. Iba a ser un banco, y se anunciaba como el edificio más alto de la ciudad. El Señor habló a mi corazón, diciendo: *Tú tendrás el alcance más alto en Colorado*. Quedé estupefacta. Yo tenía veintidós grupos de estudio bíblico en aquel entonces. Sí, tenía un programa diario de radio de quince minutos, pero se emitía solamente en Denver, y estaba en las primeras fases de nuestro programa de televisión, que se emitía durante treinta minutos los domingos en la mañana, también solamente en Denver. Sin embargo, Dios me había hablado de algo mayor que Él quería hacer. ¿Por qué? Porque, antes de la fundación del mundo, Él había preparado un estilo de vida de milagros para mí, pero el cumplimiento de los milagros necesitó un proceso de fe.

Nunca he olvidado la experiencia de estar de pie delante de aquella nueva estructura e, incluso ahora, cuando voy conduciendo por la autopista y veo ese alto edificio, recuerdo las palabras que Dios me habló hace tantos años. Me resulta asombroso lo que Él ha hecho. Es la visión de Él, y verdaderamente ha sido milagrosa.

Él también ha preparado milagros para usted, al igual que para su cónyuge, sus hijos, sus nietos y otros familiares. A veces, su caminar de fe será una batalla, y usted se preocupará con respecto a si está escuchando de Dios y si los milagros llegarán a producirse. Incluso lo "estropeará" usted en ocasiones y no tomará la decisión correcta. Pero si se aferra a Dios, Él le ayudará. Puede usted experimentar el desarrollo de los propósitos de Dios si pone su confianza en Él, lee y medita la Palabra, proclama la Palabra en fe y obedece la Palabra.

Yo aprendí una lección de fe y obediencia el año en que comenzamos

> **Puede usted experimentar el desarrollo de los propósitos de Dios si pone su confianza en Él, lee y medita la Palabra, proclama la Palabra en fe y obedece la Palabra.**

nuestra iglesia en Denver. Tuvimos solamente veintidós personas en el primer servicio dominical, pero realmente creíamos
que Dios nos había llamado a esa ciudad y, durante el primer
año, la iglesia creció hasta setenta personas.

En aquel tiempo, los conocidos evangelistas T. L. y Daisy
Osborn llegaron a Denver con el propósito de recaudar dinero
para el proyecto de su edificio en Tulsa. Según mi opinión, los
Osborn probablemente hayan hecho más para llevar el evangelio a todo el mundo que cualquier otra persona en mi generación. Aquella noche, mi esposo espontáneamente les ofrendó los
mil dólares que poco a poco habíamos ahorrado para un auto.
El vehículo que teníamos estaba en mal estado, y yo estaba
muy molesta con él por haber hecho eso porque pensé: *¿Cómo
vamos a llegar a la iglesia si nuestro auto se avería?* Y después
de aquello, ni siquiera teníamos una cantidad para dar como
entrega en la compra de otro vehículo.

Me desperté en mitad de la noche y le dije: "¿Por qué no
te despiertas y te preocupas?". Él sí se despertó, pero no se
preocupó. Me dijo: "Marilyn, no voy a preocuparme. Dios me
dijo que donase el dinero, así que Él proporcionará el dinero
para el auto. Ahora duérmete y pon tu confianza en Dios".

Después, alguien tomó prestado nuestro viejo auto y lo es-
tropeó. Ya no teníamos ningún auto con el que ir a la iglesia.
Éramos los pastores, y no teníamos dinero para otro auto ¡porque mi esposo lo había donado todo! Tuvimos que pedir a alguien
que nos recogiera y nos llevara a la iglesia. Yo no tenía idea de
que Dios tenía un milagro con nuestros nombres escritos en él.

Poco después, John Osteen, el pastor fundador de la Iglesia Lakewood en Houston, Texas, y padre del actual pastor Joel
Osteen, llegó para ministrar en nuestra iglesia. Nosotros no le
conocíamos personalmente, pero cuando se puso en pie para
hablar, dijo: "Pastor, veo las letras A-U-T-O sobre su cabeza.
¿Necesita usted un auto?".

¿Necesitamos un auto? Wally respondió: "En cierto modo".

Aquella mañana, John Osteen recaudó el dinero para el
auto que nosotros necesitábamos, pero eso no fue el final del
milagro. Aproximadamente cinco años después, yo comencé a

viajar un poco. Recibí invitaciones para varios compromisos debido al programa de radio, y me pidieron que hablase en Tulsa. Aproveché la oportunidad y con mucha valentía llamé al ministerio de los Osborn y pregunté si podría llevar a T. L. y Daisy a comer. Quedé asombrada y agradecida cuando dijeron que sí. Cuando entré al comedor reservado en el restaurante, Daisy se puso de pie y me saludó. Esa era la primera vez que nos conocíamos, y ella me dijo: "Marilyn, Dios va a usarle para ser una evangelista en el mundo. Usted afectará a líderes de naciones, y tendrá muchas audiencias". Yo quedé abrumada y pensé: *¿Cómo puede ser? Ese es el llamado de Daisy.* Pero guardé esas palabras en mi corazón. Ciertamente, después de todos estos años y 125 países después, está claro que aquello fue una palabra profética. Sin embargo, realmente creo que todo comenzó con la obediencia de mi esposo al sembrar aquella semilla para una cosecha espiritual por medio del ministerio de los Osborn. Daisy murió hace algunos años, pero, hasta el día de hoy, T. L. Osborn bendice mi ministerio con regalos especiales.

Elías y Eliseo

Otro ejemplo bíblico de un período de influencia espiritual es Elías como mentor de Eliseo. Los milagros relacionados con estos dos profetas son poderosos, y regresaré a ellos varias veces en este libro.

Elías fue un tremendo profeta que se movía en lo milagroso. Fue llamado por Dios a ministrar durante un período muy oscuro en la historia de los israelitas. Su nación habías sido dividida en el reino del norte, que era llamado "Israel", y el reino del sur, que era llamado "Judá". Acab y Jezabel eran el rey y la reina del reino del norte, y eran líderes malvados que rechazaron a Dios y a sus caminos y llegaron a la nación a la adoración a Baal, el falso dios de una religión que incluso incluía sacrificios de niños (véase, por ejemplo, Jeremías 19:5). Elías predicó contra ellos, y la nación dio un giro radical durante el período de su ministerio.

Después, Dios llamó a Eliseo a ser el sucesor de Elías, y él se convirtió en un "sirviente" o "ayudante" de Elías durante un período de tiempo (véase 1 Reyes 19:16–21). Eliseo aparentemente aprendió de observar a Elías; vio cómo Dios había ungido su vida con poder para cumplir lo que había sido llamado a hacer. Por tanto, cuando llegó el momento de que Elías fuera llevado al cielo, Eliseo fue muy valiente, diciendo al profeta más mayor: "Quiero una doble porción de la unción que tú tienes de Dios" (véase 2 Reyes 2:9). Elías respondió: "*Cosa difícil has pedido*" (versículo 10).

Si usted quiere una doble porción de la unción de Dios, no piense en ello como poca cosa. Es difícil. Pero Elías le dijo a Eliseo que si le veía cuando se fuese, podría tener lo que había pedido. Lo siguiente es lo que sucedió:

> *Y aconteció que yendo ellos y hablando, he aquí un carro de fuego con caballos de fuego apartó a los dos; y Elías subió al cielo en un torbellino. Viéndolo Eliseo, clamaba: ¡Padre mío, padre mío, carro de Israel y su gente de a caballo! Y nunca más le vio; y tomando sus vestidos, los rompió en dos partes. Alzó luego el manto de Elías que se le había caído, y volvió, y se paró a la orilla del Jordán.* (versículos 11–13)

Después de recibir el manto de Elías, Eliseo repitió lo que Elías había hecho un poco antes (véase versículo 8), para que ambos pudieran cruzar el río Jordán: "*Y tomando el manto de Elías que se le había caído, golpeó las aguas, y dijo: ¿Dónde está Jehová, el Dios de Elías? Y así que hubo golpeado del mismo modo las aguas, se apartaron a uno y a otro lado, y pasó Eliseo*" (versículo 14).

Si cuenta los milagros de Elías en la Biblia, verá que son ocho. Si cuentan los milagros de Eliseo, descubrirá dieciséis. ¡Eliseo sí recibió una doble porción de la unción!

Permítame hablarle sobre uno de los primeros milagros de Eliseo. Él fue a la ciudad de Jericó, la cual era infame entre los israelitas. Permita que le dé algo de trasfondo sobre esta ciudad. Probablemente sepa que poco después de haber entrado en la tierra prometida, bajo la dirección de Dios, los israelitas marcharon completamente alrededor de Jericó una vez por día, durante seis días. Después, el séptimo día, marcharon alrededor de la ciudad siete veces y gritaron. Los muros de Jericó cayeron, y los israelitas derrotaron al pueblo que vivía allí (véase Josué 6:1–20). Aquella fue la primera ciudad que los israelitas tomaron después de haber entrado en la tierra prometida.

Hay otras situaciones en la Biblia que implican a Jericó, tanto en el Nuevo como en el Antiguo Testamento, pero para nuestro propósito quiero mencionar que Dios había pronunciado una maldición sobre aquella ciudad. Sus habitantes habían sido tan malvados y viles que Dios había dicho, en esencia: "Si alguien intenta reconstruir esta ciudad, sus hijos mayor y menor morirán" (véase versículo 26). Más adelante, un rey llamado Hiel decidió reconstruir la ciudad, y sus hijos mayor y menor murieron (véase 1 Reyes 16:34). Por tanto, la ciudad y la zona circundante tenían una reputación negativa y estaban bajo una maldición. Pero mientras Eliseo era profeta, el pueblo que vivía en la zona de Jericó acudió a él y le dijo: "Este es un lugar difícil donde vivir. Hay algo malo en el agua aquí. Regamos los árboles y los huertos, pero no obtenemos las cosechas que deberíamos. No sabemos qué hacer al respecto". Ellos sabían que el terreno no daba fruto porque el agua estaba de algún modo maldita (véase 2 Reyes 2:19). Aquellas personas estaban desesperadas. ¿No estaría usted desesperado sino obtuviera cosechas, si sus árboles no estuvieran dando el fruto que deberían y si su huerto no estuviera produciendo?

Me encanta lo que llega a continuación. Observemos que el pueblo no aceptó su situación sino que acudió a Eliseo buscando ayuda, creyendo que podría producirse un milagro. De igual manera, usted necesita saber de Dios puede darle un milagro. Si se queda sentado pensando: *Bueno, un milagro no podría sucederme a mí*, ¡deje de pensar así! Eso no es bíblico. Ha pasado usted de la fe a la incredulidad.

> **Cuando usted pide oración por un milagro, acuda a una persona de fe.**

¿Qué tipo de milagro necesita? ¿Una relación restaurada? ¿Una puerta abierta de oportunidad? ¿Un empleo?

El pueblo de Jericó acudió a Eliseo, el hombre de la doble porción, esperando algo bueno. Cuando usted pide oración por un milagro, no acuda a cualquiera, que puede que no crea en absoluto. Acuda a una persona de fe.

Jericó estaba bajo una maldición, pero el pueblo creyó que la maldición podía ser rota mediante la unción de Dios. Yo también creo eso. La unción de Dios puede romper cualquier maldición, sea física, mental, emocional o espiritual. Muchas veces, pensamos que nosotros y nuestras familias tienen que quedarse bajo una maldición. La maldición puede que sea aflicción física, pobreza, alcoholismo, o cualquier otra cosa. Las personas dirán cosas como: "Oh, mi familia siempre ha vivido en la pobreza". No tiene usted que quedarse en una situación maldita, porque Jesús ya le ha redimido de la maldición. *"Cristo nos redimió de la maldición de la ley, hecho por nosotros maldición... para que en Cristo Jesús la bendición de Abraham alcanzase a los gentiles"* (Gálatas 3:13–14).

¿Cuál fue la respuesta de Eliseo al pueblo de Jericó? *"Traedme una vasija nueva, y poned en ella sal"* (2 Reyes 2:20). Ese acto podría parecer insignificante, pero fue el medio por el cual se produjo el milagro. El pueblo podría haberse negado a hacer lo que dijo Eliseo, diciendo que no se lograría nada. Podrían haber intentado un método diferente, o podrían haber hecho la mitad, como llevar una vasija vieja en lugar de una nueva. Pero hicieron exactamente lo que el profeta les dijo.

Entonces, Eliseo fue al manantial de las aguas. Es significativo que no fue donde había un hilo de agua o una pequeña corriente, un canal de irrigación, sino a la *fuente* de las aguas. Tomo la vasija de sal y la lanzó al agua. Cuando la lanzó, proclamó: *"Así ha dicho Jehová: Yo sané estas aguas, y no habrá más en ellas muerte ni enfermedad"* (versículo 21). Aunque había recibido de Dios la revelación de utilizar la vasija y la sal, Eliseo también tuvo que *hablar* a la fuente del problema para que se produjese un cambio. Y desde la época de Eliseo, el agua de Jericó ha sido buena, y esa zona de Jericó ha sido muy próspera.

Los milagros son una parte de la unción que Dios quiere que su pueblo reciba, y le aliento a que crea hoy por su milagro. Hubo un tiempo en mi vida en que yo estaba enferma y, en lugar de mejorar, parecía empeorar. Pero tenía una amiga de fe, Frances Hunter, a quien llamaba casi cada noche para recibir aliento.

Ella siempre me preguntaba: "¿Cómo te fue el día?".

Yo siempre intentaba ser positiva, pero un día respondí: "Fue un día difícil".

Ella respondió enfáticamente: "Este es tu último mal día".

Yo lo escribí: *Este es mi último mal día*, y lo repetí en voz alta.

La palabra pronunciada es poderosa y maravillosa. Mi fuerza y mis energías regresaron; Frances lo había declarado, y yo lo había declarado.

Puede que diga: "Pero Eliseo era un profeta, y Frances Hunter tenía un ministerio de sanidad". Sin embargo, la Biblia dice que todos podemos hablar en fe y ver resultados. Jesús dijo: "*Porque de cierto os digo que cualquiera que dijere a este monte: Quítate y échate en el mar, y no dudare en su corazón, sino creyere que será hecho lo que dice, lo que diga le será hecho*" (Marcos 11:23). Notemos que dice "*cualquiera*".

> **La Biblia dice que todos podemos hablar en fe y ver resultados.**

A veces, no sólo son personas sino también circunstancias las que llegan a su vida por un motivo, para que pueda usted orar al respecto y hablarles a fin de recibir la bendición que Dios tiene para usted. ¿Cuál es su Jericó? ¿Cuáles son sus "aguas malas"? ¿A qué necesita hablarle que haya estado obstaculizando las bendiciones de Dios en su vida?

TODA UNA VIDA DE INFLUENCIA

Una ilustración bíblica de una relación de influencia a largo plazo es la asociación de Pablo y Timoteo. Las semillas de su relación comenzaron durante el primer viaje misionero de Pablo (véase Hechos 16:1–5) y probablemente continuaron hasta la muerte de Pablo en Roma. Pablo consideraba a Timoteo su *"verdadero hijo en la fe"* (1 Timoteo 1:2). Él escribió a los filipenses:

> *Pues a ninguno tengo del mismo ánimo, y que tan sinceramente se interese por vosotros. Porque todos buscan lo suyo propio, no lo que es de Cristo Jesús. Pero ya conocéis los méritos de él, que como hijo a padre ha servido conmigo en el Evangelio.* (Filipenses 2:20–22)

Timoteo era constantemente leal y útil para Pablo, y aprendió a seguir a Cristo mediante el estilo de vida y la enseñanza del apóstol. La de ellos era una relación mutua de mentoría, aguante y apoyo, amistad y dedicado servicio a Dios.[4]

Con respecto a eso, quiero compartir un ejemplo personal de alguien que ha tenido una gran influencia en mí durante muchos años debido a su estilo de vida. Permita que le sitúe en contexto. Un gran avivamiento carismático había comenzado en las iglesias denominacionales, por ejemplo entre católicos, presbiterianos, luteranos, bautistas y nazarenos. Los anglicanos también estaban acudiendo a Jesús y siendo llenos del Espíritu. Junto con ese avivamiento, yo comencé a codirigir una conferencia carismática en Niagara Falls junto con un pastor de Buffalo, Nueva York, llamado Tommy Reid. Cientos de personas asistían, especialmente católicos. Ellos nacieron de nuevo, fueron llenos del Espíritu, sanados y transformados. Aproximadamente 5.000 personas asistieron a las reuniones en la noche, con unas 1.500 o más en las reuniones en el día.

Cada uno de nosotros escogía a un orador para que hablase en la conferencia. Una vez yo le pedí a Fred Price que hablase, y él fue una gran bendición porque era una persona de una fe fuerte. Tommy Reid invitó al Dr. David Yonggi Cho. La iglesia del Dr. Cho en Seúl, Corea del Sur, es la iglesia más grande del mundo. Ahora él está jubilado, pero su iglesia sigue creciendo. Él asistió a la conferencia porque Tommy le había conocido cuando era joven y había ministrado con él en su iglesia.

---

4. Merrill C. Tenney, gen. ed., "Timothy", *The Zondervan Pictorial Bible Dictionary* (Grand Rapids: Zondervan Publishing House, 1967), 855–856.

Yo sentía un gran respeto y asombro por el Dr. Cho. Él consideraba pequeña su iglesia, ya que "solamente" tenía unos 200.000 miembros. ¿Puede imaginar que una iglesia de 200.000 miembros sea pequeña? Yo realmente quería estar cerca de él y aprender de él, y por eso durante las comidas de los oradores, me sentaba con él y escuchaba mientras él hablaba un poco de las cosas que había en su corazón, como pasión, visión y cómo caminar y vivir en la visión. Yo pensé: *Oh Dios, este hombre tiene una gran unción de fe. Rebosa fe, y a mí me gustaría estar más tiempo cerca de él, ¿pero cómo puedo hacerlo? Él está en Corea del Sur, y yo en los Estados Unidos. Yo soy la esposa de un pastor, y tengo hijos. Sí, tengo estudios bíblicos en casas y un programa de radio, y hago un poco de televisión, ¿pero cómo podría conectar con su visión?*

Me enteré de que el Dr. Cho tenía una junta directiva americana para su ministerio internacional Church Growth, y que había veintidós pastores en esa junta. Por tanto, pregunté a uno de esos pastores si había alguna mujer en la junta americana del Dr. Cho, y él me dijo que no. Yo le dije que creía que sería bueno si hubiera una mujer en la junta, y él me preguntó: "¿A quién tiene usted en mente, a usted misma?". Yo le dije: "Exactamente".

Él preguntó a los otros veintiún pastores, y ellos dijeron: "No, no queremos que esté en la junta". Sin embargo, yo no tiré la toalla, y ese es un principio muy importante para recibir su milagro. No se rinda, porque las personas dirán no, las circunstancias dirán no, puede que usted no se sienta capaz, y podría haber miles de cosas que el diablo lance a su camino para evitar que usted avance en el camino milagroso que Dios tiene para usted. ¡No se rinda!

¿Qué hice yo? Oré: "Señor, si el Dr. Cho me invitase a estar en su junta, entonces nadie podría decir no". Y seguí orando. Unos seis meses después, recibí una carta personal del Dr. Cho invitándome a estar en la junta. Yo fui fiel en

> **"No tirar la toalla" es un principio muy importante para recibir su milagro.**

la asistencia a las reuniones de la junta cuando él llegó a los Estados Unidos. Yo no iba allí para decir algo; ¿qué tenía yo que decir? Iba a recibir. Creo que cuando estamos cerca de personas de fe radical, su fe es contagiosa, y la fe del Dr. Cho fue contagiosa en mi vida. Entonces comencé a tener el deseo de hablar en su iglesia. Pensaba: *Me encantaría hablar en su gran iglesia, pero él puede tener a cualquier orador del mundo, así que ¿por qué iba a invitarme a mí?* Pero cuando ejercitamos fe en Dios, Él puede hacer cualquier cosa. Por tanto, comencé a orar que Dios pusiera en el corazón del Dr. Cho invitarme a hablar en su iglesia.

Cuatro meses después, fui a una reunión de la junta en Orlando, Florida, que nunca olvidaré. Mi vuelo iba con retraso, y cuando entré en la reunión, el Dr. Cho se puso en pie y dijo: "Oh Marilyn, estoy muy contento de que esté aquí, porque quiero invitarla a ir y hablar en mi conferencia para líderes de células. Tengo veinte mil líderes de células".

Desde luego, fui, y aquella fue la primera vez que hablé en su iglesia. Después de aquello, el Dr. Cho me invitó a servir en su junta internacional, en la cual he estado por muchos años. Y he tenido el placer de hablar en su iglesia en numerosas ocasiones. ¿Por qué le digo todo esto? Para mostrarle que usted necesita estar cerca de personas de fe radical, porque la fe radical también estará en usted.

No hay duda alguna de que las personas a las que escucha y con las que tiene comunión tendrán una gran influencia en su vida. Hay personas a quienes Dios llevará a su vida durante un período más prolongado para ayudarle a progresar en su fe y servicio a Él. Estar en las juntas americana e internacional del Dr. Cho ha sido algo grande para mí y una gran bendición. Ha producido la bendición de la fe radical.

Quiero alentar su fe porque creo que Dios tiene grandes cosas esperando para usted.

SEA FIEL A LA DIRECCIÓN DE DIOS EN SU VIDA

No siempre sabemos cuándo Dios traerá personas a nuestra vida con un motivo concreto, un período de mentoría o ministerio, o una influencia a largo plazo para sus propósitos. Sin embargo, le aliento a ser fiel en aprender y crecer en los caminos que Él le esté enseñando, sabiendo que Él está en el proceso de guiarle en el camino milagroso que tiene planeado para usted.

CAPÍTULO 5

ESPERANDO SU MILAGRO
Prepárese para recibir las bendiciones de Dios

Hay una frase que dice: "No esperes nada, porque entonces no quedarás defraudado cuando no suceda". Yo digo: "¡No espere nada *y* no será defraudado!". En otras palabras, hay una relación directa entre esperar y recibir, y viceversa. La expectativa es una actitud vital que debe tener si quiere progresar en su camino hacia los milagros.

¿Puede imaginar el nivel de expectativa que el profeta Elías tenía cuando era usado por Dios para hacer milagros? Una vez más, puede que usted diga: "Sí, pero él era un profeta". Sin embargo, la Biblia dice: *"Elías era hombre sujeto a pasiones semejantes a las nuestras..."* (Santiago 5:17).

Jesús nos llama a todos los creyentes a hacer las obras que Él hizo, incluyendo milagros. De hecho, Él dijo: *"De cierto, de cierto os digo: El que en mí cree, las obras que yo hago, él las hará también; y aun mayores hará, porque yo voy al Padre"* (Juan 14:12). Imagine lo siguiente: obras mayores que las que Él hizo. ¡Eso debería aumentar su nivel de expectativa!

SU FUNDAMENTO PARA LOS MILAGROS

¿Sabía que cuando la Biblia se refiere a la esperanza, significa "expectativa confiada"? Por tanto, yo defino *expectativa* como "creencia confiada o fuerte esperanza en que un acontecimiento en particular sucederá". *"La cual tenemos como segura y firme ancla del alma"* (Hebreos 6:19). Recibimos milagros mediante la expectativa, y como la Biblia nos dice en Marcos 11:23.

Ya que la esperanza, o expectativa confiada, es tan importante para recibir milagros, tiene que situarse usted mismo a propósito cerca de influencias que edifiquen esperanza y fe en usted, que le ayuden a edificar una expectativa de que Dios verdaderamente quiere que usted viva en lo milagroso. Él tiene un destino divino para usted; no es usted un accidente. Recuerde que Él le "entretejió", como Él dijo en el Salmos 139:13. Él incluso le dio la Biblia, la cual le dice lo que Él quiere que usted haga.

Vencer el pensamiento negativo

Uno de los problemas que muchos tenemos para ejercitar fe para los milagros es que nos enseñaron la "expectativa negativa" cuando éramos niños; aprendimos a esperar resultados negativos en lugar de positivos. Por tanto, tenemos que cambiar nuestro pensamiento a "expectativa positiva".

> **Tenemos que cambiar nuestro pensamiento a "expectativa positiva".**

Cuando yo era pequeña, mi mamá me dijo que probablemente nunca sería buena en las competiciones deportivas. Ella inconscientemente plantó una idea negativa en mí. Yo escuché, mis expectativas eran negativas y, como resultado, siempre era la última en ser escogida para los equipos deportivos en la escuela. Sin embargo, cuando tuve más edad y comencé a entrenar, pensé: *El éxito deportivo es principalmente práctica*. A medida que hice ejercicio, entendí que tenía un cuerpo que podía rendir bien en los acontecimientos deportivos.

Por otro lado, cuando estaba en la escuela sentía aprensión por las pruebas de ortografía y pensaba que no me iría bien en eso. En esa área, mi mamá reforzó las expectativas positivas, diciéndome: "Te irá bien porque eres una muchacha inteligente". El resultado fue que sí me fue bien en ortografía durante mis años escolares, y también me fue bien académicamente en la secundaria y la universidad, porque ella me había dicho: "Tú eres una muchacha inteligente".

Ese enfoque positivo se trasladó a mi caminar con Dios a medida que leía la Palabra, y comencé a edificar expectativa para lo que Él quería hacer en mi vida. Si no vivimos con expectativa, vivimos sin esperanza, y es deprimente no tener esperanza.

CLAVES PARA EDIFICAR UN FUNDAMENTO DE EXPECTATIVA

1. Desarrollar fe en las promesas de Dios

Cuando comencé a edificar un fundamento de expectativa bíblica, tanto Kenneth Hagin como Bill Gothard fueron claves en mi vida. El primer año después de que Wally y yo nos casáramos, fuimos a una iglesia Cuadrangular y oímos hablar a Kenneth Hagin. Él no era un predicador muy conocido en aquella época. Recuerdo oírle enseñar cómo la Palabra de Dios puede obrar en la vida. Las verdades que él enseñó se volvieron tan reales y maravillosas para mí que recuerdo con claridad, más de cincuenta y cinco años después, exactamente lo que pensé cuando llegué a casa: *Si la Palabra de Dios puede obrar así para él, también puede obrar de ese modo para mí.*

Mi creencia recién hallada en que las promesas de Dios *sí* obran produjo una expectativa en mi vida que formó el terreno sobre el cual pude basar mi anticipación. Puede que requiera tiempo, y puede que sea necesario el trato de Dios en nuestra vida, haciéndonos atravesar diversas situaciones que nos permitan aprender cómo confiar en Él. Sin embargo, tener expectativa con respecto a las promesas de Dios es obligatorio para todos nosotros si queremos cumplir sus propósitos y experimentar sus milagros.

Kenneth Hagin ha sido un mentor para mí a lo largo de mi vida (una de las "influencias para toda la vida" de las que hablamos en el capítulo anterior) porque, cuando escuché cómo la Palabra de Dios podía obrar y del poder del Espíritu Santo, y cómo estaban relacionados, quedé "enganchada". A lo largo de los años, asistí a sus reuniones, escuché sus cintas y leí sus libros, porque sus enseñanzas eran una gran inspiración para mí y edificaban mi fe. La enseñanza sobre la fe modeló por completo mi vida. La gente me preguntaba: "¿Es usted una maestra de la fe?", y yo respondía: "Soy una maestra de la fe radical".

Tendría que decir que las salvaciones y sanidades que he visto, las vidas transformadas de las que he sido testigo, las circunstancias negativas que he visto cambiar, y las naciones que he observado transformarse para mejor han sido todas ellas resultados de personas ejercitando fe en la Palabra de Dios y en su poder. Ejercitar la fe es un proceso, y a veces es un proceso desafiante.

He explicado cómo Dios pone varias circunstancias en nuestras vidas para enseñarnos y dirigirnos. Pero, como hemos visto, Él también pone personas en nuestras vidas para que sean nuestros mentores, personas que son espiritualmente más fuertes que nosotros y que nos dan revelación de la Palabra de Dios para ayudarnos. Hasta el día de hoy, le doy gracias a Dios por Kenneth Hagin y la influencia que sus enseñanzas han tenido en mi vida. Él fue un maravilloso alentador.

2. Meditar y memorizar la Palabra de Dios

Meditar en los principios y las verdades de la Palabra de Dios y memorizar la Escritura es la siguiente clave para desarrollar una actitud de expectativa, porque usted necesita tener la Palabra en su interior para alimentar su fe.

Hace algunos años, asistí a un seminario de cuatro días titulado Instituto en Conflictos Juveniles Básicos (ahora titulado Instituto en Principios Básicos de la Vida). Lo enseñaba Bill Gothard, quien, junto con Kenneth Hagin, ha sido otro gran alentador para mí por medio de su enseñanza. Conflictos Juveniles Básicos fue un maravilloso seminario para aprender cómo tratar los diversos problemas de la vida de manera bíblica y práctica; por ejemplo, cómo abordar problemas que surgen con sus hijos y otras circunstancias difíciles. Sin embargo, la última reunión del seminario resultó ser la más importante para mí, porque Bill Gothard enseñó sobre meditar y

> **Meditar y memorizar la Palabra de Dios es de donde surge el *verdadero* milagro de la expectación.**

memorizar la Palabra de Dios. En mi experiencia, participar en esas prácticas es de donde surge el *verdadero* milagro de la expectación, y meditar y memorizar la Escritura ha seguido alimentándome diariamente.

Otra razón por la que comencé a meditar en la Palabra de Dios era que me aprendí de memoria Josué 1:8. Este pasaje dice, en efecto, que si usted medita en la Palabra de Dios día y noche, si habla la Palabra de Dios día y noche, y si practica la Palabra de Dios día y noche, hará prosperar su camino.

Meditar realmente significa "masticar". ¡Esta es una situación en la cual querrá usted masticar con su boca abierta! En otras palabras, pronunciar la Escritura en voz alta; repetirla una y otra vez, porque meditar en ella le hará ser exitoso.

¿En qué meditaba Josué? En su época, las Escrituras que tenía a su disposición eran el Pentateuco, o los cinco primeros libros de la Biblia: Génesis, Éxodo, Levítico, Números y Deuteronomio. (En ciertos círculos judíos en la actualidad, se requiere de los hombres que memoricen todo el Pentateuco). ¿Cuál fue el resultado de la meditación de Josué? Lo que Dios le había prometido se hizo realidad. Él fue exitoso en todo lo que hizo. Tuvo una salud vigorosa, y fue victorioso en la conquista de la Tierra Prometida, lo cual tomó cinco o seis años. Sin duda, él meditaba y pronunciaba la Palabra con frecuencia. Josué terminó viviendo en una ciudad llamada Timnat-sera, en el monte de Efraín, la cual era su tribu (véase Josué 19:49–50). Cuando él tenía unos ochenta o noventa años, no se retiró a una pequeña casa de campo; en cambio, acababa de comenzar su conquista de Canaán. La gente dice que es demasiado mayor o está demasiado ocupada para seguir los propósitos de Dios, pero tienen una tierra prometida que tomar: el cumplimiento de las promesas de Él.

Además de meditar en las Escrituras, la memorización le permitirá que la Palabra de Dios entre en su corazón de modo que pueda edificar expectativa basándose en ella. En el seminario Conflictos Juveniles Básicos, Bill Gothard compartió su testimonio de cómo casi se había retrasado la escuela, pero tuvo una maestra de la escuela dominical que hacía que los muchachos de su clase memorizaran las Escrituras. Ellos comenzaron a memorizar libros cortos de la Biblia y, a medida que Gothard seguía memorizando la Palabra, sus calificaciones fueron mejores. Él continuó toda una vida de meditación en la Palabra de Dios. ¡La Palabra da vida!

El relato de Bill Gothard sobre lo que hizo por él la memorización de la Biblia fue tan inspirador para mí, que cuando me fui a casa pensé: *Voy a memorizar el libro de Proverbios.* Era un libro bastante importante para comenzar, pues tiene treinta y un capítulos. En aquel tiempo, mi hijo Michael tendría catorce años, y mi hija Sarah tendría seis, y yo recitaba a mis hijos lo que había memorizado. No me preocupaba por el tiempo que necesitase para memorizar, sino que simplemente trabajaba en ello fielmente. Pensé que la memorización de la Biblia sería estupenda para Michael y Sarah también, así que los empujaba para que memorizasen, y en aquellos primeros años ellos memorizaron la primera parte de Proverbios.

Pronunciar pasajes de la Escritura en voz alta a otras personas es una parte importante del proceso. Yo le pedí a otra mujer que fuese mi compañera de memorización de la Biblia, y nos llamábamos mutuamente todos los días en la mañana. A veces, yo hablaba con ella mientras preparaba los almuerzos de mis hijos para la escuela. Intentábamos memorizar un versículo cada día. Nuestro sistema era decirnos versículos mutuamente y después compartir lo que significaban para nosotros. También repasábamos versículos que habíamos memorizado en el pasado. Desgraciadamente, mi compañera abandonó el plan, pero nueve meses después yo terminé de memorizar los treinta y un capítulos de Proverbios, y la experiencia fue totalmente transformadora para mí. La Palabra de Dios era como un fuego ardiente en mi interior.

El siguiente es el método que utilice. Tomé como guía Proverbios 6:22, que habla sobre guardar en el corazón las enseñanzas de los padres: *"Te guiarán cuando andes; cuando duermas te guardarán; hablarán contigo cuando despiertes"*.

Decidí comenzar en la mañana, correspondiendo con la frase: *"hablarán contigo cuando despiertes"*. Por tanto, cuando me levantaba cada día decía diez veces el versículo de memoria.

En la tarde, decía el versículo una vez, en armonía con la frase: *"Te guiarán cuando andes"*.

Después, en la noche, recitaba mi versículo una vez más antes de irme a la cama, y decía el versículo para el día siguiente una vez, en relación con la frase: *"cuando duermas te guardarán"*. Se ha dicho que lo último que uno oye en la noche pasa por la mente siete veces.

El objetivo de la memorización no es sólo ser capaz de decir que puede citar los tres primeros capítulos de este o aquel libro de la Biblia. La importancia es lo que Dios le dice a usted por medio de los pasajes de la Escritura: las perspectivas, verdades y sabiduría que usted recibe. Por tanto, cuando comience a memorizar la Biblia, utilice un cuaderno o diario para anotar lo que Dios le esté diciendo en esos versículos. A veces, la memorización puede parecer un proceso muy seco, pero a medida que diga los versículos y vuelva a decirlos una y otra vez, de repente se abrirán, como si fuera la cáscara de una nuez cuando se rompe, y usted llegará a la "carne" que hay en el interior. Descubrirá verdades que nunca habría descubierto si sólo hubiera leído la Biblia. De este modo, la memorización y la meditación van de la mano, tal como deberían.

Por algún motivo, el libro de la Biblia que me resultó más difícil memorizar fue el Evangelio de Juan. No sé por qué; podría haber sido que el enemigo intentaba mantenerme alejada de sus maravillosas verdades. Me tomó al menos tres años memorizar el Evangelio de Juan. También me tomo casi tres años memorizar el libro de Apocalipsis. Esos dos libros fueron desafiantes para mí, ¡pero valió la pena el tiempo empleado!

En Juan 8:12 Jesús dijo: *"Yo soy la luz del mundo; el que me sigue, no andará en tinieblas, sino que tendrá la luz de la vida"*. Cuando llegué a ese versículo en el proceso de memorizar el libro, estaba muy emocionada al respecto, debido a la historia anterior sobre la mujer agarrada en adulterio. A medida que meditaba en este pasaje y el que precedía, vi que ningún pecado era demasiado oscuro para que la luz de Dios no pudiera atravesarlo. El Señor habló a mi corazón: *Estás muy emocionada por este pasaje debido a esta mujer, pero yo no estoy muy contento porque quería a sus acusadores tanto como la quería a ella, y los perdí.* Obtener ese tipo de revelación ha hecho que valga la pena el esfuerzo empleado en toda mi memorización.

Incluso después de haber perdido a mi compañera de memorización en la mañana, seguí practicando la memorización con mis hijos, repitiéndoles pasajes de la Escritura para que también ellos pudieran escucharlos. Cuando Sarah era más mayor, a veces rascaba mi espalda mientras yo pronunciaba los pasajes que había aprendido. A veces me decía: "Sólo un capítulo, mamá". Si yo intentaba seguir más, ella me decía: "No, mamá, sé lo que estás haciendo".

Actualmente, estoy memorizando con mis nietos. Recientemente me quedé cuidándolos, y cuando el más pequeño ya se iba a la cama le pregunté: "¿Te importa si recito 1 Corintios, capítulo quince?". Le advertí que era largo, pero él estuvo de acuerdo y me oyó practicar en silencio. Se quedó sentado durante los cincuenta y seis versículos. En otra ocasión recité 1 Corintios, capítulos 13 y 14 con mi nieto mediano. Es una bendición para mí, y espero que también para ellos.

Por tanto, durante hace ya más de treinta años, he comenzado cada día memorizando la Escritura. La Escritura que haya memorizado se quedará con usted. Si alguien me pidiera que repitiera el capítulo 5 de un libro concreto, probablemente no podría hacerlo; pero cuando repaso el pasaje, me viene a la mente.

> **Pronunciar la Palabra, pensar la Palabra y practicar la Palabra le proporciona cierto tipo de intimidad con Dios a medida que Él da revelación de su Palabra a su vida diaria.**

Meditar en la Palabra me ayudó a ser una mejor esposa, una mejor madre y una mejor compañera en el ministerio con mi esposo. Me ayudó a enseñar mejor la Biblia porque no estaba solamente leyendo la Biblia; la Biblia también comenzó a "leerme". En otras palabras, pronunciar la Palabra, pensar la Palabra y practicar la Palabra le proporciona cierto tipo de intimidad con Dios a medida que Él da revelación de su Palabra a su vida diaria, a veces de hora a hora y de momento en momento.

Sí, ha habido crisis en las que me he desalentado y he pensado: *¿De qué sirve?* y me he rendido durante un tiempo. Sin embargo, siempre he regresado a ello porque cuando no estaba memorizando sentía como si faltase una gran parte de mi vida.

"En mi corazón he guardado tus dichos, para no pecar contra ti" (Salmos 119:11). Guardar la Palabra de Dios en nuestros corazones y permitir que obre en nuestro interior, edificando nuestra expectativa por el cumplimiento de sus promesas, son componentes esenciales de una vida espiritual saludable. Diariamente, hay interrupciones, obligaciones, situaciones urgentes y cosas semejantes que nos reclaman, y si no tenemos cuidado, nos alejarán de lo que Dios quiere que recibamos mediante la meditación y la memorización de la Palabra. Hablar la Palabra, pensar la Palabra y practicar la Palabra mantendrá nuestro enfoque en el hecho de que Dios ha planeado milagros y un estilo de vida milagroso para su pueblo, si ellos viven en una actitud de continua expectativa.

EL TEMOR ES EL ENEMIGO
DE LA FE Y LA EXPECTATIVA

Cuando usted cree con todo su corazón que Dios hará cosas especiales en su vida, Él las hará, pero usted necesita mantener su fe a pesar de cómo se vean las circunstancias o cuánto tiempo se necesite.

El diablo intenta "entrar" a su cerebro y poner temor en usted. El temor atacó incluso el profeta Elías, justamente después de haber ganado una poderosa victoria sobre cuatrocientos cincuenta falsos profetas de Baal, y Dios tuvo que volver a asegurarle que Él seguía teniendo el control (véase 1 Reyes 19:15–18). La buena noticia es que usted no tiene que rentar espacio en su cerebro al temor. En cambio, puede poner una señal que diga "No hay espacio". El temor es una carga terrible; siempre le desanima. Pero lo contrario del temor es la fe, y es una bendición maravillosa. Podemos decir a Dios: "Muy bien, quiero que la fe entre en mi cerebro permanentemente". Usted puede tomar esa decisión, y después puede hacerla realidad en su vida mediante un proceso deliberado que también edificará su expectativa para los milagros.

¿Ha observado alguna vez que el temor normalmente entra en nuestra vida como un proceso? Comenzamos con un pequeño pensamiento de ansiedad, y después lo alimentamos una y otra vez, hasta el punto en que puede convertirse en una fuerza abrumadora y negativa que influencia nuestras perspectivas y decisiones. Sin embargo, tanto la fe como el temor tienen la capacidad de crecer en nuestro interior. Puede usted comenzar con una fe pequeña, pero entonces puede alimentarla una y otra vez con la Palabra de Dios. A medida que lea la Palabra y practique lo que dice, su fe aumentará significativamente y ahogará el temor.

> **A medida que lea la Palabra y practique lo que dice, su fe aumentará significativamente y ahogará el temor.**

Desde luego, no todos los tipos de temor son negativos. Hay algo que la Biblia denomina *"el temor del Señor"* (véase, por ejemplo, Salmos 34:11). Esto no significa que tengamos que tener miedo de Dios; tener temor del Señor significa reverenciarle o estar asombrados ante su majestad. Significa que le respetamos y tomamos en serio lo que Él dice. Leemos en Proverbios: *"El temor de Jehová es el principio de la sabiduría"* (Proverbios 9:10). La sabiduría de Dios nos causara éxito, y podemos mantener nuestra expectativa en eso. Cuando entrenemos nuestro cerebro para que permanezca en la fe y no en el temor negativo, cambiaremos nuestras actitudes y expectativas de lo negativo a lo positivo.

LA FE PRODUCE MILAGROS

Al hablar del tema del temor y la fe, no puedo evitar pensar en el Dr. David Yonggi Cho. Como mencioné anteriormente, la iglesia que él fundó, Yoido Full Gospel, es la más grande del mundo. Tenía cerca de 800.000 miembros a comienzos del año 2010, antes de que la iglesia decidiera formar veinte iglesias "satélite" independientes (con unos 360.000 miembros) de la congregación principal. Tanto la iglesia madre como esas iglesias hijas han crecido desde entonces.[5]

Parece como si, en todo el mundo, pudiera encontrarse con coreanos que están ahí para compartir su fe. Cuando voy a Sudán o Pakistán me encuentro con coreanos. Casi en cualquier lugar donde viajo, podría sacudir un árbol, ¡y caerían diez coreanos! Se debe a que el Dr. Cho es un hombre de fe, y él creyó que Dios podía alcanzar a sus compatriotas.

Permítame decirle cómo comenzó él el proceso de edificar su iglesia. A medida que lo hago, quiero que comprenda verdaderamente el hecho de que aunque el temor llega con frecuencia mediante un proceso, también lo hace la fe. Una vez más, usted puede tomar la decisión de decirle al temor que su mente no tiene espacio para rentar y después invitar a la fe a que haga su residencia permanente allí.

Personalmente escuché al Dr. Cho contar el siguiente relato. Después de la Guerra de Corea en los años cincuenta, Corea del Sur era terriblemente pobre. Había una hambruna general, y era una época muy deprimente. El Dr. Cho tenía unos veinte años de edad en aquel entonces, y decidió comenzar una iglesia, así que fue a un viejo campamento del ejército, rentó una carpa y dirigió reuniones para unas treinta personas.

Los budistas acudieron a él y le dijeron: "Este es territorio budista. No puede usted poner una iglesia cristiana aquí".

El Dr. Cho respondió: "Podemos poner una iglesia cristiana en cualquier lugar".

---

5. Adrienne S. Gaines, "Pruning the World's Largest Church", *Charisma*, 15 de noviembre 2010, http://www.charismamag.com/index.php/news/29486-pruning-the-worlds-largest-church.

Ellos le dijeron: "Bueno, no pueden ponerla aquí. Si dejan en pie esa carpa, la derribaremos".

Entonces, pasó por allí una mujer coja, que apenas si podía caminar por la calle porque su cuerpo estaba retorcido y cojeaba. Todos en aquella zona de Seúl sabían de ella y sus problemas físicos.

El Dr. Cho dijo: "Si Dios sana a esa mujer, ¿creerán ustedes que necesitamos estar aquí?".

Ellos dijeron: "Sí, pero tiene usted treinta días".

El Dr. Cho y los miembros de su iglesia fueron a la casa de aquella mujer, y oraron por ella una y otra vez. Limpiaron su casa; oraron incluso más. Nada sucedió. Entonces, la noche del día veintinueve, el Dr. Cho tuvo un sueño en el cual vio la imagen de un ser que era mitad mujer y mitad animal, con largas uñas y largos dientes, que estaba a los pies de su cama. La mujer dijo con un tono seductor: "¿Por qué no podemos vivir juntos en paz?".

En su sueño, él saltó de la cama y dijo: "Diablo, nunca habrá paz contigo", y arrastró al ser y lo pisoteó.

Al día siguiente, que era el día treinta, él iba caminando hacia su iglesia en la carpa cuando llegaron los budistas con cinco antorchas en sus manos.

Una mujer desde el otro lado de la calle gritó: "Oh, Dr. Cho, ¿no es maravilloso lo que Dios hizo?".

Era la mujer coja, ¡sólo que iba caminando perfectamente! Él pensó: *Debe de ser su hermana*, y le dijo: "¿Dónde está su hermana?".

Ella respondió: "Dr. Cho, usted oró por mí, y Dios me sanó".

Su iglesia pudo continuar, y él dijo: "Aquella fue una gran oportunidad para la fe en mi vida, pero aquello fue el comienzo".

LAS PROMESAS DE DIOS DESCANSARÁN

Cuando usted ponga en práctica los principios clave de los que hemos hablado en este capítulo, descubrirá que las promesas de Dios descansarán sobre su casa. Recuerdo un milagro poco usual que sucedió con las finanzas de nuestro ministerio. Como dije anteriormente, mi primer presupuesto para la radio era de sesenta dólares al mes. Desde luego, a medida que el programa de radio comenzó a crecer y finalmente llegó a ser sindicado, requirió un presupuesto mucho mayor. Y mientras tanto, yo también había comenzado mi programa de televisión las mañanas de los domingos.

Aquello fue hace cuarenta años. En aquella época, había muy pocos ministros en la televisión. Recuerdo que Charles Blair, un pastor de nuestra ciudad de Denver; Oral Roberts; y en ocasiones Billy Graham, estaban en la televisión durante la semana o para emisiones especiales o cruzadas evangelísticas. Por tanto, que yo saliera en la televisión era algo grande, y costaba mucho dinero. Mi esposo me dijo claramente que yo no podía depender de las finanzas de la iglesia para patrocinar el programa de televisión. Me dijo: "Tendrá que ser tu fe".

> **Yo creía en la provisión de Dios y tenía fe en que Él traería el dinero, y nuestras facturas se pagaron.**

Yo creía en la provisión de Dios y tenía fe en que Él traería el dinero, y nuestras facturas se pagaron. Un hombre que era dueño de un concesionario de automóviles comenzó a ver nuestro programa de televisión y acudió a nuestra iglesia con sus cinco hijos. Él era el italiano, y su familia vivía en San José. Su madre había tenido un accidente de tráfico, y sufría hemorragias que los doctores no podían detener. Yo fui a visitarles a él y a su madre y oré por ellos. La madre fue sanada, y los dos recibieron al Señor. Ese hombre comenzó a donar una importante cantidad de dinero para apoyar mi programa de televisión semanal. Sin embargo, en cierto punto estábamos retrasados en 5.000 dólares. Le pregunté a mi esposo si nuestra iglesia estaría dispuesta a ayudar, y él dijo: "No, pero estoy dispuesto a orar contigo para que Dios te dé un milagro".

En aquel momento quedé defraudada por su respuesta. Yo hubiera preferido que dijese: "Sí, te daremos el dinero". Acepté su oración pero me preguntaba interiormente: *¿Cómo va a hacer esto Dios?* Incluso cuando usted medita en las Escrituras, puede que la duda entre en su mente, pero cuando está lleno de la Palabra, ella se vuelve más grande que la duda.

Aquel día, yo estaba enseñando un estudio bíblico en una iglesia episcopal en Fort Collins, Colorado. En el almuerzo, una pareja me pidió que comiese con ellos. Yo pensé que querían zanjar una pelea entre ellos, y estaba intentando pensar en pasajes de la Escritura que les ayudasen a atravesar su zona de guerra. Sin embargo, aquellos no eran en absoluto sus planes. La mujer me dijo: "Marilyn, ¿cuánto le cuesta estar en la radio?".

Ella actuaba como si ella misma fuese a estar en la radio. Yo dije: "En Denver, cuesta quince dólares y cincuenta centavos por día".

Ella dijo: "No, no me refiero a eso. ¿Cuánto le cuesta estar durante un año?".

Yo dije: "Bien, podemos multiplicarlo". Ella respondió: "No, calcúlelo usted". Así que lo hice, y le dije la cantidad.

Ella se giró a su esposo y dijo: "Cariño, haz un cheque para Marilyn de seis mil dólares".

Yo pensé: *Cariño, ¡hazlo!*

Nuestra factura de la radio ya estaba pagada, pero ella estuvo de acuerdo en que utilizase esa cantidad para el programa de televisión.

El hombre que tenía el concesionario de automóviles nos apoyó en el segundo y el tercer año de nuestro programa de televisión, y también nos proporcionó un auto durante varios años. Dios responde la oración, y la provisión siempre llega junto con la visión.

ESPERAR LO "IMPOSIBLE"

A lo largo de los años ha habido muchos "cariños" que me han ayudado a financiar los programas de radio, los programas de televisión, las cruzadas en el extranjero, libros y todo tipo de puertas abiertas para el ministerio. Ni siquiera puedo comenzar a enumerar los colaboradores en el ministerio que han sido tal bendición, bendición, *bendición* en los últimos cuarenta años. Sencillamente está por encima de mi comprensión. Pero, una vez más, la expectativa es la clave: vivir en un lugar de fe y meditación de la Palabra, diciendo la Palabra, pensando la Palabra y practicando la Palabra. Con frecuencia, esto es un desafío continuo a medida que surgen nuevas dificultades, incluso en medio de las bendiciones. Permítame darle un ejemplo.

Cuando mi ministerio de radio se extendió a un ritmo rápido y se multiplicó en popularidad, yo realmente no sentía que tenía el dinero para continuar en la televisión porque era una fuerte carga económica. Sin embargo, seguía sintiendo que Dios me había llamado a ministrar mediante la televisión. El impulso interior del Espíritu Santo me mantenía buscando una "pequeña nube" que indicase la llegada de lluvia después de una larga sequía, como hizo el profeta Elías.

> **El impulso interior del Espíritu Santo me mantenía buscando una "pequeña nube" que indicase la llegada de lluvia después de una larga sequía.**

Elías le dijo al rey Acab: "*Sube, come y bebe; porque una lluvia grande se oye*" (1 Reyes 18:41).

¿Una "*lluvia grande*"? ¿Cómo podía ser eso? No había llovido durante más de tres años, conforme a la palabra de Elías, porque Acab había alentado al pueblo a rechazar a Dios y participar en la adoración a Baal, un dios falso. Bien, el pueblo se había arrepentido, había vuelto al único Dios verdadero. Habían agarrado a los profetas de Baal, y Elías los había matado en el arroyo de Cisón (véase versículo 40). Y Dios había dicho que si su pueblo le obedecía, Él abriría los cielos y les daría lluvia (véase, por ejemplo, Deuteronomio 16:13–17; 28:12).

Elías ni siquiera había visto una sola nube, pero sabía que la Palabra de Dios no regresa vacía (véase Isaías 55:10–11). Él se retiró a orar en privado, subiendo a la cumbre del monte

Carmelo, agachándose y poniendo su rostro entre sus rodillas. Entonces, Elías dijo algo a su sirviente que mostró que él estaba operando en fe y expectativa: *"Sube ahora, y mira hacia el mar. Y él subió, y miró, y dijo: No hay nada. Y él le volvió a decir: Vuelve siete veces"* (1 Reyes 18:43).

Quiero que observe lo que sucedió. El sirviente no había visto nada las primeras *seis* veces, pero cada vez, Elías le enviaba de nuevo.

Yo oí de un hombre que asiste a nuestra iglesia que envió cincuenta y ocho solicitudes para empleos pero realizó solamente dieciséis entrevistas. Finalmente, obtuvo un empleo, y dijo: "Nunca me rendí y, Marilyn, este es el mejor empleo que he tenido nunca en mi vida". Parte de esperar con expectativa es no rendirse.

> *A la séptima vez dijo: Yo veo una pequeña nube como la palma de la mano de un hombre, que sube del mar.*
> (1 Reyes 18:44)

Si yo viese una nube que fuese sólo del tamaño de la palma de la mano de un hombre, no sé si pensaría que iba a llover; sin embargo, Elías sabía que el pueblo había hecho lo que Dios dijo y que Él era fiel.

"Y él [Elías] dijo: Ve, y di a Acab: Unce tu carro y desciende, para que la lluvia no te ataje" (versículo 44). En otras palabras, dijo: "¡Ya llega! Vámonos".

La última parte de este pasaje dice:

> *Y aconteció, estando en esto, que los cielos se oscurecieron con nubes y viento, y hubo una gran lluvia. Y subiendo Acab, vino a Jezreel. Y la mano de Jehová estuvo sobre Elías, el cual ciñó sus lomos, y corrió delante de Acab hasta llegar a Jezreel.*
> (versículos 45–46)

La mano del Señor tocó a Elías, ¡y él corrió con más rapidez que los caballos del carro de Acab! El poder milagroso de

Dios, el poder de su Espíritu, llegó sobre el profeta. Necesitamos esperar con expectativa y después avanzar cuando Dios diga que es el momento.

Bien, la "nube en el horizonte" para mi ministerio en la televisión, los comienzos de un nuevo milagro, llegó en forma de una mujer llamada Louise que era la directora de televisión educativa en Denver. Ella asistió a uno de mis estudios bíblicos en casas y nació de nuevo, fue llena del Espíritu y fue liberada de los cigarrillos. Un día, ella me dijo: "¿Ha pensado alguna vez en enseñar la Biblia en la televisión educativa?".

Desde luego que yo lo había pensado, pero me preguntaba cómo podría suceder.

> **El milagro de la expectativa dice que Dios puede hacer *todas* las cosas.**

El milagro de la expectativa, sin embargo, dice que Dios puede hacer *todas* las cosas. Dice que nada es imposible para aquel que cree (véase Marcos 9:23). Por tanto, Louise estimuló mi fe, y comenzamos a considerar la posibilidad de que yo enseñase la Biblia en la televisión educativa.

En aquel tiempo no se oía de tal cosa, pero acudimos al presidente de la estación de televisión de Denver y hablamos con él. Él dijo: "Marilyn, estoy dispuesto a probar con dos programas piloto, y nos gustaría que hiciera los programas sobre personajes de la Biblia. Hagamos dos programas, y después veremos si podemos utilizarlos". Él le pidió a Louise que los dirigiera.

Grabé los dos programas. El primero era sobre Rahab, la prostituta en Jericó que ayudó a los espías israelitas que habían llegado para reconocer el terreno a fin de poder conquistar la ciudad. Rahab y su familia fueron librados de la muerte, y Rahab se casó con un israelita y fue la abuela del rey David. Yo titulé el programa "Esperanza para las prostitutas". El segundo fue sobre Gedeón, el tímido israelita a quien Dios llamó para liberar al pueblo de los ataques de sus enemigos, los madianitas. Ese programa se enfocó en tratar un complejo de inferioridad.

Pasaron varias semanas antes de que el presidente me llamase acerca de los programas, diciendo: "No, creo que no lo haremos. No creo que vaya a funcionar".

Yo respondí: "Yo creo que funcionará". Y permanecí en un lugar de expectativa. Tres semanas después, me llamó y me dijo: "Bien, vamos a probar durante seis semanas en el verano". Así que grabamos seis programas, cada uno de treinta minutos. Yo escogí personajes especiales de la Biblia y relaté la historia de sus vidas y expliqué cómo se involucraban con Dios, y después enseñé sobre el proceso de cómo Dios se involucra en nuestras vidas.

Al final de las seis semanas, el presidente de la estación me llamó y me dijo: "Hemos tenido la mejor respuesta a esos programas que a ninguno que hayamos producido". Después de aquello, tuve un horario regular los lunes en la noche para mi programa durante los siguientes dos años.

Quiero alentarle a permanecer en fe y en una actitud de expectación. Permita que la Palabra le dé expectativa cuando las circunstancias se vean mal.

Me resulta interesante que, durante dos años, yo enseñase la Biblia en la televisión educativa cada semana y realmente me pagasen por hacerlo. Ese es un milagro entre milagros. Durante aquella época, un grupo de personas acudió al administrador de la escuela pública en Denver pidiendo que nuestro programa fuese retirado de la emisión porque enseñaba la Biblia. Sin embargo, a la hora de la verdad, la administración de la escuela pública en Denver permaneció de nuestro lado, y el canal educativo también nos apoyó. Por tanto, el programa continuó. Durante aquellos dos años sucedieron cosas maravillosas. El programa abrió muchas puertas. Personas que lo veían comenzaron a llegar a nuestra iglesia y asistir a nuestros estudios bíblicos. Recibieron a Jesús como su Salvador y fueron llenos del Espíritu y sanados. Todas esas cosas fueron el resultado de la "ley de la expectativa".

VIVIR POR FE

Los milagros son lo que surge de una vida de meditación de la Palabra, porque usted entra en un espíritu de fe. Lo que yo creo que sucede básicamente se describe en 2 Corintios 4:13: *"Pero teniendo el mismo espíritu de fe, conforme a lo que está escrito: Creí, por lo cual hablé, nosotros también creemos, por lo cual también hablamos"*. La expectativa le lleva a un lugar

La expectativa le lleva a un lugar de creencia continua y de hablar la Palabra de Dios.

de creencia continua y de hablar la Palabra de Dios.

Quiero relatar algunos ejemplos adicionales para mostrarle cómo puede edificar expectativa en su vida confiando en lo que Dios le dice que haga. A medida que mis estudios bíblicos siguieron creciendo, Dios comenzó a incorporar colaboradores a nuestro ministerio de otras ciudades en los Estados Unidos. Mencioné anteriormente que, en aquel tiempo, yo viajaba un poco y hasta realicé desayunos especiales para colaboradores en los que pude conocer a las personas y darles las gracias personalmente.

En nuestro primer desayuno para colaboradores, recibí una impresión interior del Señor de que había tres personas entre la audiencia que tenían bultos en el paladar. Él dijo que los sanaría y me dijo que los hiciera ponerse de pie.

Pero yo argumenté con Él, diciendo: *¿Tres personas entre las treinta? Pareceré una idiota si eso no es cierto. ¿De verdad me estás hablando?*

Seguí protestando, pero Él me lo indicó una vez más y dijo: *Siempre me estás pidiendo que te dé palabras de conocimiento. Te las he dado, y tú las rechazas. Voy a dejar de dártelas.*

Entonces dije: *Oh Señor, lo haré.*

Hablé en voz alta y dije: "Creo que hay tres personas aquí que tienen bultos en el paladar. Si es su caso, póngase de pie y será sanado".

Para mi sorpresa y deleite, tres personas se pusieron de pie que tenían bultos en el paladar, y fueron sanadas. Fue un maravilloso período de aprendizaje para mí y, una vez más, me situó en un lugar de expectativa.

También, durante aquella época en mi vida, comencé a aceptar invitaciones para hablar y viajar, pero no estaba acostumbrada a hablar en iglesias porque, en aquel entonces, las mujeres no hablaban mucho en las iglesias. Por tanto, cuando

Dios comenzó a tratar conmigo sobre enseñar la Biblia en iglesias, yo le dije: "Señor, soy una mujer. ¿Qué de eso?".

Él me dijo muy claramente: *El que seas una mujer nunca será un problema para ti. Ese será mi problema. El mayor problema que tú tendrás será tu fe.*

Eso ha resultado ser cierto. He viajado por todo el mundo, incluso a países musulmanes; he ido a lugares donde normalmente no se permite a las mujeres hablar ni enseñar, incluyendo a zonas masculinas en prisiones federales donde he realizado seminarios de la Biblia; y ha seguido siendo cierto que ser una mujer nunca ha sido un problema para evitar que yo ministre. Pero ha sido un problema para mí vivir por fe. Ese ha sido un desafío diario, y a veces ha sido un desafío mayor y más serio que otras veces. Por eso es importante que sigamos la ley de la expectativa, manteniendo fuerte nuestra fe en la Palabra de Dios.

Job dijo: "*Del mandamiento de sus labios nunca me separé; guardé las palabras de su boca más que mi comida*" (Job 23:12). Dijo que la Palabra de Dios era más importante para él que la comida. Una vez más, le aliento a meditar en la Palabra, a empaparse de la Palabra.

¿Se pregunta lo que Dios puede hacer para abordar un problema en su familia, en su lugar de trabajo, o en cualquier otra situación? Él puede hacer cualquier cosa. He visto la expectativa basada en la Palabra obrar milagros en mi propia familia. Nuestro hijo estuvo en el mundo de las drogas durante nueve años, pero yo reclamé Proverbios 11:21: "*Tarde o temprano, el malo será castigado; mas la descendencia de los justos será librada*".

Me despertaba en la noche pensando: *Mi hijo está durmiendo en un parque. ¿Le matará alguien?* Pero entonces, declaraba el pasaje anterior. Debo de haber pronunciado ese pasaje miles de veces. Finalmente, mi hijo fue liberado por completo de las drogas y el alcohol. Yo creo que la Palabra de Dios obra de más maneras de las que usted y yo podemos imaginar o entender.

Necesitamos dar un paso de fe en esta ley de la expectativa. A veces, puede que cometamos errores, pero tenemos que entender que aprender a discernir la dirección de Dios es un proceso. No podemos permitir que nuestros fracasos eviten que confiemos en Él para que haya milagros en el futuro. Yo tenía cojera en una ocasión y acepté una invitación para ministrar en una iglesia de Asambleas de Dios en Nueve Jersey. Le pregunté al pastor cuánto tiempo quería que hablase, y él me dijo: "Tanto como esté usted ungida, y cuando no lo esté, quiero que se siente. Si no se sienta, yo le diré que se siente".

> **No podemos permitir que nuestros fracasos eviten que confiemos en Dios para que haya milagros en el futuro.**

Su respuesta me asustó. Pensé: *Oh Dios, no sé si puedo hablar aquí. Ya estoy muy asustada.*

Me levanté para hablar, y quería estar ungida, así que traté de hacerlo con voz muy fuerte. Hasta la fecha, me pregunto por qué hice aquello, pero en mitad de la predicación, vi a un hombre en la parte trasera del auditorio que estaba sentado en una silla de ruedas. Podía ver al hombre sólo de cintura para arriba, y le dije: "En el nombre de Jesús, levántese y ande". Bien, él no se levantó y anduvo. Así que seguí con voz muy fuerte y "ungida", y dije: "En el nombre de Jesús, levántese y ande". Pero él seguía sin levantarse y andar. Uno de los pastores asistentes estaba al lado de él, y yo le dije: "David, levántelo. Él va a andar".

David negó con su cabeza.

Yo dije: "David, ¿dónde está su fe? Levántelo; él va a caminar".

David volvió a menear su cabeza y respondió: "Marilyn, él no tiene piernas".

Yo quedé aplastada y conmocionada. Pero el Señor habló a mi corazón: *Marilyn, si permaneces en fe, llegará el día en que las personas se levantarán de sillas de ruedas en tus reuniones.*

Fue necesario un proceso de fe y expectativa para mí, pero hoy puedo hablar de personas a las que he visto levantarse de sus sillas de ruedas y caminar totalmente sanas. Recuerdo especialmente una ocasión en Grand Rapids, Michigan, en que una mujer llevaba en silla de ruedas trece años. Durante un servicio en la noche del domingo, se levantó de su silla de ruedas y está caminando hasta la fecha. Eso sucede aquí en los Estados Unidos, no en otros países. Por tanto, permanezca en fe; permanezca con expectativa.

Sí, también he tenido desengaños. Sí, algunas personas por las que he orado por sanidad han muerto. Pero he visto a más vivir que morir.

En una ocasión quedé muy defraudada por la muerte de una joven que tenía leucemia y por la cual habíamos estado orando por dos años. Incluso habíamos realizado vigilias de oración por ella. Oramos y ayunamos por ella y, sin embargo, murió. En aquel tiempo yo estaba comenzando a enseñar en la escuela dominical, haciendo estudios bíblicos y el programa de radio. Le dije al Señor: "Nunca voy a volver a orar por los enfermos. No voy a hacerlo. Creí que era tu Palabra, pero no funcionó".

Sin embargo, una noche estaba estudiando el libro de Daniel, leyendo sobre cómo Sadrac, Mesac y Abed-nego se negaron a postrarse ante la imagen de oro del rey Nabucodonosor y honraron al Señor y confiaron en Él. Dios me reveló verdades maravillosas, diciendo: *Mira el ejemplo de los tres jóvenes hebreos. Ellos dijeron*: "Él nos librará de tu mano, oh rey". *Eso es fe. Pero entonces los jóvenes dijeron*: "Y si no, sepas, oh rey, que no serviremos a tus dioses, ni tampoco adoraremos la estatua que has levantado". *Eso es fidelidad. Marilyn, ¿serás fiel cuando parezca que tu fe ha fracasado?* (véase Daniel 3:17–18).

He descubierto que Dios quiere desarrollar estas dos cosas en todos nosotros: fe y fidelidad. Las dos nos mantendrán con expectativa.

A medida que cultivemos las influencias correctas en nuestra vida, meditemos y memoricemos la Palabra de Dios, sustituyamos el temor por la fe y creamos a Dios para lo imposible, nuestra expectativa aumentará. Nuestra esperanza, nuestra expectativa confiada, crecerán, conduciendo a lo milagroso. Permanezca conmigo, amigo. Permanezca con expectativa, ¡y los milagros llegarán!

CAPÍTULO 6

LA ACTITUD DE "YO PUEDO"

Desarrollar un imán de milagros

Junto a elevar su nivel de expectativa, una actitud de "yo puedo", *"Todo lo puedo en Cristo que me fortalece"* (Filipenses 4:13), marcará la diferencia para recibir sus milagros. Es lo que nos pondrá "por encima" cuando afrontemos adversidad, obstáculos, enemigos y desaliento. Una actitud de "yo puedo" es el imán que atraerá milagros a nuestras vidas. Yo he visto que esto es cierto cuando he ministrado por todo el mundo.

"TODO LO PUEDO" EN CRISTO

Después de que cayese la Cortina de Hierro en Europa del Este a finales de los años ochenta y principios de los noventa, me sentí dirigida por el Espíritu Santo a viajar a la anterior Unión Soviética porque, por primera vez en setenta años, las puertas estaban abiertas para predicar libremente el evangelio allí.

Tuvimos una idea creativa que permitiría a los cristianos rusos ayudarnos a predicar. En una visita a Rusia, rentamos un barco en el río Volga que llevaría a 150 personas, e invitamos a cincuenta pastores rusos y a sus esposas a ir con nosotros durante seis días. Dos veces por día, el barco se detenía en puertos, y salíamos y realizábamos reuniones en las calles. Los pastores rusos predicaban, y nosotros distribuíamos Biblias y literatura cristiana en ruso. El hambre de Dios entre las personas rusas de todas las edades era fabulosa. La mayoría no había visto una Biblia en setenta años, y besaban nuestras manos cuando les entregábamos una Biblia.

> **Sentí que si ellos eran testigos de milagros, eso zanjaría el asunto para ellos de si Dios era real.**

Para cada viaje por la anterior Unión Soviética, elegíamos una ciudad en la cual realizar una cruzada de sanidad de dos noches. La gente que acudía no sabía nada de la Biblia. En mi corazón, sentí que si ellos eran testigos de milagros, eso zanjaría el asunto para ellos de si Dios era real, lo cual, como vimos en el capítulo 1, es una de las razones por las que Dios usa los milagros. Cuando alguien que es ateo es sanado, eso tiende a que deje de argumentar sobre la verdad de la Biblia. Por tanto, es importante que la gente vea milagros. Mi oración por nuestros viajes era que Dios otra vez "interviniese y se mostrase".

En uno de esos viajes, estábamos en una arena deportiva en Zaporozhye, Ucrania. Con nosotros estaba un equipo de 100 estadounidenses y de cuarenta a cincuenta pastores rusos y sus esposas. Desde luego, yo tenía que predicar mediante un intérprete, y nuestra oración era que tuviéramos intérpretes verdaderamente ungidos.

Yo temía que si no se producían grandes milagros, dejaríamos una mala impresión del evangelio. Pero tenía que recordar que *"todo lo puedo en Cristo que me fortalece"*. En la reunión, sentí que el Espíritu de Dios me dio una palabra de conocimiento para orar por personas que tenían bultos y tumores. Por tanto, pedí a las personas que tuvieran esos males que se pusieran en pie, y casi 100 en una audiencia de 2.000 se pusieron en pie. Después de orar, les pedí que se autoexaminasen para comprobar un milagro. Entonces, les pedí que pasaran al frente y compartieran sus milagros.

Algunas personas pasaron, y mi hija Sarah estaba ayudando en la fila de testimonios. Una mujer que estaba en la fila, que tendría unos treinta y tantos años, tenía el brazo derecho ennegrecido y muy inflamado. Mediante un intérprete, Sarah le preguntó si había recibido un milagro. La mujer estaba llorando y dijo: "Sí, tenía un bulto muy grande en mi axila, y ya no está".

Sarah la examinó y no encontró ningún bulto. Había ocho o nueve personas delante de aquella mujer cuando Sarah habló con ella. Pero cuando ella llegó al frente y testificó, ¡su brazo era natural en color y tamaño!

Muchas personas recibieron a Jesús como su Salvador en aquella reunión. Habían visto y experimentado el poder de Dios. Con frecuencia, cuando me enfrento a audiencias como aquella en Ucrania, tengo que repetirme a mí misma: *Todo lo puedo en Cristo que me fortalece*. Sé que no es mi capacidad o mi nombre lo que puede lograr esos milagros, sino el poder y el nombre de Jesús.

Le aliento a ser una fuerte persona de "yo puedo". Usted puede hacer todo lo que Dios le haya llamado a hacer mediante la fortaleza del Señor Jesucristo.

PLANTAR UNA ACTITUD DE "YO PUEDO" EN SU INTERIOR

Como hemos hablado en capítulos anteriores, los milagros tienen comienzos, pero no comienzan por sí mismos. Dios planta semillas de milagros en nosotros, y Él obra en nuestras vidas de muchas maneras mediante su Espíritu para cumplir sus propósitos. Necesitamos cooperar con las maneras en que Él nos está guiando.

> **Dios obra en nuestras vidas de muchas maneras mediante su Espíritu para cumplir sus propósitos.**

Cuando Sarah estaba en tercer grado, yo fui una noche a su cuarto para orar con ella antes de que se acostase. Para sorpresa mía, la encontré llorando y le pregunté: "Sarah, ¿qué te pasa?".

Ella dijo: "Mamá, cada año en el día del deporte obtengo el menor número de galardones entre todos mis compañeros de clase. No soy buena en los deportes".

Yo le dije: "Sarah, eres muy buena académicamente, eres una cristiana maravillosa, tienes una hermosa personalidad, y eres muy atractiva. No puedes ser buena en todo".

Recuerde que yo había oído esa actitud de mi madre, y ahora la estaba transmitiendo a mi hija. Pero el Señor habló a mi corazón: *Le estás enseñando a tu hija incredulidad. ¿Por qué no puede ser ella buena en todo?*

Yo pensé: *Dios, tienes razón. Lo siento mucho. Me arrepiento de esto.*

Por tanto, le dije a Sarah: "Perdóname. Puedes ser buena en todo. Puedes ser buena en los deportes, así que comencemos a decir pasajes positivos sobre lo que vas a hacer en el día del deporte".

Le pregunté cuántos galardones de primer lugar le gustaría recibir, y ella dijo: "Mamá, nunca he conseguido un galardón de segundo lugar, y mucho menos uno de primero".

Yo dije: "Bien, vamos a creer a lo grande".

"Quiero dos galardones de primer lugar".

"Muy bien; cada noche, durante las tres próximas semanas, vamos a pronunciar pasajes de la Escritura antes de que te vayas a dormir".

Y cada noche, proclamamos pasajes positivos a Sarah, como Filipenses 4:13, que mencioné anteriormente. Pronunciábamos afirmaciones como: "Soy más que vencedor", de Romanos 8:37, *"Mas a Dios gracias, el cual nos lleva siempre en triunfo en Cristo Jesús"*, de 2 Corintios 2:14, *"Todas las promesas de Dios son en él Sí, y en él Amén, por medio de nosotros, para la gloria de Dios"*, de 2 Corintios 1:20, y *"Confiad, yo he vencido al mundo"*, de Juan 16:33. Pronunciábamos unos diez pasajes cada noche.

Entonces llegó el día del deporte. Se habían puesto sillas en la pista para los atletas en la competición, y Sarah estaba sentada en una de ellas, así que me acerqué a ella y le susurré: "¿Cómo estás?".

Ella me respondió susurrando: "Todo lo puedo en Cristo que me fortalece. Soy más que vencedora. Siempre triunfo en Cristo. Tengo su Espíritu de fe en mí".

Ella pronunció sus pasajes, ¡y después ganó dos galardones de primer lugar! Su vida deportiva dio un giro total. Desde aquel momento en adelante, ella ha demostrado ser una excelente deportista. En la secundaria, Sarah participaba en baloncesto y jugaba en el equipo de la escuela. Ella me sorprende con su capacidad deportiva, pero comenzó con "todo lo puedo en Cristo que me fortalece".

Los milagros comienzan con un "yo puedo", y no con un "yo no puedo".

UNA ACTITUD DE "YO PUEDO" DE BENDECIR A SUS ENEMIGOS LE HARÁ LIBRE

En 2 Reyes 6 hay un relato de cierto rey que tenía una actitud muy fea. Su nombre era Ben-adad, rey de Siria, y el capitán de su ejército era Naamán. Ben-adad sabía que Naamán había sido milagrosamente sanado de lepra mediante el profeta Eliseo. De hecho, fue Ben-adad quien le había dado permiso en primer lugar a Naamán para acudir a Eliseo para ser sanado (véase 2 Reyes 5:1–6). Sin embargo, ese acontecimiento milagroso no fue suficiente para convencer a Ben-adad de que entregase su vida al Dios de Israel. Siguió rebelándose contra Él y contra su pueblo.

El problema era que Ben-adad quería capturar Israel. Sin embargo, a pesar de lo bien que planease sus ataques sorpresa, no podía tener éxito en sus planes. Parecía que, por alguna extraña razón, Israel conocía cada uno de sus movimientos antes de que los hiciera. Él se enojó tanto que acusó a sus propios hombres de pasar información al enemigo. Uno de ellos dio un paso y dijo: "No somos nosotros; es Eliseo. Su Dios le dice todo" (véase 2 Reyes 6:11–12).

Ben-adad estaba buscando problemas, y debió de haber estado muy frustrado. Si usted fuese un guerrero, esperaría ser un buen guerrero, ¿verdad? ¡Pero el viejo Ben-adad ni siquiera podía encontrar al ejército que debía perseguir! Dios seguía advirtiendo a los israelitas de todos sus planes. Por tanto, con un fracaso tras fracaso en su historial, él decidió seguir el "plan B" y capturar a Eliseo. Pensó que la única manera de evitar que Dios hablase al profeta Eliseo era capturarle y meterle en la cárcel.

De modo similar, Satanás cree que si puede meterle en una mala situación, entonces Dios "olvidará" dónde está usted y lo que está haciendo, o que usted sentirá lástima y se apartará de Dios. Por ejemplo, puede que el diablo intente hacer que se pelee con un vecino hasta el punto en que su vecino se convierta en un claro enemigo, y sea usted distraído de los propósitos de Dios. Necesitamos mantener nuestro enfoque en Dios, a pesar de cuáles sean las circunstancias.

> **Necesitamos mantener nuestro enfoque en Dios, a pesar de cuáles sean las circunstancias.**

Y él [Ben-adad] *dijo: Id, y mirad dónde está* [Eliseo], *para que yo envíe a prenderlo. Y le fue dicho: He aquí que él está en Dotán. Entonces envió el rey allá gente de a caballo, y carros, y un gran ejército, los cuales vinieron de noche, y sitiaron la ciudad.*

(2 Reyes 6:13–14)

El sirviente de Eliseo se levantó a la mañana siguiente y quedó aterrorizado por ver la ciudad totalmente rodeada por el ejército sirio. Hay muchos cristianos que son como ese sirviente. Cuando ven a las circunstancias, gritan: "¿Qué haremos? ¡Ayuda! Necesitamos ayuda". Acuden a Dios, pero si Él no responde con la suficiente rapidez, entonces sus actitudes ganadoras se convierten en actitudes perdedoras. Con su fe convertida en temor, no pueden ver más allá de las líneas del enemigo. Pero Dios intervino con un tremendo milagro.

El [Eliseo] *le dijo* [su sirviente]: *No tengas miedo, porque más son los que están con nosotros que los que están con ellos. Y oró Eliseo, y dijo: Te ruego, oh Jehová, que abras sus ojos para que vea. Entonces Jehová abrió los ojos del criado, y miró; y he aquí que el monte estaba lleno de gente de a caballo, y de carros de fuego alrededor de Eliseo.* (2 Reyes 6:16–17)

Cuando usted se alinea con Dios y enfoca su actitud de "yo puedo" en sus milagros, entonces también usted verá los ejércitos de Dios rodeando su situación para liberarle.

¿Qué le sucedió al ejército de Siria? Eliseo oró para que ellos fuesen cegados. No oró para que Dios matase al enemigo, aunque podría haberlo hecho. ¿Pero qué habría hecho eso a su actitud de "yo puedo"? En lugar de matar a los soldados con la espada, los condujo a Samaria, que era la capital del reino del norte de Israel.

Cuando llegaron, el oró para que el Señor abriera sus ojos para que pudiesen ver. *"Y Jehová abrió sus ojos, y miraron, y se hallaban en medio de Samaria"* (2 Reyes 16:20).

Entonces Jorám, el rey de Israel, preguntó a Eliseo si quería que él matase a los sirios.

El le respondió: No los mates. ¿Matarías tú a los que tomaste cautivos con tu espada y con tu arco? Pon delante de ellos pan y agua, para que coman y beban, y vuelvan a sus señores. Entonces se les preparó una gran comida; y cuando habían comido y bebido, los envió, y ellos se volvieron a su señor. Y nunca más vinieron bandas armadas de Siria a la tierra de Israel.
(versículos 22–23)

Como dije anteriormente, el diablo quiere darnos un problema de actitud. Quiere que busquemos despiadada venganza de nuestros enemigos a fin de evitar que lleguemos a ser todo lo que Dios quiere que seamos. Sin embargo, Dios quiere que liberemos a nuestros enemigos perdonándoles y orando para que Dios les muestre amor y misericordia (véase, por ejemplo, Proverbios 25:21; Mateo 5:43–45).

> **Nunca cambiaremos a las personas si nos quejamos, diciendo: "Fulanito no me trató correctamente".**

Yo he tenido algunos problemas de actitud en mi vida. Me quejaba: "Fulanito no me trató correctamente". Pero un día, el Señor me dijo que yo nunca cambiaría a las personas con ese tipo de actitud. Estaba actuando desde la actitud de la vieja naturaleza pecadora y quejándome de persecuciones en lugar de regocijarme. Estaba en una actitud mental de "no puedo". La Biblia nos dice:

> En cuanto a la pasada manera de vivir, despojaos del viejo hombre, que está viciado conforme a los deseos engañosos, y renovaos en el espíritu de vuestra mente, y vestíos del nuevo hombre, creado según Dios en la justicia y santidad de la verdad.   (Efesios 4:22–24)

Dejar libres a nuestros enemigos mostrándoles perdón, bondad y misericordia nos hará libres a nosotros también, y nos dará la capacidad de continuar con nuestro camino en el "yo puedo" hacia los milagros (véase, por ejemplo, Mateo 6:9–15).

UNA ACTITUD DE "YO PUEDO"
ABRE PUERTAS DE OPORTUNIDAD

Una de las amigas de Sarah en la secundaria ya se había graduado y estaba asistiendo a la Universidad Oral Roberts (ORU) en Tulsa, Oklahoma, donde Sarah más adelante obtendría su licenciatura. Ella me preguntó si yo iría para hablar en el servicio de su capilla el domingo en la noche, y yo me sentí honrada por ser invitada. Hablé en la capilla y fui muy tocada por la cálida acogida del cuerpo de estudiantes. Después de aquello, recibí una invitación para hablar en un servicio regular de la capilla durante la semana al que asistían todos los alumnos.

Dios había sido bueno conmigo y, desde luego, pronuncié sus promesas antes de aquel servicio, como: "Él me rodea de favor como un escudo" (véase Salmos 5:12) y *Todo lo puedo en Cristo que me fortalece*" (Filipenses 4:13). Creía que yo podía hablar como el oráculo de Dios a los corazones de los alumnos y ayudar a producir un cambio positivo en sus vidas.

Después de aquello, me invitaban a hablar en la capilla de ORU dos o tres veces por año. Finalmente, tuve la oportunidad de conocer a Oral Roberts. El Dr. Roberts había realizado una reunión en una carpa en nuestra ciudad cuando Wally y yo acabábamos de comenzar nuestra iglesia. Conocerle fue un gran honor. Desde luego, ¿quién no quería conocerle? Yo había visto su programa de televisión con mi madre en mis primeros años, y mi madre incluso había recibido sanidad de un tumor después de haber puesto su mano sobre la pantalla de la televisión mientras él oraba durante uno de sus programas.

Poco después de conocer a Oral Roberts, recibí una carta de ORU diciendo que les gustaría concederme un doctorado honorario en Teología. Yo no podía imaginar que recibiría un doctorado honorario de ORU. Sí, yo poseía una licenciatura en idiomas extranjeros, con una segunda carrera parcial en inglés, pero nunca había llegado a obtener mi máster, y ciertamente no había progresado hacia un programa doctoral. Una vez más, fue un gran honor para mí, e incluso más cuando me enteré de que yo era solamente la segunda mujer en recibir un doctorado de ORU.

Yo no poseo un doctorado porque lo haya ganado; poseo un doctorado honorario. Pero Oral Roberts dijo que el doctorado honorario había llegado mediante un aprendizaje mucho más duro que un doctorado que se haya ganado. Independientemente de lo que él dijo, le doy gracias a él y a Dios por haberme dado ese título. Hasta la fecha, en particular cuando voy a otros países, la gente me llama Dra. Hickey, y tener ese título ayuda a abrir puertas para el ministerio.

En aquel tiempo, Oral Roberts me profetizó y pronunció lo que yo consideré palabras inusuales pero alentadoras. Aunque yo estaba comenzando en el ministerio, él me dijo que Dios me usaría de maneras internacionales.

Por la experiencia de recibir el título, me invitaron a ser miembro de la junta de directores de ORU. En aquel punto, Sarah estaba asistiendo a la escuela allí. Fue una oportunidad maravillosa. No sólo fui honrada por estar en la junta, sino que también fue una bendición para mí porque pude ver a Sarah otras dos veces más por año cuando viajaba a Tulsa para las reuniones de la junta.

Aprendí muchas cosas de ese nombramiento. Varias personas de ministerios muy conocidos también estaban en la junta en aquel momento, y tuve la oportunidad de conocerlos y aprender de ellos. Entonces, sucedió algo inesperado. Después de haber estado en la junta solamente durante un año, el Dr. Roberts habló conmigo una noche después de la cena y me dijo que el presidente de la junta iba a dimitir. Me preguntó si yo estaría dispuesta a aceptar el puesto.

¿Qué? ¿Cómo convocaría yo una reunión con personas como John Hagee y Kenneth Copeland entre los asistentes? Me sentí muy incómoda con esa idea, y dije: "No, no creo que ni siquiera pudiera considerarlo". Pero el Dr. Roberts dijo: "Bien, si votaran por usted de modo unánime, ¿estaría dispuesta a ser la presidenta de la junta? ¿Pensaría que era la voluntad de Dios?".

Yo respondí: "En primer lugar, tengo que consultarlo con mi esposo. En segundo lugar, necesito preguntar a Sarah cómo se sentiría ella si yo fuese presidenta de la junta. Entonces, sí, si recibiese una aprobación unánime, lo tomaría como la voluntad de Dios".

Eso fue exactamente lo que sucedió. Mi esposo dijo sí, Sarah dijo sí, y la junta dijo sí de modo unánime. Tuve el privilegio de ser presidenta de la junta de rectores en ORU durante diecinueve años, el período más largo que nadie había servido nunca. Todo ello sucedió mediante el milagro del "yo puedo".

Muchas veces en mi vida podría haber dicho "no puedo": "No puedo enseñar un estudio bíblico". "No puedo tener un ministerio en la radio". "No puedo ir a la televisión". "No puedo servir en la junta de directores del Dr. Cho". "No puedo ser presidenta de la junta de ORU". "No puedo ir a otros países y predicar". "No puedo realizar una reunión de sanidad". "No puedo, no puedo, no puedo...". Si yo hubiera adoptado esa actitud, nunca habría terminado haciendo ninguna de esas cosas ni experimentando los milagros relacionados con ellas.

Una actitud de "Yo puedo, yo puedo, yo puedo..." le llevará a lugares con los que nunca habría soñado. ¿Cuáles son algunas cosas que podrían ser oportunidades para usted y que ha estado diciendo que no puede hacer? A medida que ha leído este capítulo; ¿le ha estado alentando Dios a decir "yo puedo"? Él es un Padre celestial maravilloso y amoroso; ¡Él no quiere que usted diga "no puedo" sino "yo puedo"!

> ¿Cuáles son algunas cosas que podrían ser oportunidades para usted y que ha estado diciendo que no puede hacer?

UNA ACTITUD DE "YO PUEDO" PERMITE A DIOS OBRAR POR MEDIO DE USTED

Una actitud de "yo puedo" le mantendrá receptivo a las oportunidades que Dios ponga en su camino. Cuando usted dice "yo puedo mediante la fortaleza de Dios". Él puede usarle para llegar a otros con el evangelio.

Por ejemplo, a mí me gusta hablar a la gente sobre Jesús cuando voy viajando en avión. Ahora bien, no soy detestable. Primero intentó abrir la "puerta" de la vida de la persona, y si él o ella indican que la puerta está cerrada, yo no soy grosera. Lo dejo ahí, sabiendo que al menos he hecho el intento.

Lo siguiente es lo que hago normalmente: le digo a la persona que está a mi lado: "¿Dónde va usted?" o "¿En qué trabaja?". Después de responder mi pregunta, la gente a menudo me pregunta lo que hago yo.

Yo digo: "Soy esposa de un pastor, y enseño la Biblia en la televisión. Voy por todo el mundo debido a las oportunidades de enseñar la Biblia en la televisión".

Ellos dicen: "¿Cómo se metió en eso?".

Esa pregunta abre la puerta, y yo digo: "Cuando tenía dieciséis años, hice una oración que cambió totalmente mi vida. Le pedí a Jesús que entrase en mi corazón, y Él nunca me ha abandonado". Desde ahí, puedo compartir el evangelio con la persona.

¿Tengo siempre ganas de hablar con la gente cuando viajo? No, pero compartir a Jesús con otros es algo que Dios me ha mostrado que puedo hacer, incluso cuando siento que no puedo o no quiero hacerlo.

"No puedo" detiene lo milagroso en su vida, ¡pero "yo puedo" produce milagros!

Uno de los milagros más dramáticos de los que he sido testigo a este respecto fue cuando cambié mi confesión de "no puedo" a "puedo" después de un agotador viaje ministerial. Yo había estado hablando en una iglesia grande en el país de Hungría. Era una iglesia maravillosa, y yo había estado allí tres veces desde 1989. Tiene más de 100.000 miembros. ¿Puede imaginarlo?

Después de un período muy intenso de ministerio, me subí a un avión en Budapest para viajar a Londres, donde cambiaría de avión para ir directamente a Denver. Yo planeaba dormir desde Budapest hasta Londres. No me sentía "espiritual", y sentía que no podía testificar a nadie en esos momento.

Entonces, un alto hombre asiático subió al avión y se sentó a mi lado. Oré: *Señor, no creo que este hombre hable inglés, así que probablemente no valdrá la pena intentar ver si podría testificarle*. Entonces pensé: *Probablemente no esté muy abierto a Cristo, pues los asiáticos normalmente no lo están, así que no creo que yo pueda ser un testigo eficaz*. Puse todas esas excusas de "no puedo". Pero entonces, pensé: *Muy bien, probaré la puerta*. Así que le dije al hombre: "¿Qué está haciendo usted aquí en Budapest?".

Él dijo: "Soy un ejecutivo de Toyota. Viajo por todo el mundo y superviso los negocios de Toyota. He estado cuatro días en Budapest". Resultó que él era de Japón y hablaba inglés perfectamente. Entonces me preguntó qué hacía yo en Budapest.

Yo dije: "Estuve aquí hablando en la iglesia Faith. Es una iglesia maravillosa". Le dije que enseño la Biblia en la televisión y viajo por todo el mundo.

Él dijo: "¿Conoce usted alguna historia sobre Jesús?".

Casi me caigo de mi asiento. Pensé: *Bueno, ¡olvidemos dormir una siesta en este avión. Puedo hacerlo. No estoy demasiado cansada. Puedo ser un testimonio*. Respondí: "Sí, conozco historias sobre Jesús. ¿Cómo conoce usted de Jesús?".

Él me dijo: "Cuando yo era pequeño, había una escuela dominical en nuestro barrio, y yo asistía. Siempre contaban la historia sobre Jesús, y siempre nos daban algunos caramelos. Me encantaban las historias de Jesús. ¿Conoce usted alguna historia sobre Jesús?".

Yo respondí: "Oh, sí, he leído los cuatro evangelios, que son parte de la Biblia que realmente habla sobre Jesús. Pero aparte de sólo contarle historias, quiero hablarle de cómo tengo a Jesús en mi corazón".

"¿Qué? ¿Tiene a Jesús en su interior?".

"Sí, lo tengo, y la Biblia dice que es *'Cristo en ustedes, la esperanza de gloria'*".

Él me dijo: "¿Cómo está Jesús en su corazón?".

Por tanto, le dije que cuando tenía dieciséis años, oré e invité a Jesús a entrar en mi corazón, y que Él había entrado a mi corazón y se había convertido en el Señor de mi vida.

El hombre quedó sorprendido y preguntó: "¿Cree que Él entraría en mi corazón?".

Fue la oportunidad totalmente más abierta que haya tenido jamás para conducir a alguien a Cristo.

Yo dije: "No lo creo; lo sé". Le dije exactamente cómo orar, y él abrió su corazón a Dios. Tengo tarjetas que llevan impresa la "oración del pecador" y que me gusta regalar a la gente. Les digo que esa oración cambió mi vida para siempre y que me gustaría compartirla con ellos. Utilizo mucho esas tarjetas, y le di una de ellas a él. Hablamos durante todo el camino hasta Londres acerca de Jesús y lo maravilloso que Él es. Dialogamos sobre cómo podía él leer los cuatro evangelios y cómo Dios se haría real para él a medida que lo hiciera.

Cuando nos bajamos del avión, yo tenía ganas de bailar. La oportunidad que Dios me había dado con aquel hombre fue muy emocionante, pero comenzó cuando yo salí de la actitud mental del "no puedo" y entré en la actitud del "yo puedo". Es muy importante que todos hagamos eso.

En una ocasión, llevamos a un equipo de personas a Eritrea, un pequeño país en África cerca de Etiopía, para realizar reuniones de sanidad. Ya teníamos un comité de personas locales allí, y también una carpa con asientos para unas 5.000 personas.

Yo me reuní con el comité, pero el presidente del comité me dijo: "No queremos que ore usted por los enfermos, porque cuando se ora por los enfermos en países musulmanes, es ofensivo. Sería ofensivo aquí. Puede usted predicar el evangelio y puede orar para que reciban a Jesús, pero no ore por los enfermos".

> **Atrae a los musulmanes a Cristo cuando experimentan su poder sanador.**

Yo respondí: "Voy a países musulmanes en todo el mundo, nunca he visto que la sanidad fuese ofensiva para los musulmanes; precisamente he visto lo contrario. Atrae a los musulmanes a Cristo cuando experimentan su poder sanador, y quieren que Él esté en sus corazones".

Ellos dijeron: "Pero no queremos que usted lo haga aquí".

Yo me enfurecí con ellos: Pensé: *Yo estoy pagando esta reunión. Si quiero orar por los enfermos, oraré por los enfermos. Haré lo que yo quiera.*

El Señor intervino hablando a mi corazón y diciendo: *Cálmate, cálmate. Puedes hacer todas las cosas si mantienes tu fe en mí.*

Así que les dije: "¿Me permitirían orar por los enfermos la primera noche? Si después de orar por los enfermos ustedes no están contentos conmigo, entonces, las otras cinco noches no oraré por los enfermos".

Ellos estuvieron de acuerdo. Aquella noche, antes de salir a predicar, oré: "Señor, es mejor que intervengas y te muestres. Es tu nombre lo que está en juego, no mi nombre".

*"**Todo lo puedo** en Cristo que me fortalece"* recorrió mi espíritu.

Y mientras predicaba, oí estas palabras del Espíritu Santo: *Haz que se pongan de pie las personas que tengan algún problema en sus muñecas o sus manos.*

Ahora bien, eso me sonó a poca cosa, pero fui obediente al Espíritu Santo. Pregunté, y las personas que tenían problemas en sus muñecas o sus manos se pusieron de pie. Yo oré por ellas y "envié" la Palabra a sus manos, para que les liberase de la destrucción (véase Salmos 107:20).

Enseguida, un hombre alto de entre la audiencia llegó corriendo hasta la plataforma, abriendo y cerrando su mano. La audiencia enloqueció. En África, cuando la gente enloquece, ulula, lo cual significa que hacen un sonido largo, agudo y fluctuante; tiene una cualidad de trino y suena como "la, la, la, la". El sonido se hizo cada vez más fuerte, y yo no sabía lo que estaba sucediendo, así que le dije al presidente del comité: "¿Qué sucede?".

Él me dijo: "Ese hombre es nuestro héroe de guerra número uno. Recibió un disparo en la muñeca y no podía abrir y cerrar su mano. Él ha recibido un milagro, y Jesús le ha sanado". Entonces dijo: "Tiene usted que orar por los enfermos cada noche".

Podemos ofendernos cuando afrontamos resistencia, y decimos cosas como: "No puedo hacerlo. No funcionará. La gente no me lo permitirá". Podemos permitir que el temor tome las riendas cuando Dios abre puertas de oportunidad para nosotros, y decimos cosas como: "No soy lo bastante fuerte. No conozco la Biblia lo bastante bien". O podemos decir: *"Todo lo puedo en Cristo que me fortalece"* (Filipenses 4:13).

Le digo que si quiere muchos milagros obrando en su vida, entonces debe entrar en la actitud milagrosa del "yo puedo". Usted todo lo puede en Cristo que le fortalece.

Una actitud de "yo puedo"
VENCE EL DESALIENTO

Una actitud ganadora, de "yo puedo", es esencial para obtener y mantener el éxito. Ilustra la diferencia entre una persona que lo ha perdido todo pero comienza de nuevo y una persona que lo ha perdido todo pero tira la toalla.

La fuerza el del desaliento en nuestras vidas puede ser devastadora, robándonos la esperanza y la fortaleza. ¿Sabía que el desaliento es lo contrario a la valentía? Le mostraré por qué con una breve lección de gramática.

El prefijo *des* indica "no" o "lo contrario a". Por tanto, el *des* delante de una palabra nos dice que es la contraria de la raíz a la que precede. Por ejemplo, *desobedecer* significa "no obedecer". De igual modo, *descontento* significa "no estar contento". Por tanto, cuando usted está desalentado, no tiene valentía.

En 2 Reyes 4 leemos sobre otra situación desalentadora en Israel. Una vez más hubo una hambruna en la tierra, y el alimento escaseaba. La gente tenía hambre, estaba cansada y en general desesperada.

El profeta Eliseo hizo un viaje a Gilgal para reunirse con los hijos de otros profetas. Después de estar juntos un rato, los hombres comenzaron a tener hambre, y la Biblia dice:

> *Y salió uno al campo a recoger hierbas, y halló una como parra montés, y de ella llenó su falda de calabazas silvestres; y volvió, y las cortó en la olla del potaje, pues no sabía lo que era. Después sirvió para que comieran los hombres; pero sucedió que comiendo ellos de aquel guisado, gritaron diciendo: ¡Varón de Dios, hay muerte en esa olla! Y no lo pudieron comer.*
>
> (2 Reyes 4:39–40)

Los hombres comieron el guisado con las calabazas y casi de inmediato comenzaron a sentirse mal. Gritaron de dolor y dijeron, en efecto: "Eliseo, ¡esta comida es venenosa! Usted es un hombre de Dios. Ayúdenos". Ya que la idolatría era tan pronunciada en la tierra, uno podría pensar que alguien habría gritado: "Baal, Baal. Ven rápidamente". Pero los hombres buscaron al Dios de Eliseo.

Eliseo sabía que los hombres estaban clamando a Dios. En esencia, ellos tenían hambre y sed de justicia. Cuando usted está derribado, a veces clama a Dios porque no hay nadie más a quien acudir, y usted sabe que sus caminos funcionan. Lo que Eliseo hizo fue interesante. Al igual que había derramado sal a las aguas amargas para limpiarlas, echó harina en el guisado para limpiarlo y que ya no fuese venenoso. ¡Qué milagro de gracia y esperanza para aquellos hijos de los profetas en un momento de profundo desánimo y angustia!

Por favor, entienda que Eliseo no usó "harina sanadora" o nada similar para efectuar el milagro. La harina fue sencillamente el medio que Dios indicó al profeta que usara para limpiar la comida. Era un símbolo, al igual que la sal en el agua había sido un símbolo. La sal simbolizaba la purificación y preservación del pueblo por parte de Dios[6], y la harina simbolizaba a Jesús, el Pan de vida.

Cuando usted tiene hambre y sed de Dios, su actitud cambiará del desaliento a la fe y la valentía, y recibirá sus bendiciones. *"Bienaventurados los que tienen hambre y sed de justicia, porque ellos serán saciados"* (Mateo 5:6). El desaliento no le mantendrá en la incredulidad. Será libre para decir: "yo puedo".

> **Cuando usted tiene hambre y sed de Dios, su actitud cambiará del desaliento a la fe y la valentía, y recibirá sus bendiciones.**

Espero que al leer los anteriores testimonios y relatos bíblicos, haya recibido en su espíritu la revelación de lo importante que es tener la actitud de "yo puedo", de modo que Dios tendrá libertad para bendecir a sus enemigos, abrir puertas de oportunidad para usted, usarle para alcanzar a otras personas para Él, alentarle en momentos de desánimo, ¡y llevarle a lugares en su vida que sean verdaderamente milagrosos!

---

6. Charles Pfeiffer y Everett F. Harrison, eds., *The Wycliffe Bible Commentary* (Chicago: Moody Press, 1962), 342.

Capítulo 7

Milagros desde el lugar de oración

Orar las promesas de Dios

A menos que creamos y estemos firmes en la Palabra de Dios, permanecerá latente con respecto a nosotros y nuestras circunstancias. Obviamente, ¡en ese estado no puede ser eficaz para producir milagros! Pero podemos producir milagros incorporando la Palabra a nuestras oraciones y orando del modo en que Jesús nos enseñó a hacerlo.

¿Qué tipo de oración recompensa Dios?

A algunos de los fariseos, o líderes religiosos, en tiempos de Jesús les gustaba ser vistos orando porque querían que la gente creyese que era muy piadosos. Jesús enseñó que tales oraciones pueden hacer que uno se vea bien ante los ojos de los demás, pero son totalmente ineficaces para captar la atención de Dios. A Dios y le encanta la oración en "secreto" porque es privada, dirigida solamente a Él, y porque ayuda a evitar que oremos debido a una motivación de orgullo o para captar la atención hacia nosotros mismos. Jesús con frecuencia se retiraba para orar a solas a Dios Padre (véase Marcos 1:35; 6:45–46; Lucas 4:42; 5:16; 6:12), y Él nos enseñó:

> *Mas tú, cuando ores, entra en tu aposento, y cerrada la puerta, ora a tu Padre que está en secreto; y tu Padre que ve en lo secreto te recompensará en público.*
>
> (Mateo 6:6)

La oración es una plataforma para los milagros

La oración es una plataforma para los milagros, un importante elemento de la vida milagrosa. Cuando usted adora y alaba a su Padre celestial y le presenta sus preocupaciones, recibirá su dirección, su aliento y su fortaleza, y Él actuara por usted.

Su "lugar secreto de oración", como se denominaba a menudo, es sencillamente un lugar designado donde usted deja a un lado todo lo demás para hablar con Dios diariamente. No tiene que ser un cuarto separado o un espacio pequeño y cerrado; puede ser cualquier lugar que usted escoja que sea tranquilo y privado. Y, desde luego, usted puede orar en cualquier lugar y en cualquier momento. Con frecuencia, yo oro en mi auto. Sin embargo, la práctica de una oración regular y basada bíblicamente es una parte muy importante de su camino hacia los milagros.

> **La práctica de una oración regular y basada bíblicamente es una parte muy importante de su camino hacia los milagros.**

Oración dirigida por el Espíritu

La oración que da como resultado milagros es una oración dirigida por el Espíritu. Cuando mi madre tenía cuarenta años de edad, clamó a Dios para recibir el bautismo del Espíritu Santo debido a la desesperación con respecto a la enfermedad mental de mi padre. Debido a que él estaba mentalmente derrumbado, se había vuelto abusivo verbalmente y físicamente. Mi madre había oído el programa de radio de un pastor lleno del Espíritu en nuestra ciudad, de modo que asistió a su iglesia y fue llena del Espíritu. Eso cambió por completo su vida.

Poco tiempo después de aquello, mi padre fue admitido en el hospital mental, y los doctores dijeron que nunca más volvería a salir de allí. Sin embargo, mi madre comenzó a orar y ayunar y, después de un año mi padre fue sanado. Aquel fue el comienzo del ministerio de oración de mi madre. Ella vivió hasta los noventa años de edad y oraba intensamente por todo.

Cuando yo tenía unos veinte años, comencé a salir con un hombre con el que mi madre estaba muy inquieta. Él no era cristiano y, en realidad, tenía planes ocultos: después de varios meses descubrí que estaba casado. Es interesante que cuando le conoció, mi madre me dijo: "Hay algo incorrecto en él", y ella comenzó a orar por la situación.

En aquel momento, yo enseñaba en la escuela de secundaria Centennial en Pueblo, Colorado. Mientras que, anteriormente, estaba en contacto continuamente con ese novio, de repente él dejó de ponerse en contacto. Mamá dijo que salió de mi vida debido a sus oraciones. ¡Yo le dije que se asegurase de orar para que *otra* persona entrase! Tres semanas después, conocí a Wally Hickey, y llevamos casados más de cincuenta y cinco años. Esos milagros sucedieron como resultado del tiempo de oración de mi madre en su lugar secreto.

INTERCESIÓN DIARIA

Yo creo firmemente en los milagros que nacen mediante la oración. Orar es bueno, pero orar diariamente es mejor.

Cristo para las Naciones tiene la visión de "llevar el mensaje transformador del Evangelio de Jesucristo a todas las naciones"[7] a medida que proporciona apoyo espiritual y material a personas por todo el planeta. La organización ha producido muchos líderes cristianos en la mayoría de los países del mundo. Oí que Freda Lindsay, quien comenzó Cristo para las Naciones con su esposo, Gordon, relata que ella oraba por cada país del mundo, cada día, y yo pensé: *¿Cómo puede hacer eso esta mujer?* Me parecía imposible.

Más adelante, ambas fuimos invitadas a hablar en una convención. Yo la vi desayunando una mañana, y le pregunté si podía hundirme a ella. Mientras desayunábamos, dije: "Freda, ¿cómo puede usted orar por cada país cada día?".

7. http://www.cfn.org/.

Ella compartió conmigo que había tomado un mapa y había comenzado a memorizar los países. Realmente me ayudó cuando me dijo: "Marilyn, no toma tanto tiempo memorizar los países si se hace por continentes". Pensé: *Yo puedo hacer eso*.

Por tanto, memoricé los países del mundo por continentes. El continente más desafiante para mí fue África porque tenía más países que ningún otro continente, y además de eso, parecía que los nombres de muchos de los países africanos cambiaban continuamente. Sin embargo, el resto no parecía ser muy difícil de memorizar. Europa y después Asia fueron los más desafiantes después de África, pero Norteamérica y Sudamérica no fueron difíciles. Me tomé en serio la tarea de aprender los países, y memoricé el mapa. Mi práctica era emplear aproximadamente una hora cada día para orar por cada país. Esa experiencia fue muy interesante para mí porque, a medida que oraba por esos países, había ciertas naciones que destacaban para mí y encendían mi corazón. Pensé: *¿Qué está haciendo Dios? ¿Por qué algunos países parecen arder dentro de mi corazón?*

Yo ni siquiera soñaba hace años que cuando Dios me llamó a memorizar y orar por los países del mundo, finalmente iría a ministrar en 125 de ellos. En aquel momento yo no imaginaba que Dios me estaba preparando para ir a esas naciones. Solamente quería ser fiel a Él orando por ellos; sin embargo, el milagro de las puertas abiertas a esos países comenzó con una intercesión regular en mi lugar secreto de oración.

> **El milagro de las puertas abiertas a 125 países comenzó con una intercesión regular en mi lugar secreto de oración.**

Comencé a entender lo que Dios estaba haciendo cuando un hombre que estaba de visita en nuestra iglesia se acercó a mí y dijo: "Yo ayudo a cierto ministerio a ir a los países del mundo. Ahora estoy viviendo en Denver, y si hay algún país al que le gustaría ir alguna vez, y estoy disponible en ese momento para servirle, me gustaría ayudarle". Yo pensé: *Guau, esto significa realmente algo*.

Le dije que había un país por el que había sentido un cálido sentimiento cuando oraba, y que era Pakistán. Él respondió: "Eso es muy interesante. Un pastor con el que he trabajado para realizar reuniones en Pakistán está en Denver en este momento. Está visitando a algunos de sus familiares". Él me preguntó si me gustaría conocerle y hablar con él, y yo dije que sí. Nos conocimos, y el pastor pakistaní me dijo que le encantaría que yo fuese a Pakistán y realizase una reunión. Sin embargo, él no tenía un buen historial con los americanos. Me dijo: "Nosotros hacemos todo el trabajo, lo preparamos todo, y los americanos no cumplen con nosotros. Por tanto, si me dice que va a ir, no se eche atrás; por favor vaya". Yo le di mi palabra de que iría.

DIRECCIÓN Y SABIDURÍA DESDE EL LUGAR SECRETO DE ORACIÓN

Un año después fuimos a Lahore, una de las mayores ciudades en Pakistán, y realizamos una reunión de sanidad. Yo nunca antes había dirigido una reunión de sanidad, y mucho menos en un país musulmán, así que aquello fue realmente poco común. A la mayoría de musulmanes en aquel tiempo no les gustaban los cristianos. Tampoco les entusiasmaban las mujeres, y menos una mujer cristiana.

No es necesario decir que yo había buscado mucho consejo sobre la situación, y la mayoría de los comentarios que recibí fueron que no sería bueno ir y que nunca funcionaría. "No vaya; alguien podría matarle", me decía la gente. Incluso un hombre paquistaní de nuestra iglesia con quien hablé me dijo: "No creo que sea sabio que usted vaya. Cuando se ponga de pie para hablar, la mitad de la audiencia se irá cuando vea que es usted una mujer". Añadió: "Marilyn, es cierto; podrían matarla. Hay muchos grupos islámicos radicales, y podrían hacer planes para matarla".

Sin embargo, yo seguía teniendo la pasión por Pakistán que había nacido en mi corazón en el lugar secreto de oración. Tomé la decisión de ir pero, antes de ir, repetía una y otra vez:

"Amo a los musulmanes, y los musulmanes me aman". Mire, yo tenía una pasión por decir lo que creía que Dios podía hacer.

Aproximadamente 4.000 personas asistieron a la primera reunión que organizamos. Podrá imaginar los alocados pensamientos que tuve de antemano acerca de que se ellos fuesen pero, para sorpresa mía, cuando me puse en pie para hablar, no había nadie que se fuera. Ni uno solo. Fue un poderoso tiempo de ministerio. Dios hizo un maravilloso milagro de sanidad con una mujer musulmana que no había caminado en doce años. Ella subió a la plataforma y dio su testimonio de que Jesús la había sanado. Aquello realmente tocó a la multitud. A la noche siguiente asistieron más de 8.000 personas, el doble de nuestro número anterior. Nos habíamos anunciado en los principales periódicos con una nota que sencillamente decía: "Venga y sea sanado". También mostraba una fotografía de mí llevando el vestido nativo con mi cabeza cubierta. Personas de toda la ciudad llegaron y fueron sanadas.

Nunca olvidaré una noche en la que una hermosa mujer musulmana, que tendría unos veinticinco años de edad, fue liberada de un poder demoníaco. Ella había asistido a la reunión con su hermana y, después de su liberación, se puso de pie y dijo lo importante y maravillosa que fue su liberación. La hermana de aquella mujer incluso testificó que ella había estado poseída por demonios cuando era pequeña. La noticia del milagro se extendió, y personas de toda la ciudad llegaron con enfermos y personas poseídas por demonios para recibir sanidad y liberación. La cuarta noche, más de 20.000 personas asistieron, y muchas fueron sagradas.

> **La noticia del milagro se extendió, y personas de toda la ciudad llegaron con enfermos y personas poseídas por demonios para recibir sanidad y liberación.**

Cada noche, yo enseñaba un milagro de Jesús de la Biblia, y después le decía a la gente cómo podían recibir a Jesús en sus vidas. Explicaba que Él no sólo sanaría sus cuerpos sino que también entraría en sus corazones y sanaría sus almas. Les preguntaba: "¿Les gustaría recibir a Jesús en su corazón como su Salvador?". Y cada noche, muchas personas se ponían en pie para recibir a Jesús. Aquello puso incluso más pasión y fuego en mi interior por las gentes de Pakistán. Debido al éxito de aquellas reuniones, yo realmente quería regresar allí para ministrar.

¿Qué estaba sucediendo? Dios estaba poniendo Pakistán en mi corazón. No era sólo que yo iba a Pakistán; Pakistán estaba entrando en mí. Y todo comenzó cuando yo tomé un mapa del mundo, lo memoricé y oré por los países.

Aproximadamente un año y medio después, realizamos otra serie de reuniones en una ciudad paquistaní llamada Rawalpindi, y mi hija Sarah me acompañó. La última noche que estuvimos allí, tuvimos una multitud de más de 70.000 personas. En Pakistán, al igual que en India, la gente se sienta en el suelo, y forman una multitud como si fuesen sardinas enlatadas. Pusimos alfombras, y la gente llegaba. Se sentaban, escuchaban, respondían, y yo fui testigo de alguno de los milagros más inusuales que haya visto jamás.

Por ejemplo, una mujer vestida de negro tenía un tumor en su cara, y el tumor desapareció. Ella pasó al frente y dio su testimonio. Un imán (un líder de una mezquita) paso adelante y testificó que él había sido ciego de su ojo izquierdo por más de cinco años, pero Jesús había sanado su ojo. Aquellos milagros fueron sencillamente magníficos.

Aquella misma semana, se presentó otra maravillosa oportunidad. Me preguntaron si estaría dispuesta a ser entrevistada en un programa de entrevistas en televisión muy popular, de una hora, durante el cual personas llamaban y hablaban de un tema designado. Querían saber si yo estaría de acuerdo con que las personas hiciesen preguntas sobre la sanidad. Bien, aquello podría haber sido algo muy peligroso. El programa era nacional, parecido a nuestro programa *Good Morning America*, excepto que era *Good Morning Pakistán*. Si yo llegase a decir algo incorrecto u ofensivo, podrían expulsarme del país.

Me hice la pregunta: *¿Es esto una trampa del diablo, o es Dios diciéndome que haga algo muy especial?* Aquella oportunidad me daría el potencial de anunciar las reuniones a mayor escala de la que nunca podría haberlo hecho por mí misma; o podría hacer que nos fuésemos. Por tanto, ¿qué hice? Fui a mi lugar secreto de oración, porque de allí provienen los milagros. Después de haber orado, sentí paz y un sentimiento de que el Señor quería que lo hiciera, así que fui al canal de televisión.

Un joven bien parecido era el presentador, y él reafirmó que la gente llamaría y haría preguntas sobre la sanidad. Entonces dijo: "Quizá pueda usted hablar sobre algunas de las sanidades que se están produciendo en las reuniones", así que lo hice.

Recuerdo concretamente a una mujer que llamó a mitad del programa y dijo: "Usted dice que ora en el nombre de Jesús y que Él sana a la gente, ¿pero no podría orar en nombre de Buda, o en nombre de Mahoma y obtener los mismos resultados?".

Yo estaba muy agradecida al Espíritu Santo por darme la respuesta. Mientras me oía a mí misma decirlo, pensaba: *Yo no soy tan inteligente*, así que supe que era la sabiduría del Espíritu de Dios. Esto es lo que respondí: "Bien, no tengo ninguna experiencia en orar en el nombre de Buda, y no tengo experiencia en orar en el nombre de Mahoma, así que realmente no puedo decirle si esos nombres funcionan o no. Sin embargo, tengo mucha experiencia en orar en el nombre de Jesús, y he visto a muchas personas sanadas en todo el mundo al orar en su nombre".

¿Sabe que ellos estuvieron contentos, contentos, contentos con esa respuesta? Más adelante nos enteramos de que personas habían sido sanadas mientras escuchaban y creían lo que yo dije durante la emisión del programa. Desde luego, como resultado del programa y de los milagros que se produjeron en relación con él, multitudes cada vez más grandes acudían a las reuniones de sanidad. Se producen milagros cuando usted ora en su lugar secreto de oración. La grandeza de Dios es revelada cuando somos fieles a su Palabra y a la oración.

> **La grandeza de Dios es revelada cuando somos fieles a su Palabra y a la oración.**

Quiero compartir otra cosa que sucedió en aquel viaje a Pakistán. Durante toda la semana, las reuniones se habían realizado en un campo abierto, y habíamos experimentado diversas distracciones. Por ejemplo, personas habían estado jugando al fútbol en aquel campo, y motociclistas y gente en bicicleta habían pasado por la propiedad. Además, ante el llamado islámico a la oración, la gente se había levantado, había ido a orar, y después había regresado y se había sentado después de haber terminado. Tuvimos que detener las reuniones y esperar hasta que terminase el llamado a la oración antes de continuar. Por tanto, había habido una continua atmósfera de inquietud y confusión.

Sin embargo, la última noche Sarah y yo llegamos temprano, y observamos de inmediato que había una atmósfera de paz en la propiedad. No había niños lanzando pelotas, nadie iba en bicicleta ni en motocicleta, y la gente no se levantaba y caminaba. No había ninguna otra actividad. Terminamos teniendo la mayor multitud que habíamos tenido hasta ese momento. La tranquila y pacífica presencia de Dios descansaba sobre la audiencia, personas se ponían de pie para recibir a Jesús como su Salvador personal, y Dios comenzó a moverse con las sanidades y milagros más inusuales.

A medida que se producían esas señales, yo fui "arrebatada" en el Espíritu (véase 2 Corintios 12:2). Yo estaba viendo hacia abajo a la multitud y a mí misma mientras predicaba y oraba. Fue una experiencia gloriosa. Pensé: *Señor, no quiero regresar. Tan sólo llévame al hogar contigo, porque esto es maravilloso.* Más adelante, Sarah me dijo: "Mamá, ya sabes lo inquietas que han estado las multitudes cada noche. Yo oré Génesis 1:2, que el Espíritu de Dios estuviera sobre las multitudes como había estado sobre las aguas antes de la creación del mundo y había transformado el caos en un cosmos ordenado. Oré que hubiese unidad, que la presencia de Dios llevase paz a la multitud esta noche y que cuando tú pasaras a predicar, habría una gran paz y la gente estaría muy receptiva a recibir a Jesús y su poder sanador". Fue un tiempo maravilloso y magnífico en Rawalpindi.

ORAR LA PALABRA

Los milagros nacen en los lugares secretos de oración. Si usted necesita un milagro, lleve su petición delante de Dios en oración. Hace unos dos años, recibí una llamada telefónica de una pareja en los Estados Unidos cuyo hijo y nuera se estaban divorciando. El hijo se había metido en una relación inmoral con otra mujer, y la nuera estaba en el proceso de un colapso mental. Era una situación desgarradora.

El divorcio es algo terrible. Parece que todos los involucrados salen perdiendo. Por tanto, comenzamos a orar de acuerdo a Colosenses 1:20: *"Y por medio de él reconciliar consigo todas las cosas, así las que están en la tierra como las que están en los cielos, haciendo la paz mediante la sangre de su cruz"*. La sangre de Jesús es tan poderosa que puede reconciliarnos con el Padre, y puede reconciliarnos con respecto a las relaciones terrenales también. Permanecimos firmes en este pasaje. Creímos, oramos, y pronunciamos palabras de fe; sin embargo, nada sucedía, nada sucedía, nada sucedía. El día en que el divorcio debía ser oficial, el hijo se despertó y dijo: "Dios me dijo que Él no quiere este divorcio, y me ha dado un nuevo amor por mi esposa". Le explicó eso a su esposa en la oficina del abogado, y se reconciliaron allí mismo. En la actualidad, ellos dan su testimonio sobre cómo Jesús les ha dado un matrimonio milagroso. Están ayudando a muchas otras parejas que tienen graves problemas matrimoniales.

¿Cómo se produjo ese milagro? Sucedió cuando oramos las promesas de Dios en el lugar secreto de oración. Si quiere usted lo milagroso, debe orar las promesas de Dios que se correspondan con los problemas que esté abordando. Muchas veces oramos problemas, problemas, problemas, y no vemos respuestas. Debemos orar promesas, promesas, promesas, y ver a Dios intervenir. Hay más de siete mil promesas en la Biblia. Esas

> **Si quiere usted lo milagroso, debe orar las promesas de Dios que se correspondan con los problemas que esté abordando.**

promesas son la provisión sobrenatural de Dios para los problemas que afrontamos.

En el capítulo 4 hablamos brevemente sobre Acab y Jezabel, que eran el rey y la reina malvados del reino del norte de Israel durante la época del profeta Elías. Ellos eran realmente "lo peor". Recuerde que ellos apartaron al pueblo de la adoración al único Dios verdadero, Jehová, y lo llevaron a la adoración del dios falso Baal.

En Deuteronomio, encontramos una de las advertencias que Dios había dado a Israel sobre la adoración de dioses falsos.

> *Guardaos, pues, que vuestro corazón no se infatúe, y os apartéis y sirváis a dioses ajenos, y os inclinéis a ellos; y se encienda el furor de Jehová sobre vosotros, y cierre los cielos, y no haya lluvia, ni la tierra dé su fruto, y perezcáis pronto de la buena tierra que os da Jehová.* (Deuteronomio 11:16–17)

Con gran fe y valentía, Elías acudió al rey Acab y le dijo, en efecto: "Vengo de la presencia de Dios, y no va a llover, de acuerdo a mi palabra, durante tres años y medio" (véase 1 Reyes 17:1; Lucas 4:25).

Considerando la naturaleza malvada de Acab, podría usted pensar: *¿Cómo pudo Elías decirle eso al rey? Le podría haber matado de inmediato.* Yo creo que la respuesta a esa pregunta viene de una atenta lectura de 1 Reyes 17, donde *"palabra"* aparece cinco veces. Cuando Elías habló a Acab, ¿qué estaba diciendo? Estaba hablando la Palabra de Dios. Si tenemos fe, Dios nos usará de maneras valientes y maravillosas. Recuerde que la Biblia dice que Elías era un ser humano como nosotros (véase Santiago 5:17). Sin embargo, era también un hombre de la Palabra y de oración.

Todos nosotros podemos ser personas de la Palabra, y todos nosotros podemos orar. Dígase a usted mismo en voz alta: "Soy una persona de la Palabra y de oración". Si usted ora la Palabra de Dios, su Palabra no regresará a Él vacía sino que logrará sus propósitos (véase Isaías 55:10–11).

Por tanto, cuando afronte una circunstancia que sea realmente mala, ¿qué tiene que hacer? Proclame la Palabra y obedezca la Palabra, como hizo Elías.

> Y *vino a él* [Elías] *palabra de Jehová, diciendo: Apártate de aquí, y vuélvete al oriente, y escóndete en el arroyo de Querit, que está frente al Jordán. Beberás del arroyo; y yo he mandado a los cuervos que te den allí de comer.*
> (1 Reyes 17:2–4)

Elías fue e hizo conforme a... ¿qué? La palabra del Señor.

Dios se ocupó de Elías durante el período de sequía. El profeta fue y se quedó junto al arroyo de Querit, y cuervos le llevaban pan y carne. Eso no es malo, ¿verdad? cuando se tienen esas dos cosas para comer. Él probablemente fue uno de los profetas mejor alimentados en ese momento; y también podía beber del arroyo.

Querit significa "un corte" o "lugar aislado". Pienso en esta definición en términos de que Elías fue totalmente cortado de la familia, los amigos y todos los demás. Él tenía que realizar un acto de desaparición porque era muy conocido, y podrían haberle matado por ser profeta de Dios y por ser instrumental a la hora de ejecutar el juicio de Dios en forma de sequía.

También usted puede sentir como si estuviera en un "lugar aislado". Pero si se rinde y se va a algún otro lugar, permitiendo que el diablo invada su mente con temores, puede que se pierda los milagros que Dios tiene para usted. Necesitamos quedarnos en el lugar de la provisión de Dios.

Necesitamos quedarnos en el lugar de la provisión de Dios.

Cuando Wally y yo habíamos estado en el ministerio aproximadamente tres años, no había muchas personas en la congregación, y ciertamente no teníamos mucho dinero, pero nos las arreglábamos. No aceptamos empleos seculares porque sentíamos que podíamos confiar en Dios, aunque nuestros recursos fuesen escasos. En ese tiempo, una mujer de Texas me envió algunas vitaminas, diciéndome: "Son muy buenas". Por tanto las tomé, y fueron una gran ayuda para mí físicamente. Después, esa mujer viajó a Denver, y me conoció y dijo: "Yo vendo esas vitaminas, y creo que podrían ser una buena fuente de ingresos también para usted".

Dios me habló al respecto y dijo: *Voy a dejarte entrar, y cuando te diga que salgas, quiero que salgas. Voy a prosperarte durante ese período.*

Las oficinas de la empresa estaban en California, pero sus representantes viajaban periódicamente a Denver. Yo firmé pero les dije con mucha valentía: "Si tienen alguna reunión en domingo, yo no asistiré. Si tienen una reunión la noche del miércoles, yo no estaré allí. Voy a hacer lo que Dios quiera que haga en primer lugar. Dios es lo primero, y el negocio de las vitaminas irá después".

Realmente prosperé. En un mes gané 36.000 dólares. Puede usted pensar que no es una gran cantidad, pero aquello fue en los años sesenta. Con aquellos 36.000 dólares compramos la casa en la que vivimos durante treinta y un años. ¿No le emociona eso? Yo pensé: *Guau, me va realmente bien, estoy prosperando, y he llegado a conducir a muchas personas en el negocio a Cristo.* Fue una buena oportunidad.

Después de unos seis años, el Señor me dijo: *Sal.*

¿Salir? Yo pensé: *Podría hacerme rica, ¿y tú quieres que salga?* Pero Dios quería que aprendiese a confiar en *su* provisión, llegase del negocio de las vitaminas o de otra cosa. Por tanto, mi "arroyo" comenzó a secarse, y los "cuervos" llegaban con menos frecuencia, porque Dios no tiene sólo una única manera de bendecirnos. La fe es un proceso de confiar en Dios día a día. Por favor, no olvide esta verdad. Una vez más, Él no siempre va a usar los mismos métodos para sostenernos y guiarnos, porque vamos "*de fe en fe*" (Romanos 1:17).

Eso es exactamente lo que le sucedió a Elías. El arroyo de Querit se secó debido a la sequía, así que su anterior fuente de provisión ya no estaba a su disposición. Entonces, Dios le dijo que fuese a la ciudad de Sarepta para su provisión (véase

1 Reyes 17:8–9). *Sarepta* significa "refinamiento", o "el lugar de refinamiento", o "lugar de fundición". Dios le había dicho que allí había una viuda que le daría alimento.

Por tanto, Elías pasó del "lugar de aislamiento" al "lugar de refinamiento". Él fue de fe en fe, al igual que nosotros, mientras obedeció la palabra del Señor. Después de haber viajado casi cien kilómetros para llegar a Sarepta, encontró a la viuda. Ahora bien, no era una viuda rica. ¿No esperaría usted encontrar a una viuda rica si ella tuviera que darle provisión? Pero ella no era rica. En cambio, estaba fuera reuniendo leña para (en su mente) poder hacer una hoguera para cocinar la última comida que ella y su hijo comerían antes de morir de hambre.

Elías le dijo: "*Te ruego que me traigas un poco de agua en un vaso, para que beba*" (versículo 10). Cuando ella fue a buscarlo, él le dijo: "*Te ruego que me traigas también un bocado de pan en tu mano*" (versículo 11).

> *Y ella respondió: Vive Jehová tu Dios, que no tengo pan cocido; solamente un puñado de harina tengo en la tinaja, y un poco de aceite en una vasija; y ahora recogía dos leños, para entrar y prepararlo para mí y para mi hijo, para que lo comamos, y nos dejemos morir.*
>
> (versículo 12)

Permítame preguntarle: ¿a quién cree que ella estaba "rentando" su cerebro? Parece ser a un "*espíritu de temor*" (2 Timoteo 1:7) en sus propias palabras. Sin embargo, en contraste con el espíritu de temor, hay un "*espíritu de fe*": "*Pero teniendo el mismo espíritu de fe, conforme a lo que está escrito: Creí, por lo cual hablé, nosotros también creemos, por lo cual también hablamos*" (2 Corintios 4:13). Usted puede resistir el espíritu de temor, y puede invitar a su corazón a un espíritu de fe. ¿Recuerda que hablamos sobre sustituir pensamientos de temor por pensamientos de la Palabra de Dios? Esa es una importante manera de resistir el espíritu de temor.

> **Usted puede resistir el espíritu de temor, y puede invitar a su corazón a un espíritu de fe.**

Cuando Elías oyó la respuesta de la viuda, no dijo: "Oh, querida viuda". En cambio, le dijo: *"No tengas temor..."* (1 Reyes 17:13). Entonces le dijo que fuese e hiciese lo que había planeado, pero que antes le hiciese una pequeña torta para él antes de hacer otra para ella misma y su hijo. Él le aseguró que el Señor había dicho que la harina no faltaría y el aceite no se secaría hasta que Él enviase lluvia (véase versículo 14).

¡Qué palabra le había dado Dios a Elías! ¡Y qué promesa le dio Elías a aquella viuda! Si ella hacía lo que él le había dicho que hiciese, no se quedaría sin comida durante toda la sequía. Ella hizo lo que él le pidió, y la Biblia dice: *"Y la harina de la tinaja no escaseó, ni el aceite de la vasija menguó, conforme a la palabra que Jehová había dicho por Elías"* (1 Reyes 17:16). Observe que eso sucedió "conforme a la palabra del Señor".

Aquella viuda "sembró" la torta cuando alimentó a Elías la primera vez, ¿pero cuántas comidas cosechó? Supongamos que Elías estuvo con ella aproximadamente tres años, hasta casi el final de la sequía. ¡Eso habría supuesto más de 3.200 comidas!

¿Y si Elías no hubiese hablado la palabra del Señor? ¿Habrían podido la harina y el aceite proveer para él, la viuda y su hijo? No. No subrayamos lo suficiente la importancia de hablar las promesas de Dios. Tenemos que creer la Palabra, hablar la Palabra y actuar conforme a la Palabra para que nuestras necesidades sean satisfechas. ¿Y si la mujer hubiera dicho: "¡No voy a darle mi torta! Apenas tengo suficiente para mí misma"? Una vez más, el milagro no se habría producido.

Yo soy una gran creyente en hablar la Palabra. Su lengua es el arma más poderosa y la fuerza de su vida (véase por ejemplo, Proverbios 15:4; 18:21; Santiago 3:2–11). Por tanto, ¿qué va a hacerle atravesar su situación personal de "sequía"? La Palabra de Dios que usted hable en fe en su lugar secreto de oración le hará atravesarla.

Fe y refinamiento

Permita que relate otra historia de la vida del Dr. David Yonggi Cho que muestra cómo Dios nos refina para sus propósitos. En cierto momento, Dios comenzó a dar al Dr. Cho una pasión y una carga por Japón. Históricamente, los coreanos han odiado a los japoneses porque los japoneses ocuparon su país en cierto período y fueron horriblemente crueles con ellos. Incluso en la actualidad, aún se escucha sobre la crueldad que los japoneses infligieron a los coreanos. De hecho, Japón ha emitido declaraciones de disculpas a Corea del Sur por el modo en que trataron al pueblo durante el gobierno colonial. Por tanto, cuando Dios dijo al Dr. Cho: "Quiero que lleves el evangelio a Japón", él no se alegró mucho.

Pero, en obediencia, comenzó a aprender japonés y salió en la televisión intentando ganar al pueblo japonés para Cristo. Además, el llamamiento y los dones del Dr. Cho estaban en la plantación de iglesias y, al hacerlo, él utilizaba muchos líderes de "grupos celulares". Como puede que usted sepa, los grupos celulares son pequeños grupos de creyentes que se reúnen regularmente para tener compañerismo, adorar, orar y estudiar la Biblia. El Dr. Cho quería comenzar grupos celulares en Japón para alcanzar más a la gente para Cristo.

Hace muchos años, yo viajé con Wally y mi madre a la iglesia del Dr. Cho en Seúl, Corea, en una época en que él tenía 20.000 líderes de células. Supe que 19.000 de los 20.000 líderes de células eran mujeres. Cuando le pregunté al Dr. Cho el porqué, él dijo que los hombres trabajaban durante el día, pero las mujeres estaban disponibles y querían ser activas en el ministerio. También estaban dispuestas a abrir sus casas a otros con el propósito de estudiar juntos la Palabra de Dios.

El Dr. Cho aprendió a reclutar mujeres para difundir el evangelio y discipular a otros, así que reunió a algunos de sus principales líderes de células y les habló sobre comenzar grupos celulares en Japón. La mujer a la que él escogió para iniciar la campaña era una de sus diez principales líderes de células. Le dijo: "Quiero que vaya usted a Tokio, y quiero que comience una iglesia. Pagaremos sus gastos y pagaremos durante un año para que la iglesia se establezca, pero no puede usted regresar hasta que tenga quinientos miembros en su iglesia".

Aquella pobre mujer quedó muy asustada con su nueva tarea, pero la aceptó y se fue a Japón. Bien, después de tomar tal decisión, ¿cómo debemos proceder? No hemos de "rentar" nuestra mente al diablo y vivir con temor, sino que hemos de vivir en fe.

Yo creo que lo que esa mujer hizo fue muy divertido. Dios le dio una manera creativa de ganar a personas para Cristo. Japón es un país muy masificado, y muy pocas personas viven en casas; la mayoría vive en apartamentos. Esta mujer vivía en una alta torre de apartamentos en Tokio, y salía al portal cuando llegaban los vecinos con sus hijos, su compra y sus paquetes. Ella les preguntaba: "¿Puedo ayudarle? ¿Puedo llevarle los paquetes? Iré con usted en el elevador". Comenzó a ir en los elevadores con la gente, y después los invitaba a tomar té y galletas. Poco tiempo después, tenía una iglesia de quinientos miembros.

> **Cada una de las circunstancias "refinadoras" en nuestras vidas es realmente parte del proceso por el cual nuestra fe se desarrolla.**

Mire, cada una de las circunstancias "refinadoras" en nuestras vidas es realmente parte del proceso por el cual nuestra fe se desarrolla. En cada una de esas circunstancias que usted experimenta, necesita mirar a Dios en lugar de centrarse en sus actuales recursos, como hizo la viuda con el último montón de harina que tenía.

Esas experiencias "Sarepta" son muy importantes para su crecimiento espiritual y para recibir sus milagros. Tiene que tener cuidado porque, si cede al temor y se queda en pensamientos como: *No sé qué voy a hacer; sencillamente no sé cómo voy a lograrlo*, nunca recibirá las ideas creativas que Dios tiene para usted. Vivir en fe es vital, especialmente porque usted no sabe lo que podría necesitar creer a continuación. Incluso después de la milagrosa provisión de harina y aceite, Elías poco después tuvo otra crisis. El hijo de la viuda se puso enfermo y murió, y la viuda cuestionó al profeta, diciendo: "*¿Qué tengo yo contigo, varón de Dios? ¿Has venido a mí para traer a memoria mis iniquidades, y para hacer morir a mi hijo?*" (1 Reyes 17:18).

Él respondió: "*Dame acá tu hijo*" (versículo 19). Entonces llevó al muchacho al piso superior de la casa, donde estaba su cuarto, y le puso sobre su propia cama. Notemos lo que hizo después. Cuestionó a Dios. Eso nos ayuda a ver que Elías era humano como nosotros. Nadie lo ha hecho todo bien. Nadie en la tierra puede reclamar el título de "perfecto". Por tanto, cuando el enemigo llegue para decirle lo que usted hizo mal, puede decir: "Sí, y me he arrepentido y he sido perdonado, y Dios me ama".

Es lo que Elías hizo a continuación lo que es tan importante. Él permaneció en fe. No dijo: "Bueno, las bendiciones de Dios fueron buenas mientras duraron". Él no permitió que el temor entrase en su mente, y no se rindió. Cuando suceden cosas trágicas como aquella, es fácil ceder al temor, pero Elías se tendió sobre el muchacho tres veces y clamó: *Jehová Dios mío, te ruego que hagas volver el alma de este niño a él"* (1 Reyes 17:21).

¿Cuál fue el resultado? *"Y Jehová oyó..."* (versículo 22). ¿Oye Dios su voz? En momentos de crisis; ¿le escucha? ¿Está usted orando conforme a su Palabra?

> *Y Jehová oyó la voz de Elías, y el alma del niño volvió a él, y revivió. Tomando luego Elías al niño, lo trajo del aposento a la casa, y lo dio a su madre, y le dijo Elías: Mira, tu hijo vive. Entonces la mujer dijo a Elías: Ahora conozco que tú eres varón de Dios, y que la palabra de Jehová es verdad en tu boca.* (versículos 22–24)

El mayor milagro registrado en este capítulo 17 de 1 Reyes es la resurrección del hijo de la viuda. No tenemos que ir de temor en temor; tenemos que ir de fe en fe y de victoria en victoria. No me diga que esa fe no funciona. Es demasiado tarde; ¡yo sé cómo funciona la fe! Necesitamos mantener en primera línea la Palabra de Dios: *"Así que la fe es por el oír, y el oír, por la palabra de Dios"* (Romanos 10:17).

> **No tenemos que ir de temor en temor; tenemos que ir de fe en fe y de victoria en victoria.**

Cuando yo comencé a enseñar la escuela dominical a adultos, al igual que estudios bíblicos, un conocido evangelista llegó desde Escocia para ministrar en nuestra iglesia, y me dijo: "De todas las esposas de pastores que conozco, usted es el mayor ejemplo de fracaso. No dirige usted la adoración, no toca el piano, no tiene un ministerio con mujeres, no enseña a niños, y es usted sencillamente un fracaso". Siempre habrá personas que nos criticarán, que afirmarán que lo que intentamos hacer no funcionará, que nos dirán que no lo lograremos, que nos recordarán a aquellos que murieron después de haber orado por ellos, y muchas cosas más. No tenemos por qué escuchar esas palabras. En cambio, necesitamos oír la Palabra del Señor en nuestra boca y en la boca de quienes nos rodean.

Notemos cómo Elías comenzó en 1 Reyes 17. Él llevó una dura palabra a Acab, quien podría haberle matado, y terminó resucitando a una persona de la muerte. Él fue de fe en fe, no de temor en temor.

Una vez más, el temor es mortal, y cuando comienza a procesarse en su mente, le derriba cada vez más. Pero como hemos estado aprendiendo, podemos resistir el temor proclamando la Palabra. Las Escrituras dicen que vencemos al diablo por la sangre del Cordero y por la palabra de nuestro testimonio, y por no amar nuestras vidas hasta la muerte (véase Apocalipsis 12:11).

Le aliento a apartar un tiempo para orar diariamente. Utilice su tiempo en el lugar secreto de oración para proclamar palabras de fe, no de temor. Ore las promesas de Dios. Entonces verá el poder de Dios y sus milagros convirtiéndose en una realidad en su vida.

CAPÍTULO 8

MILAGROS EN SUS MANOS

Cómo cambiar el mundo que le rodea

Cuando me convertí en presidenta de la junta de la Universidad Oral Roberts, sabía que el puesto era la voluntad de Dios para mí, pero estaba nerviosa cuando convoqué la primera reunión. Quería agradar al Dr. Roberts y presidir adecuadamente la reunión. A medida que presidí más reuniones, me sentí más tranquila pero, a veces, no estaba de acuerdo con las decisiones que tomaba Oral Roberts, y pensaba: *Yo lo haría de este otro modo.*

Entonces, el Señor me preguntó: *¿Qué parte de tu cuerpo tiene ojos?*

Yo respondí: "Mi cabeza".

¿Quién tiene la visión para la Universidad Oral Roberts?

"Oral Roberts".

Correcto. Oral Roberts es la cabeza. Él tiene la visión para ORU.

Por tanto, durante aquellos años, me convertí en "manos" en ORU, no sólo para Oral, sino también para su hijo Richard, ayudando a llevar a cabo su visión para la universidad. Creo que aquellos fueron años muy importantes para la universidad y para mí.

La Biblia dice que Cristo es la cabeza de la iglesia y que todos los creyentes son colectivamente su "cuerpo" (véase, por ejemplo, Colosenses 1:18). A cada creyente el Espíritu Santo le da dones espirituales concretos para edificar a otros en la

125

iglesia. El apóstol Pablo utilizó la ilustración de los miembros del cuerpo humano (la mano, el pie, la oreja y el ojo) para mostrar cómo los diversos dones funcionan juntos (véase 1 Corintios 12:7–27). Pero, de manera general, todos los cristianos pueden ser considerados las "manos" de Cristo en la tierra, en el sentido de que hemos sido llamados a llevar a cabo su visión y sus propósitos en el mundo bajo su liderazgo.

¿Qué tiene en sus manos?

En el cuerpo humano, las manos son especialmente importantes porque son el principal instrumento mediante el cual nuestro cuerpo desempeña lo que nuestra mente quiere lograr. Por tanto, consideremos las diversas maneras en que funcionamos como manos de Cristo para producir milagros.

¿Cuál es nuestro primer paso? Reconocer lo que Dios ya nos ha dado para cumplir sus propósitos. Cuando el Señor se apareció a Moisés en la zarza ardiente y le designó para liberar a su pueblo de la esclavitud en Egipto, no preguntó qué había en la cabeza de Moisés. Le preguntó que tenía en su mano. Era una vara, que él utilizaba en su ocupación como pastor (véase Éxodo 4:2–5). Moisés no entendía que tenían la vara que, utilizada en el servicio y el poder de Dios, cambiaría el mundo.

> **Tener acceso a esos milagros que Dios quiere hacer mediante nosotros requiere que tomemos lo que Dios nos ha dado y lo ofrezcamos a Él para sus propósitos.**

También está el muchacho mencionado en los evangelios que llevó su almuerzo desde su casa cuando acudió a oír enseñar a Jesús. ¿Qué tenía en su mano? Cinco panes y dos peces. A los discípulos de Jesús no les pareció mucho; pero por medio de eso, Jesús alimentó a más de 5.000 hombres, además de mujeres y niños (véase, por ejemplo, Juan 6:5–14).

Sí, hay milagros en nuestras manos de los que aún no sabemos. Tener acceso a esos milagros requiere que tomemos lo que Dios nos ha dado (su Palabra, nuestras manos físicas, nuestra fe, nuestros dones y talentos, nuestros recursos y otras cosas) y las ofrezcamos a Él para sus propósitos.

En este capítulo quiero alentarle a confiar en el poder de Dios, de modo que dé los pasos adicionales a lo largo del camino hacia los milagros imponiendo manos sobre los enfermos y viéndolos sanados, y utilizando lo que Dios ha puesto en sus "manos" para efectuar otros milagros en su vida, en las vidas de sus familiares, en su lugar de trabajo, en su comunidad y en cualquier otro lugar donde le dirija el Espíritu Santo.

LA IMPOSICIÓN DE MANOS

Jesús dijo que los creyentes "*sobre los enfermos pondrán sus manos, y sanarán*" (Marcos 16:18). Muchos cristianos dicen que creen en esta promesa, ¿pero cuántos realmente la siguen? Debemos hacer lo que Jesús nos dijo que hiciéramos, de modo que lo que tiene el potencial de suceder *suceda* para cumplir la perfecta voluntad de Dios. Dios transmite su poder sobrenatural mediante las manos de los creyentes. Los primeros cristianos también practicaban la imposición de manos cuando comisionaban a personas para el ministerio y oraban para que las personas recibiesen el Espíritu Santo (véase, por ejemplo, Hechos 6:1–7; 8:14–17).

Uno de los mayores milagros que yo he visto mediante la imposición de manos fue en una reunión de A. A. Allen. A. A. Allen era un evangelista en los años cincuenta y sesenta que se movía en lo sobrenatural. Mi esposo Wally y yo tuvimos la oportunidad de ver de primera mano el modo en que "los milagros en las manos" se producen cuando llegamos a Denver para realizar reuniones allí.

Cuando A. A. Allen llegó a nuestra ciudad, Wally y yo estábamos sirviendo activamente a Jesús de todas las maneras en que sabíamos, porque le amábamos. Enseñábamos escuela dominical y cantábamos en el coro en nuestra iglesia: Calvary Temple. Yo era maestra de escuela y realizaba estudios bíblicos para alumnos de secundaria. También testificábamos en las calles. Pero aún no estábamos en el ministerio a tiempo completo, así que, en aquellas reuniones con A. A. Allen éramos "obreros personales", lo cual significaba que cuando él hacía el llamado para salvación, nosotros estábamos entre los voluntarios que oraban con las personas para recibir a Cristo.

Aproximadamente 5.000 personas asistieron a las reuniones y, cada noche, Wally y yo íbamos a la plataforma detrás del telón para orar con quienes habían pasado al frente para recibir a Jesús. Una noche, fuimos a orar con personas y vimos al hombre más penoso sobre una camilla. Él era solamente piel y huesos. Cuando pregunté a las personas que estaban con él qué le pasaba, me dijeron que tenía tuberculosis. Le había carcomido sus pulmones, y lo más probable era que no viviese más de una semana. Los doctores no le habían dado esperanza alguna, así que aquel hombre y sus amigos estaban esperando a que el hermano Allen impusiera sus manos sobre él.

Wally y yo estábamos orando con quienes querían recibir a Jesús cuando vimos al hermano Allen por esa zona. Él se aproximó al hombre que estaba en la camilla y preguntó: "¿Qué le pasa a este hombre?". Los amigos del hombre le dijeron lo mismo que nos habían dicho a nosotros. El hermano Allen dijo: "Incorpórenlo". Entonces oró, poniendo cada una de sus manos en el pecho y la espalda del hombre, y dijo: "En el nombre de Jesús, reciba nuevos pulmones". El hombre cayó hacia atrás, y sus amigos lo agarraron y volvieron a ponerle sobre la camilla.

Yo pregunté a sus amigos: "¿Cómo se llama?".

"Se llama Gene Mullenax". Por alguna razón, aunque no se me daba muy bien recordar nombres, recordé aquel.

Yo no sabía lo que le había sucedido al hombre después de aquella reunión pero, varios años después, cuando yo trabajaba en la radio, me invitaron a hablar en una iglesia en Little Rock, Arkansas. Leí el nombre del pastor en la invitación y pensé: *Este nombre me resulta familiar.* Pero no podía recordar por qué ese nombre me resultaba familiar.

Cuando llegue a la iglesia, miré al pastor y pensé: *Gene Mullenax*. Entonces, me di cuenta de que tenía el mismo nombre que el hombre que había estado muriéndose de tuberculosis, pero ese hombre no se parecía a él.

Le hablé al pastor de mi experiencia en la reunión de A. A. Allen, y él respondió: "Yo soy ese hombre. Dios me dio nuevos pulmones".

Dios le dio al pastor Mullenax nuevos pulmones mediante la imposición de manos. Yo no diría que el hermano Allen fue grandilocuente o entusiasta en su modo de orar. Hizo una oración muy sencilla, puso sus manos sobre el hombre enfermo, y ordenó en el nombre de Jesús que recibiese nuevos pulmones.

Le pido que recuerde, una vez más, que no es su nombre o mi nombre el que produce milagros. Es el nombre de Jesús; es su provisión. No podemos *decir* solamente: "Yo creo en la sanidad". Debemos practicarla. Debe ser una parte continua de nuestras vidas.

> No podemos *decir* solamente: "Yo creo en la sanidad". Debe ser una parte continua de nuestras vidas.

Yo he visto suceder milagros en todo el mundo, y sé que usted también los verá suceder. Algunos milagros requieren la imposición de manos, y si está usted dispuesto a imponer manos sobre los enfermos, verá esos milagros. A veces, la manifestación de la sanidad será un proceso, y a veces será instantánea. Gracias a Dios por cualquier modo en que Él la produce. La sanidad es *"el pan de los hijos"*, como leemos en los relatos bíblicos de la mujer sirofenicia, o cananea (véase Mateo 15:21–28; Marcos 7:24–30). Eso significa que la sanidad es algo que nuestro Padre celestial nos da a nosotros, sus hijos.

Los milagros están en sus manos. No están solamente en las manos de conocidos evangelistas sino en las manos de todos los creyentes. Eso es lo que Jesús nos dijo en Marcos 16:18. Y, en los más de cincuenta y tantos años en que Wally y yo hemos estado en el ministerio, hemos visto miles de milagros producirse mediante la imposición de manos.

Recuerdo una sanidad concreta de un bebé cuyos padres asistían a nuestra iglesia. El nacimiento mismo había sido un milagro. La pareja llevaba casada diecisiete años y querían tener un hijo pero no podían. Cuando se trasladaron a Denver desde Florida, asistieron a nuestra iglesia. Mi esposo impuso sus manos sobre ellos y creímos que tendrían un hijo. Recuerde que no habían podido tener hijos durante diecisiete años. Un año después, su esposa se quedó embarazada, y dio a luz a una hermosa niña. Aquel fue un acontecimiento emocionante, como poco; sin embargo, durante el examen del bebé, los doctores encontraron un tumor en su espalda que parecía estar incrustado. Sería muy difícil eliminarlo, y parecía estar creciendo con rapidez. Desde luego, los padres estaban muy preocupados, como lo estaría usted si fuese su hijo.

Se programó un examen detallado del bebé unos días después. Por tanto, en nuestra iglesia, organizamos una línea especial de oración con imposición de manos, y cuando impusimos manos sobre el bebé, el Señor me dio una palabra de que no habría ningún tumor. La pareja llevó a su hija a realizar el examen, y le hicieron todo tipo de pruebas. Mientras tanto, los padres estaban sentados en la sala de espera y orando en silencio: *Dios, tenemos que tener un milagro. Hemos esperado diecisiete años para tener este bebé, y no puede morir ahora por un tumor maligno.*

Después de haber esperado más de una hora, los doctores salieron y dijeron: "No sabemos qué ha sucedido, pero durante el examen el tumor desapareció". Fue un milagro para los doctores al igual que para la familia.

Esa hermosa niña tiene ahora once años de edad, y no hay tumor alguno en su espalda. Ella ama a Jesús, y es emocionante solamente estar a su lado. Su padre es la persona que estableció mi ministerio internacional. Cuando sus padres me acompañan en viajes a algunas de nuestras grandes reuniones internacionales, la llevan con ellos. Durante esos momentos, vuelvo a recordar que hay milagros en nuestras manos. Un punto clave que todos debemos recordar es que la sanidad no es solamente para que evangelistas y predicadores la pongan en práctica. La sanidad mediante la imposición de manos debería practicarse por la totalidad del cuerpo de Cristo. Necesitamos hacer "milagros en nuestras manos".

Para apoyar y fomentar esta práctica, nuestro ministerio ha realizado varias clínicas de mentoría para mujeres en Denver, al igual que internacionalmente, en lugares como Guatemala y Costa Rica. Me encanta enseñar a la gente cómo orar por los enfermos, y me encanta enseñarles a creer para recibir milagros.

En una de nuestras reuniones en Denver, tuvimos la maravillosa oportunidad de orar y ministrar a unas 250 mujeres. Como hacíamos normalmente, hicimos que las participantes formasen un "túnel" de oración, una fila de oración, e invitamos a las personas a recorrer la línea mientras el resto de las mujeres les imponían sus manos, y se produjo un milagro interesante. Una mujer a quien le faltaba una muela en la parte trasera de su boca comprobó su boca después de haber pasado por el túnel de oración y descubrió que tenía una muela nueva. Se acercó y testificó de ese milagro, que se produjo mediante la imposición de manos.

Usted tiene milagros en sus propias manos. No dude en orar y tener fe en Dios para las cosas que Él desea darle a usted y a otros.

"ENVIAR" MILAGROS DESDE SUS MANOS

Uno de los milagros más dulces con respecto a la imposición de manos me ocurrió en Pakistán. La segunda vez que fui a ministrar a Pakistán, fuimos a la ciudad de Rawalpindi. Mientras estábamos allí, realizamos una cena antes de la gran reunión de sanidad, con imanes y líderes políticos como invitados. Les alentamos y entretuvimos, y fue una cálida y maravillosa noche; mostramos amor al liderazgo del país tanto como pudimos, y les dijimos que estábamos en su país no para hacerles daño sino para llevar sanidad.

En la cena, yo estaba sentada cerca de un importante imán que tenía una barba muy larga y llevaba una larga túnica. El no sólo era un líder religioso, sino también una figura política muy importante. Sinceramente, yo tenía miedo a poder decir algo incorrecto o hacer algo que no fuese costumbre paquistaní y resultase ofensivo para nuestros invitados. Esperábamos realizar cinco noches de reuniones, y yo podía arruinar nuestra oportunidad para el ministerio.

El imán hablaba inglés perfectamente, y me dijo: "Tengo un dolor horrible en mis rodillas". ¡Así fue como comenzó la conversación! Y añadió: "¿Querría orar por mí?".

Yo quedé asombrada de que me lo pidiese. Sin embargo, le dije: "Me gustaría orar por usted, pero me gustaría orar conforme a la Biblia. En la Biblia, Jesús dijo que los creyentes impondrían manos sobre los enfermos y sanarían. ¿Tendría algún problema si yo pusiese mis manos sobre su brazo y enviase la Palabra a sus rodillas? La Biblia dice en Salmos 107:20 que la Palabra sana y libera. Un segundo pasaje es Marcos 16:18, que explica la imposición de manos. Habla sobre orar en el nombre de Jesús y enviar la Palabra para sanar, como por sus rodillas".

Él dijo: "No tengo ningún problema".

Así que allí mismo en la mesa, con la comida delante de nosotros, yo puse mis manos sobre su brazo, oré en el nombre de Jesús y envíe la Palabra a sus rodillas: la Palabra que sana y libera de toda destrucción (véase Salmos 107:20).

Durante el resto de la cena, él no dijo nada sobre el dolor, de modo que yo no tenía idea alguna de lo que sucedió. Pero un año y medio después regresamos a Pakistán para otra reunión, esta vez en la ciudad de Karachi. De nuevo realizamos una cena, y el mismo importante líder político musulmán se sentó a mi lado.

Yo le pregunté: "¿Cómo está?".

Él dijo: "Estoy totalmente sano. No he tenido dolor en mis rodillas ni ningún problema con mis rodillas desde que usted oró".

Le digo que si es usted creyente, hay milagros en sus manos en este momento. Podría usted decir: "Yo no soy muy espiritual". Jesús no dijo que tenía que ser usted un creyente perfecto para imponer manos sobre los enfermos. Dijo que tiene que ser usted un creyente, orar en su nombre, imponer manos sobre la gente, y creer a Dios para que sean sanados. Le aliento como creyente a mirar sus manos en este momento y decirse usted mismo: "Tengo milagros en mis manos".

> **Hay milagros en sus manos en este momento. Ore en el nombre de Jesús, imponga manos sobre la gente, y crea a Dios para que sean sanados.**

Puede pedir a Dios que le proporcione oportunidades de imponer manos sobre las personas para sanidad. Una vez, Wally y yo volábamos de regreso de El Cairo, Egipto. Allí habíamos hecho un crucero por el Nilo como parte de nuestras vacaciones, y yo había hablado en una iglesia anglicana y en la graduación en una escuela bíblica. Mientras nos subíamos en un avión egipcio para volar a la ciudad de Nueva York, vimos a una mujer atravesando la sección de turista para dirigirse a primera clase. Vestía de negro, con un vestido que le cubría por completo, y era evidente que era islámica. Se podía ver en ella el dolor cuando corrió la cortina para entrar a primera clase, porque estaba llorando y arrastrando una pierna al caminar.

El Señor habló a mi corazón a través de una sensación interior y me dijo que me acercara donde se sentaba ella y que impusiera mis manos sobre ella y orase por ella antes que despegara el avión.

Realmente tuve una discusión con Él, diciendo: *Oh, Dios, sabes que no les gusta que los pasajeros de la clase turista entren a primera clase, podrían expulsarme. Y además: ella es musulmana. No estoy segura de que vaya a recibir mi oración por ella y mi imposición de manos en el nombre de Jesús.*

El Señor dijo: *¿No eres tú la que dice que ama a los musulmanes y que los musulmanes te aman a ti?*

Yo dije: *De acuerdo, les amo; iré.*

Me levanté, corrí la cortina, y entré a primera clase. Gracias a Dios, ella estaba sentada en el asiento del pasillo. Me agaché y me puse a hablar con ella. Hablaba inglés, así que eso fue una bendición. Le dije: "Le vi cuando pasaba por la clase turista. Arrastraba su pierna, y me di cuenta que tiene un dolor terrible. Mi corazón se entristeció, y me gustaría orar por la enfermedad en el nombre de Jesús. ¿Me permitiría imponerle manos y orar en el nombre de Jesús y creer que Dios le va a sanar?".

Ella dijo: "Oh, sí".

Puse mis manos sobre ella y oré en el nombre de Jesús. No puedo decirle que vi un gran milagro. Simplemente le creí a Dios. Regresé a mi asiento y me senté sintiendo que había sido obediente, porque hay milagros en nuestras manos. Comparto esta historia con usted para decirle que lo hice en fe. No conozco el resultado final, no puedo decirle lo que ocurrió, pues la mujer no se levantó inmediatamente y se puso a bailar. Tampoco me escribió una carta contándome lo que ocurrió, así que tan sólo puedo decirle que caminé en la fe que Jesús me dio.

Quiero compartir otra cosa que podemos hacer en relación con enviar la Palabra a través de nuestras manos. En televisión oro por los enfermos, y mi hija Sarah hace lo mismo. Obviamente, no podemos saltar a través de la pantalla de televisión e imponer manos sobre las personas; no tenemos manera de orar por la audiencia televisiva en persona. Nuestro ministerio también lleva a cabo grandes reuniones de sanidad por todo el mundo, y no podemos imponer manos físicamente sobre cada persona, ya que puede haber más de 65.000 personas en una reunión. Nadie puede imponer manos sobre todas las personas en una audiencia de ese tamaño.

Entonces, ¿qué hago? Alzo mis manos, oro en el nombre de Jesús, y *envío la Palabra* que sana y libra de la destrucción. En las reuniones de sanidad, después les pido a las personas que se acerquen y compartan sus testimonios de lo que Dios ha hecho por ellas en el nombre de Jesús. Si pudiera leer las cartas y los mensajes de correo electrónico que hemos recibido de personas que han visto nuestros programas de televisión y han asistido a nuestras reuniones multitudinarias, se sorprendería. Me han informado de milagros drásticos y podría llenar muchos libros con testimonios de personas que fueron sanadas en el nombre de Jesús. No pudimos tocarles personalmente, pero la Palabra de Dios les tocó.

De nuevo, Sarah y yo no somos sus sanadoras. Jesús es su Sanador. Nuestra parte es ser obedientes al imponer manos sobre la gente y enviar la Palabra de Dios con el poder de sanar.

> **Nuestra parte es ser obedientes al imponer manos sobre la gente y enviar la Palabra de Dios con el poder de sanar.**

MILAGROS A TRAVÉS DE MANOS QUE ACTÚAN EN OBEDIENCIA

Los milagros suceden cuando obedecemos lo que Dios nos dice que hagamos. De todos los milagros que Dios realizó a través de las manos de Eliseo, el que se narra en 2 Reyes 3 está entre mis favoritos, porque había mucha oscuridad en la situación, y Dios usó algunos medios poco comunes para producir una solución.

La situación estaba relacionada con un rey de Israel llamado Joram, que era el hijo de Acab y Jezabel. Políticamente, se encontraba en un hoyo profundo debido a un problema con los moabitas. Los moabitas eran una gran tribu que ocupaban una franja montañosa de tierra que recorría la costa este del mar Muerto (actualmente Jordania). Bajo el rey Acab, los moabitas habían sido forzados regularmente a pagar un tributo de 100.000 corderos y la lana de 100.000 carneros al reino del norte, pero tras la muerte de Acab, se rebelaron, negándose a pagar. El rey Joram decidió luchar contra ellos para obtener el pago, así que llamó a Josafat, el gobernador del reino del sur de Judá, para que le ayudase en la batalla (véase 2 Reyes 3:4–7).

El reino del sur de Judá aún no se había vuelto a la idolatría, como lo había hecho el reino del norte, y Josafat era un rey temeroso de Dios. Sin embargo, tenía una debilidad. Transigió con Joram porque quería tener paz con el reino de Israel (véase 1 Reyes 22:42–44). Sin embargo, los habitantes del reino del norte adoraban ídolos, y la Biblia nos dice: "¿Como pueden tener paz con los demonios?". Los demonios están detrás de la adoración de ídolos (véase 1 Corintios 10:19–21).

Josafat cometió el error de no preguntar a Dios si debía ir a la guerra con el rey Joram, y le dijo al rey: "Mi pueblo es cómo tu pueblo. Sí, lucharemos contra los moabitas de tu lado". No debería haberse aliado con este rey idólatra, pero Josafat llevó su ejército y Joram llevó el suyo, y junto al rey de Edom, fueron a la guerra contra Moab. Viajaron durante siete días y después descubrieron que se habían quedado sin agua. Ese era un grave problema, ya que estaban a punto de comenzar una guerra, y no tenían agua ni para ellos y para sus animales (véase 2 Reyes 3:7–9).

El rey de Israel y el rey de Judá tuvieron dos reacciones distintas ante esta situación, y quiero que tome nota de cada una de ellas, ya que nos enseñan mucho en relación con nuestra propia reacción ante las circunstancias negativas:

- El rey Joram dijo: "¡Miren lo que está ocurriendo! Sabía que tendríamos problemas. Sabía que Dios estaba contra nosotros" (véase versículo 10).

- El rey Josafat dijo: "¿Hay algún profeta por aquí? ¿Podemos tener una palabra del Señor?" (véase versículo 11).

Cuando se produce un problema o una crisis, ¿cómo reacciona? ¿Dice usted cosas como: "¿Cuál es el provecho de todo esto? Las cosas irán a peor, como ha sucedido durante años", "Nunca me voy a recuperar" o "Siempre voy a tener problemas en mi matrimonio"?

Esas son las cosas que no se deben decir cuando nos encontramos ante una situación negativa. En cambio, debería buscar la palabra que Dios tiene para usted.

Josafat recibió la noticia de que había un profeta, y que su nombre era Eliseo. Vivía cerca, así que los tres reyes fueron a su casa y tocaron a la puerta.

La respuesta de Eliseo a su inquisición fue dura. Les preguntó qué estaban haciendo allí, aunque probablemente ya lo sabía. De hecho, le dijo al idólatra Joram: "¿Qué quieres de mí? Ve y pregunta a los profetas de tus 'dioses'".

Joram jugó bien su baza, diciéndole a Eliseo que el Señor había juntado a los tres reyes.

> *Y Eliseo dijo: Vive Jehová de los ejércitos, en cuya presencia estoy, que si no tuviese respeto al rostro de Josafat rey de Judá, no te mirara a ti, ni te viera. Mas ahora traedme un tañedor. Y mientras el tañedor tocaba, la mano de Jehová vino sobre Eliseo.*
>
> (2 Reyes 3:14–15)

Josafat amaba a Dios y le seguía, así que, si no hubiera sido por su presencia, el milagro no habría ocurrido. Podemos estar en la situación más oscura, e incluso puede que hayamos cometido un error, pero si somos seguidores de Dios, la luz en nosotros es mayor que la oscuridad que nos rodea. Sin embargo, no debemos transigir con el pecado. Quizá usted diga: "Bueno, todo el mundo transige". No importa, usted no caiga en eso. Josafat se había metido en problemas, pero Eliseo reconoció su fe, y Dios le ayudó. Quiero decirle que Dios también le ayudará a usted.

> **Si somos seguidores de Dios, la luz en nosotros es mayor que la oscuridad que nos rodea.**

Observe que Eliseo pidió un músico. Su petición revela algo muy útil para nosotros a la hora de entender los medios de un milagro. El músico era alguien que podía dirigir a Eliseo en un tiempo de adoración, durante el cual él podía sintonizar espiritualmente con Dios. Llevaron al músico, y Eliseo recibió una palabra del Señor. La palabra del Señor fue realmente el medio a través del cual llegó el milagro. Creo con todo mi corazón que hay un medio para su milagro, y es la Palabra de Dios.

Una palabra específica del Señor puede darle la vuelta del revés a su situación cuando usted la recibe y se aferra a ella.

> *Quien dijo* [Eliseo]: *Así ha dicho Jehová: Haced en este valle muchos estanques. Porque Jehová ha dicho así: No veréis viento, ni veréis lluvia; pero este valle será lleno de agua, y beberéis vosotros, y vuestras bestias y vuestros ganados. Y esto es cosa ligera en los ojos de Jehová; entregará también a los moabitas en vuestras manos.* (2 Reyes 3:16–18)

Dios les dijo que hicieran estanques en el valle. ¿Acaso no suena eso un poco loco? Sin embargo, muchas veces Dios nos da algo muy simple para hacer. Observe cómo llegó este milagro a través de las manos de los soldados, a quienes Dios usó para cavar los estanques según el mandamiento de Dios.

En los evangelios leemos cómo Dios le decía a la gente que hicieran cosas sencillas para recibir milagros, tales como poner barro sobre los ojos de alguien y luego decirle a la persona que se lavase en el estanque de Siloé para que se produjera la sanidad, o ir a pescar para sacar un pez con una moneda en su boca a fin de poder pagar los impuestos (véase Juan 9:1–7; Mateo 17:24–27). Después de recibir instrucciones de este tipo, pero antes de experimentar el milagro, sería fácil actuar sin fe y caer en el razonamiento natural, pensando: *¿Para qué voy a hacer eso? ¿Qué tiene eso que ver?* Debemos tener cuidado de no perdernos nuestros milagros como resultado de no hacer lo que Dios nos dice que hagamos. Así como Dios le dijo a Moisés que mirase lo que tenía en su mano, también Él puede decirle que mire lo que tiene usted en su mano: una vara, una pala, cierto don o talento, y lo use, permitiéndole a Él hacer un milagro en base a su obediencia.

Los tres reyes obedecieron la palabra de Dios, la cual fue dada a través de Eliseo. Dios les había dicho que llenaran el valle de estanques, y así lo hicieron. Pusieron a los soldados a cavar hasta que terminaron el trabajo. Quizá en ese momento lo vieron como algo ridículo, pero a la mañana siguiente el milagro ocurrió. Los moabitas habían salido cabalgando para atacarles cuando vieron el sol reflejarse en el agua, y les pareció que era sangre. Pensaron que los reyes habrían tenido alguna disputa y se habrían matado entre ellos, y así dijeron: "Miren los charcos de sangre. Iremos allí y tomaremos el botín". Los moabitas descendieron por el monte, pero los tres reyes y sus ejércitos les vencieron. La palabra de Dios que Eliseo había proclamado se cumplió (véase 2 Reyes 3:20–24).

Quiero que observe algo sobre los milagros y que nunca lo olvide. Es algo que Dios pone en mi corazón con pasión. Este milagro llegó a la hora del sacrificio de la mañana. Quizá usted se pregunte: "Bueno, ¿y eso qué?".

Dos veces al día, en el templo de Jerusalén, un sacerdote ofrecía un cordero por los pecados de la nación. Eran el sacrificio de la mañana y el sacrificio de la tarde (véase Éxodo 29:38–42). ¿Qué eran esos corderos? Representaban al Cordero de Dios, Jesús, quien redimiría al mundo de todo pecado, toda maldición y toda oscuridad. *"He aquí el Cordero de Dios, que quita el pecado del mundo"* (Juan 1:29).

En el capítulo 2 hablamos sobre el poder milagroso de la sangre de Jesús. Jesús, el Cordero de Dios, ha comprado todos nuestros milagros en la cruz, y debemos orar por milagros y reclamar las promesas de Dios en su nombre. Me emocioné mucho cuando me di cuenta de que el milagro de la derrota de los moabitas llegó en el momento del sacrificio del cordero de la mañana, y pensé, *Voy a leerme toda la Biblia para ver dónde habla sobre los sacrificios de la mañana y de la tarde para ver si hay otros milagros registrados que tengan conexión con ellos.*

Una de las conexiones que encontré fue cuando Elías retó a los profetas de Baal en el monte Carmelo, y dijo: "El Dios que responda con fuego y queme el sacrificio será el Dios verdadero". Los profetas de Baal pusieron un sacrificio y luego se cortaron, gritaron y lloraron hasta la extenuación, pero no llegó el fuego. Elías les dejó que lo intentaran todo el día, y luego derramó agua sobre su sacrificio al Dios verdadero tres veces, saturándolo de agua (para demostrar que sería un verdadero milagro que se quemara el sacrificio). Después hizo una breve oración a Dios. El fuego descendió tras la oración de Elías, y la Biblia dice que esto ocurrió a la hora del sacrificio de la caída de la tarde (véase 1 Reyes 18:17–40). ¿Cuándo llegó el milagro? Cuando el sacerdote sacrificaba al cordero en favor del pueblo de Dios.

> **Los milagros por los que oramos en el nombre de Jesús llegan porque todo en el cielo y en la tierra tiene que postrarse ante su nombre.**

¿Qué nos dice este ejemplo a usted y a mí? Los milagros por los que oramos en el nombre de Jesús llegan porque todo en el cielo y en la tierra tiene que postrarse ante su nombre (véase Filipenses 2:9–11). Él es Rey y Redentor; su sacrificio "de una vez y por todas" (véase, por ejemplo, Hebreos 10:10) abrió el camino para que pudiéramos recibir milagros. Es en su nombre como podemos reclamar las promesas; es en su nombre como podemos pedir provisión; es en su nombre como sanamos las enfermedades y echamos fuera demonios.

MILAGROS INCLUSO COMO RESULTADO DE MANOS DE VIOLENCIA

A veces, incluso cuando cometemos errores tremendos, Dios producirá milagros de esas circunstancias para demostrar su poder y amor a las personas involucradas (véase Romanos 8:28). Le daré un ejemplo de este tipo de milagro que es tanto triste como sorprendente. Es el milagro de la sanidad de la oreja de Malco, que ocurrió en el huerto de Getsemaní la noche antes de que Jesús fuera crucificado. Un destacamento de soldados romanos y oficiales de los principales sacerdotes y fariseos llegaron para arrestar a Jesús. Pero, enojado por esta situación, un Pedro ferviente, nervioso, impetuoso, alzó su espada para proteger a Jesús y cortó la oreja de un siervo de Caifás, el sumo sacerdote. Quizá Pedro intentó matar a este hombre, pero falló (véase Juan 18:3–12).

Este temerario acto dio paso al último milagro público de Jesús. Es la primera vez que oímos que Jesús sanase una herida que había sido producida por un acto de violencia. Sólo el Evangelio de Juan nombra a la víctima de Pedro, y sólo el Evangelio de Lucas narra la sanidad:

> *Y uno de ellos hirió a un siervo del sumo sacerdote, y le cortó la oreja derecha. Entonces respondiendo Jesús, dijo: Basta ya; dejad. Y tocando su oreja, le sanó.*
> (Lucas 22:50–51)

En su último milagro antes de morir en la cruz, Jesús sanó a un hombre nombrado entre sus enemigos y proporcionó otra poderosa señal para sus discípulos y el mundo entero de que Él era el Salvador que Dios había enviado. Malco había sido atacado porque era enemigo de Jesús; sin embargo, como Jesús amaba incluso sus enemigos, este siervo del sumo sacerdote recibió un milagro de sanidad.

Observe que Malco perdió su oreja a manos de Pedro, pero la recuperó de manos de Jesús. ¿Se imagina el asombro de Malco al sufrir el trauma y el dolor de esa calamidad y luego la experiencia de la restauración? Me pregunto dónde estaba Malco en el momento de la crucifixión de Jesús. Es imposible para mí que estuviera gritando "Crucifícale" tras recibir de Jesús un milagro tan destacado.

Pedro amaba a Jesús, pero no se dio cuenta de que el momento del arresto de Jesús había sido planeado antes de la creación del mundo y que Jesús tenía el control absoluto de la situación (véase Mateo 26:51–54). Jesús demostró su continua sumisión a su Padre cuando, tras la sanidad de Malco, le dijo a Pedro: *"La copa que el Padre me ha dado, ¿no la he de beber?"* (Juan 18:11). Nosotros también tenemos que recordar que Jesús está en control cuando las crisis que experimentamos en nuestra vida nos tientan a actuar sin reflexionar.

Crea la Palabra de Dios

La fe de una persona y sus correspondientes actos pueden producir milagros. Quizá trabaje usted en una oficina donde todos los que le rodean son incrédulos, pero usted puede reflejar la luz de Jesús en esa oficina. Quizá enseñe en una escuela

> **Una palabra del Señor puede cambiar las circunstancias negativas en positivas.**

donde usted es el único maestro cristiano, pero puede llevar la luz de Jesús a esa escuela. Una palabra del Señor puede cambiar las circunstancias negativas en positivas. Mantenga su fe en el Señor, ¡y no se rinda!

En los Estados Unidos y en todo el mundo, incluso en países donde la población es musulmana, hindú o budista, ocurren milagros de sanidad en el nombre de Jesús. Dios hace milagros cuando los creyentes practican la imposición de manos. Él hace milagros cuando levantamos nuestras manos y enviamos su Palabra, la cual no regresa a Él vacía. Él hace milagros usando los distintos recursos que hay en nuestras manos y que dedicamos a su servicio. Incluso a veces hace milagros usando nuestros errores.

¿Es usted creyente? Entonces, crea la Palabra de Dios: ¡hay milagros en sus manos!

CAPÍTULO 9

MILAGROS
"MUEVA SU MONTAÑA"
Para Dios todo es posible

Todos afrontamos de vez en cuando dificultades que parecen montañosas, ya sean económicas, físicas, emocionales o espirituales. Sin embargo, Jesús dijo:

> *Porque de cierto os digo que cualquiera que dijere a este monte: Quítate y échate en el mar, y no dudare en su corazón, sino creyere que será hecho lo que dice, lo que diga le será hecho.* (Marcos 11:23)

Este pasaje nos dice que hablemos a nuestras montañas, lo cual me indica dos cosas: (1) Las montañas deben de tener "oídos". En otras palabras, responden cuando les hablamos en fe. (2) Debe de haber algo maravilloso y milagroso esperándonos al otro lado de la montaña.

Jesús nos dijo que ordenásemos a las montañas que se quitaran, y nos dijo que no dudáramos. Creo que muchos milagros nos esperan si comenzamos a decir las mismas cosas que Dios les dice a las "montañas", a los problemas que tenemos delante, y no nos postramos ante ellos.

No hable *de* sus montañas, sino háblelas *a* ellas.

HABLE A SU MONTAÑA

Muchas veces, Dios nos llama a hacer cosas para las que no somos los más indicados, a fin de que confiemos en Él y le demos gloria. Debemos confiar en que Él suplirá lo que nosotros no tenemos mientras llevamos a cabo sus propósitos.

Por ejemplo, cuando comencé con el ministerio de la televisión, no pensaba que tuviera la apariencia física necesaria. Tenía manchas marrones en los dientes, y esa era un tipo de "montaña" atípica que tenía que superar. Las manchas no eran consecuencia del tabaco. Yo crecí en la zona occidental de Texas, y los minerales en el agua de ese lugar provocaron las manchas en mis dientes. ¡La buena noticia fue que los minerales también me impidieron tener caries! Tengo ochenta años y sólo he tenido una caries en toda mi vida.

Sin embargo, era muy consciente de esas manchas cuando sonreía. Le dije a mi esposo que me gustaría que me rasparan el esmalte de mis dientes y después hacerme un blanqueo dental, y él me dijo: "No, no quiero que te hagas eso". Sin embargo, después de cinco o seis meses de estar en televisión, alguien me escribió preguntándome si fumaba.

Así que cuando fui a mi dentista y le expliqué mi desesperación, me dijo: "Marilyn, está saliendo algo nuevo, un esmalte líquido, y si quieres podríamos probarlo con tus dientes. Cada seis meses tendremos que quitarlo y comenzar de nuevo, pero lo intentaremos". Así que cubrió mis dientes con el esmalte líquido, y nadie más volvió a preguntar si fumaba, pero era molesto.

Así que proclamé el Salmos 37:4: "*Deléitate asimismo en Jehová, y él te concederá las peticiones de tu corazón*", y oré: "Dios, mi deseo es que me quites las manchas de los dientes". Todos los dentistas le dirán que es imposible dado el tipo de manchas que yo tenía, pero nuevamente, con Dios todo es posible (véase Lucas 18:27), y podemos mover montañas si hablamos sus palabras a esas montañas. Después comencé a proclamar el Salmos 37:4 a mis dientes.

Unos seis meses después, estaba en la consulta del dentista para que me quitaran los restos del esmalte líquido. Las manchas deberían notarse, pero mi dentista fue a buscar un espejo para que pudiera verme los dientes, y cuando miré, vi que ya no había ninguna mancha. Hasta el día de hoy, puedo mirarme en el espejo y sonreír y decir que tengo el Salmos 37:4 en mis dientes.

He estado moviendo montañas con las promesas de Dios durante años. Estas mismas promesas funcionarán para usted, pero tiene que ser diligente a la hora de creerlas, y tiene que proclamarlas a sus montañas. También tiene que perseverar cuando las circunstancias digan que no está funcionando o cuando la gente le critique y le diga que no funcionará.

> **Tiene que proclamar las promesas de Dios a sus montañas y perseverar cuando las circunstancias digan que no está funcionando.**

Cuando mi madre fue llena del Espíritu Santo, sus hermanos y hermanas (eran once hermanos) decían que en sus creencias ella "sobresalía" entre todos ellos, y se pusieron en su contra. Sin embargo, mamá esperaba lo milagroso por muy duras que fueran las circunstancias. Cuando le dijeron que tenía un cáncer de mama, todos decía que moriría, pero ella dijo: "No, me voy a sanar". Las Escrituras dicen: *"No moriré, sino que viviré, y contaré las obras de Jah"* (Salmos 118:17). Mi madre vivió una larga vida. Murió a los noventa años, sin el tumor. La buena noticia acerca de los miembros de su familia es que creo que la mayoría de ellos a día de hoy han nacido de nuevo. Algunas personas de generaciones pasadas ya han partido con el Señor, y muchos de los nietos y biznietos son llenos del Espíritu y están "encendidos" para Dios.

Quizá tengamos que ser luz en medio de mucha oscuridad a nuestro alrededor, pero si mantenemos nuestra fe, experimentaremos la verdad de que la luz es mayor que las tinieblas. Quizá diga: "Yo estoy rodeado de incredulidad; estoy rodeado de tinieblas", pero quiero animarle a que su fe y la Palabra de Dios pueden producir un milagro. La luz es mayor que las tinieblas a su alrededor. Como dice la Biblia: *"Cristo en vosotros, la esperanza de gloria"* (Colosenses 1:27).

VEA LO QUE HAY AL OTRO LADO

Quizá tenga delante una montaña que le supera o montañas de problemas que han estado ahí durante años y no parecen cambiar. Puede desanimarse a consecuencia de sus montañas, o puede ver lo que hay al otro lado de esas montañas y descubrir cómo quitarlas de en medio.

Quizá diga: "Bueno, no creo que pueda".

No diga eso. De hecho, no imagine eso en su corazón, no piense eso en su mente, y no diga eso con su boca, ¡porque usted está llamado a ser alguien que mueve montañas!

A principios de la década de los noventa, hablé en una conferencia en Honduras, y ayudé a una señora que estaba abasteciendo comida al ejército de los Contra, que estaba luchando contra el gobierno comunista sandinista en Nicaragua. Tanto Honduras como Nicaragua estaban librando una batalla entre los sandinistas y los contras.

La mujer a la que ayudaba me dijo: "Vendo comida al ejército Contra en la selva hondureña. Tienen a sus esposas e hijos con ellos. Las mujeres no tienen ropa, y los niños ni tan siquiera tienen pañales. No dejan que nadie vaya allí, pero usted podría ir como mi asistente. Podría llevar ropa y pañales, y podría predicar. No hay nadie allí que lo detenga, y yo actuaré como si estuviera al mando".

Yo pensé: *Caramba, eso suena como una verdadera oportunidad de Dios.* Así que fui.

Volamos a Tegucigalpa, Honduras, y después nos adentramos en la selva hasta el campamento. Yo era ingenua y no sabía lo peligroso que era estar allí. Maniobramos por una carretera, y vi a un ejército en un lado de la carretera vestido de un color, y otro ejército en el otro lado vestido con un color diferente.

Yo dije: "¿Quiénes son esos soldados que están ahí?".

Ella dijo: "Son los Contras".

Señalé al otro lado: "¿Y quiénes son ellos?".

Respondió: "Los sandinistas".

"¿Y nosotras estamos en medio?".

"Sí".

"¿Podrían atacarnos?".

"Sí, atacaron una camioneta como esta hace unas tres semanas, y todos sus ocupantes murieron".

Pensé: *Aquí estoy, justo en medio. Dios, ayúdame.*

Finalmente, llegamos al campamento, y me dispuse a repartir la ropa y los pañales para los bebés. Prediqué e invité a la gente a recibir a Jesús. También repartí Biblias. Hasta ese momento, la gente no tenía nada para leer, y después les vi sentados leyendo sus Biblias. Luego, regresamos por el largo camino hasta Tegucigalpa y al día siguiente salimos del país.

Había oído que el clima espiritual en Honduras en aquel tiempo no era muy fuerte. Por ejemplo, una iglesia llena del Espíritu, o carismática, podría tener entre setenta y cinco y cien miembros. Años después, recibí una invitación para hablar en una conferencia en San Pedro Sula, Honduras. Cuando llegué, pregunté: "¿Cuántas mujeres esperan que asistan?".

"Probablemente tendremos cinco mil; y mañana por la noche, cuando usted hable, probablemente tendremos diez mil. Para la cruzada en el estadio, esperábamos quince o veinte mil. Estamos viviendo un avivamiento, y gente está recibiendo al Señor por todos lados".

¡Es tremendo lo que Dios puede hacer en doce o catorce años! ¿Qué había ocurrido en Honduras? Fue por la Biblia. Fue por un avivamiento de gente leyendo, oyendo y creyendo la Biblia. Había existido una montaña de incredulidad, pero Dios la había movido según su Palabra. Isaías 55:10–11 dice que la Palabra de Dios no volverá a Él de vacío, y no lo hizo.

Repasemos lo que dijo Jesús sobre las montañas de nuestras vidas:

> *Porque de cierto os digo que cualquiera que dijere a este monte: Quítate y échate en el mar, y no dudare en su córazon , sino creyere que será hecho lo que dice. lo que diga le será hecho.* (Marcos 11:23)

¿Cómo mueve usted una montaña? Con su boca. De nuevo, tiene que hablar *a* su montaña y no sólo hablar *de* ella. Muchas personas hablan de sus montañas, diciendo cosas como: "Estoy enfermo; los doctores me han dado un mal informe, y no sé si voy a sobrevivir". No le hablan a su cuerpo, no declaran la Palabra a su cuerpo. Yo tengo más energía ahora que nunca porque diariamente le hablo la Palabra a mi cuerpo.

¿Qué está diciendo sobre su vida? ¿Está hablando de la montaña o le está hablando a la montaña? Recuerde que las montañas tienen "oídos", o de no ser así Jesús no le habría dicho que les hablase. Así que si está usted diciendo: "Nunca superaré esta montaña; la situación nunca mejorará; nunca cambiará nada", eso es lo que la montaña está "oyendo".

En cambio, mueva la montaña declarando palabras opuestas a toda expresión de temor y desánimo, palabras de fe basadas en la Palabra de Dios.

La palabra en el original griego traducida como *"dijere"* en la frase *"cualquiera que dijere a este monte..."* puede traducirse como "ordenar". No sólo le está hablando a la montaña, diciendo: "Bueno, espero que te muevas". No, usted le está *ordenando* que se mueva en el nombre de Jesús.

¡Dígalo! No puede tan sólo pensarlo. La montaña no puede oírle cuando usted sólo lo piensa. Dígale: *"Quítate* y échate en el mar. Diablo, no vas a romper mi matrimonio, no vas a destruir a mis hijos, no vas a arruinar mi salud, y no vas a enviarme a la bancarrota. Te estoy diciendo en voz alta, te ordeno ¡que te muevas! Tengo autoridad, porque Jesús que está en mí es mucho mayor que tú que estás en el mundo" (véase 1 Juan 4:4).

La siguiente parte de la declaración de Jesús sobre hablar a la montaña es *"...y no dudare en su corazón, sino creyere que será hecho..."* (Marcos 11:23). Lo que usted le diga a la montaña debe estar basado en su fe.

> **Debe seguir diciéndolo hasta que las palabras tengan tal poder y fuerza que empujen a la montaña al mar.**

El versículo termina, *"...lo que diga le será hecho"*. La palabra *"diga"* viene traducida de una palabra distinta en griego a la que aparece al comienzo de la frase. La segunda palabra se refiere a construir sistemáticamente. En otras palabras, debe seguir diciéndolo, y diciéndolo, y diciéndolo, para construir así hasta que las palabras tengan tal poder y fuerza que empujen a la montaña al mar.

Es sorprendente ver lo que ocurre cuando usted habla la Palabra de Dios en fe. Si ordena en voz alta y construye su fe con constancia hablando a su montaña, esa montaña se quitará.

Cuando parece que las montañas aún no se mueven

Sin embargo, ¿qué ocurre con ciertos casos en los que las montañas parece que siguen sin moverse? Permítame contarle una de mis experiencias con una de estas montañas.

En 1983, Etiopía atravesaba malos momentos. En primer lugar, el país estaba en un desafiante período de hambruna, y muchos miles de personas se morían de hambre. Además, su gobierno era comunista, y era casi como si la misma vida de la nación estuviera siendo extraída de ella. Me acuerdo de leer un relato en un periódico de las cosas que estaban ocurriendo en ese país y quedar tremendamente conmovida. A través de esa experiencia, Dios me guió a ministrar en Etiopía, y me mostró que Él es capaz de mover cualquier montaña en mi vida. Antes de contarle cómo lo hizo, quiero darle un pequeño trasfondo del país y sus gentes.

Primero, me gustaría decirle que amo a los etíopes; son una gente preciosa, y tienen una apariencia singular. He estado en diecisiete países de África, y he observado que los etíopes tienen una apariencia distinta del resto de las gentes de ese continente. El libro de Jeremías indica que se puede reconocer a un etíope por su aspecto (véase Jeremías 13:23). Ese libro se escribió hace más de 2.400 años, y lo que dice sigue siendo cierto. Cuando se capta cuál es el aspecto de un etíope, se les puede reconocer en cualquier lugar. Yo reconozco a etíopes cuando voy al aeropuerto en Denver, y veo a muchos de ellos en Washington, D.C., y en Los Ángeles.

Los etíopes también tienen una larga historia. Son descendientes de Cus, uno de los nietos de Noé. Etiopía es un país que se menciona varias veces en la Biblia. David escribió: *"Vendrán príncipes de Egipto; Etiopía se apresurará a extender sus manos hacia Dios"* (Salmos 68:31). Y, según los etíopes, ellos fueron el primer grupo de gentiles que se hicieron cristianos. En el Nuevo Testamento leemos que un eunuco que era ministro de Candace, reina de Etiopía, y estaba a cargo de su tesoro, viajaba de Jerusalén a Gaza cuando Dios dirigió al apóstol Felipe a ir junto a él, y Felipe le oyó leyendo del libro de Isaías. Felipe compartió el Evangelio de Jesucristo con él, y creyó y fue bautizado (véase Hechos 8:26–39), y este eunuco es considerado tradicionalmente como el primer convertido gentil y fundador de la iglesia etíope.[8]

Con este trasfondo, quiero compartir con usted el milagro que experimenté en Etiopía y cómo Dios aún sigue moviendo montañas aunque parezca que no se están moviendo ni un ápice.

Después de conocer la apremiante situación económica que había en 1983, Dios me habló para que hiciera algo grande. Me dijo que llevara 10.000 Biblias a Etiopía y comida por un valor de 10.000 dólares para los niños. Ese fue un gran paso de fe para mí; nunca había hecho algo así. Llamé a la embajada de Etiopía en Washington, D.C., para ver si era posible obtener una visa para mí, un asistente y un cámara, para grabar el viaje.

El hombre de la embajada fue positivo. "Sí", dijo, "es posible". Le dije si estaba seguro de que podríamos introducir las Biblias, y me aseguró que sí, y que lo que mejor recibirían sería la comida.

Después contacté con Paul cole, el hijo de Ed Cole, y le pregunté si podía hacer la grabación, y me dijo que sí. También conseguí que alguien viniera como parte de la plantilla. Tanto Paul Cole como la persona de la plantilla recibieron sus visas, pero no mía no llegaba. Tres días antes de que saliera, mi visa aún no había llegado.

Los miembros de la plantilla de nuestro ministerio comenzaron a preocuparse y me preguntaron: "¿Qué vamos a hacer?". Teníamos 10.000 Biblias en amárico listas para ser enviadas, y comida por un valor de 10.000 dólares. La comida podría ir a otro destino, pero las Biblias sólo podían ir a Etiopía. ¿Qué íbamos a hacer con 10.000 Biblias etíopes? Mi corazón también

---

8. Eusebio, hist. Eccl. 2.1.13e, http://www.ccel.org/ccel/schaff/npnf201.iii.vii.ii.html.

quiso preocuparse. Era como si el viaje nunca fuera a producirse, y tuve que ejercitar mucha fe.

Mientras tanto, una mujer de Etiopía se había convertido en nuestra iglesia. Le llamé por teléfono para preguntarle si podía acudir a hablar conmigo. Cuando nos reunimos, le dije lo que quería hacer, y me preguntó: "¿A quién estás llamando en Washington, D.C.?".

Le dije el nombre de la persona, pero no sabía pronunciarlo correctamente, y ella me dijo: "Deja que le llame por ti". Sentadas en mi oficina, ella llamó al hombre y comenzó a hablar en amárico. Ella se estaba riendo y hablando, y riendo y hablando, durante quince o veinte minutos. Después, colgó el teléfono y dijo: "Tendrás tu visa mañana".

Le pregunté: "¿Cómo conseguiste la visa?".

Ella respondió: "Es un antiguo novio".

Aprendí que cuando Dios quiere hacer milagros, incluso puede usar antiguos novios.

Cuando llegamos a Etiopía, pude ver que el país estaba bajo una tremenda opresión. Los oficiales gubernamentales eran duros y rudos, y todo tenía que pasar por ellos. Confiscaron todo mi equipo de video, pero me dejaron quedarme con la comida que había llevado, más la comida adicional que pronto llegaría. Me dijeron desafiantemente que la comida iría para los niños. Pensaban que yo era una espía, y querían interrogarme. Así que ahí estaba yo, con 10.000 Biblias en amárico, y no sabía si estaban enojados conmigo por haberlas llevado.

> **Pensaban que yo era una espía, pero Dios habló a mi corazón, diciendo:** *No te rindas. Esta montaña se moverá.*

Nunca olvidaré el día en el que me llamaron para interrogarme. Una mujer cristiana etíope se sentó a mi lado mientras me hacían muchas preguntas de esta índole: "¿Cuál es el verdadero propósito por el que está aquí? ¿Quién le envió?". Sin embargo, Dios habló a mi corazón, diciendo: *Aguanta; no te rindas.*

Esta montaña se moverá. De repente, un hombre entró en la habitación. Parecía otro secretario, y le susurró al hombre que me estaba interrogando. Después, llamaron a la mujer que se había sentado a mi lado para hablar en privado. Cuando hubieron hablado los tres, el hombre que hacía el interrogatorio me dijo: "De acuerdo, en vez de creer que usted es espía, le vamos a enviar como nuestra invitada junto a setenta y dos congresistas americanos que quieren ver el lugar donde la sequía es más apremiante. Les llevamos en nuestro propio avión, Aerolíneas Etíopes, a Gondar, que es nuestra antigua capital. Vamos a llevarla como invitada de nuestro gobierno".

¡Algo drástico había ocurrido en esa habitación!

Después, le pregunté a la mujer etíope que había estado sentada a mi lado cómo había ido la conversación y qué había dicho el director del comité.

Ella respondió: "Nos dijo a mí y al secretario que usted es una mala mujer y que es parte de un grupo espía. Entonces le dije: 'No, no es mala. Sólo quiere alimentar bebés y está preocupada por la situación que atraviesa nuestro país'. Él dijo: 'Está bien, probablemente sea alguna loca que no sabe hacer nada, así que dejémosla'".

Me devolvieron mi equipo de video y permitieron que Paul Cole fuese conmigo a la zona de la sequía.

Si nunca ha visto a gente muriéndose de hambre, le diré que no es una buena experiencia, pero sí es algo que no se olvida. Cuando llegamos a Gondar, tenían allí un helicóptero ruso, que nos llevó a nosotros y tres compañías distintas a la zona seca. Tengo secuencias filmadas en video de nuestra llegada en helicóptero y de lo que fuimos testigos. Fue una escena horrenda. Vi a personas africanas escuálidas y con una mirada de pena con la piel y el pelo gris. Por supuesto, mi corazón se conmovió por ellos.

El gobierno etíope entretuvo generosamente a los congresistas americanos. Como yo estaba incluida en el grupo, a mí también me entretuvieron. Estuvimos en el mejor hotel que había y vi varios lugares antiguos relacionados con la historia de Etiopía. Sin embargo, durante ese tiempo, pensaba: *¿Quién distribuirá mis Biblias?*

Me recomendaron un sacerdote etíope ortodoxo, y le delegaron la distribución de las Biblias. Me reuní con el padre Habt Mariam, que había sido encarcelado por los comunistas durante diez años. Él quería restaurar la iglesia alrededor de la capital de Addis Ababa para darle cierta normalidad y volver a unir a la congregación, la cual había esparcido el comunismo, y estaba emocionado con la idea de recibir las Biblias. Nos hicimos amigos y me animó diciéndome que Dios podía moverse en Etiopía de formas maravillosas.

Mientras estaba sentada en el vestíbulo del Hotel Hilton esperando que los comunistas me llevaran a la siguiente reunión, el Señor me habló y me dijo: *Quiero que regreses y lleves a cabo una reunión de sanidad en Etiopía.*

Pensé: *Oh Señor, nunca he realizado una reunión de sanidad, mucho menos en Etiopía, un país comunista. ¿Cómo podría yo hacer eso? El gobierno tiene un control muy férreo y se opone del todo a cualquier cosa que tenga que ver con Dios.*

Sin embargo, pregunté a los líderes comunistas antes de irme si sería posible que regresara para volver a llevar Biblias y alimentos y también para tener una reunión de sanidad en la ciudad de Addis Ababa. Se rieron mucho, y luego dijeron: "Nosotros no creemos en Dios. Sí, puede regresar con comida; y sí, puede regresar con Biblias; pero ninguna reunión de sanidad".

El sacerdote ortodoxo trabajaba conmigo, y en el plazo de un año, volví a conseguir 10.000 Biblias en amárico y comida por valor de otros 10.000 dólares. Hablé con el gobierno, preguntando si podría regresar otro año y tener una reunión de sanidad: "Rotundamente no", me dijeron. "Somos un gobierno comunista; somos ateos, no creemos en Dios, y no puede realizar una reunión de sanidad". Pero de nuevo, me permitieron llevar 10.000 Biblias e ir en helicóptero a las áreas de más necesidad del país y distribuir la comida.

Créame, la gente clamaba por tener Biblias en su propio lenguaje, y fue una gran bendición para la iglesia ortodoxa en ese momento. También había iglesias evangélicas y llenas del espíritu clandestinas allí, pero si hubiera tenido contacto con ellos podría haber puesto en peligro las vidas de los creyentes.

Antes de irme, volví a preguntar por la reunión de sanidad porque quería *mover esa montaña*. Dios me había hablado acerca de tener una reunión de sanidad en Etiopía, y yo creía que ocurriría.

Pero la montaña no se movió. Los oficiales volvieron a decir que no: "No, somos ateos. No puede tener una reunión de sanidad". Así que me fui a casa y oré.

En 1987 regresé con comida y Biblias, y volví a preguntar una vez más al gobierno comunista si podía tener una reunión de sanidad. Dijeron: "Rotundamente no. No puede organizar aquí una reunión de sanidad. Somos ateos". Parecía que no iba a ocurrir.

Debemos mover montañas. No podemos permitir que las montañas nos muevan a nosotros.

No obstante, debemos mover montañas. No podemos permitir que las montañas nos muevan a nosotros, así que seguí hablando en fe y confiando en que Dios nos permitiría tener una reunión de sanidad en Etiopía.

En 1994 el gobierno comunista en Etiopía fue derrocado, y se estableció una democracia. Regresé otra vez, trabajando todo lo que podía con las iglesias evangélicas, las iglesias llenas del Espíritu, la iglesia ortodoxa y deseando ayudar con Biblias. Pregunté al nuevo gobierno democrático si podía realizar una reunión de sanidad, y dijeron: "Sí, sí puede, pero tiene que conseguir a un grupo que le respalde". Pensé: *Eso no supondrá un problema.*

Yo había supuesto que los pentecostales y carismáticos ayudarían, y quizá los luteranos, porque conocía a un hombre luterano lleno del Espíritu allí, pero nadie estaba dispuesto a patrocinarme. Decían: "Nunca hemos tenido a una mujer hablando en el estadio, y nunca la tendremos. No vamos a patrocinarle. No es nada personal, creemos que usted es una cristiana genuina, apreciamos las Biblias y la comida y su preocupación por nuestro país, pero no vamos a patrocinarle".

En este momento voy a ser muy sincera con usted. Es fácil desanimarse cuando estamos hablando a montañas, especialmente cuando se tarda mucho en moverlas.

En 1997 decidí enviar a uno de los miembros de nuestro equipo a Etiopía para hablar con el gobierno y ver qué estarían dispuestos a hacer para facilitar una reunión de sanidad. Ese miembro de nuestra plantilla regresó a Etiopía y habló con varios líderes religiosos, pero ellos dijeron: "Díganle que no siga preguntando y llamando a la puerta. Ninguna mujer hablará jamás en un estadio en Etiopía. Nunca ocurrirá".

Me desanimé con la situación. Después, mi hija Sarah me preguntó: "Mamá, ¿te has rendido con lo de Etiopía? ¿No vives lo que enseñas?".

Lo que ella dijo realmente me sacudió, y pensé: *Sí, me he rendido. Me voy a arrepentir y a comenzar de nuevo. Creo que Dios me dará una reunión de sanidad en Etiopía.*

¡Finalmente, en 2002 tuvimos reuniones de sanidad en un estadio en Nazret, Etiopía! Tuvimos una maravillosa reunión con una asistencia de más de 40.000 personas, y el último día tuvimos más de 10.000 en nuestra escuela de enseñanza ministerial. Fue un tiempo increíble. Muchas personas fueron sanadas, y miles de personas recibieron a Jesús como su Salvador.

Quizá no sepa que, en Etiopía, no sólo hay iglesias evangélicas, pentecostales y ortodoxas, sino también otras iglesias denominacionales, pero también hay musulmanes. Un alto porcentaje de Etiopía es islámico. Los musulmanes llegaron a la reunión en Nazret y fueron sanados y salvados de forma maravillosa. Muchos de los líderes que asistían a las reuniones diurnas fueron bautizados en el Espíritu Santo. Como la reunión fue tan buena y nos dieron una publicidad tan buena por la radio y por varios canales nuevos, el presidente de Etiopía me invitó a ir a tomar el té con él en el palacio. Es un hombre maravilloso y amable y un creyente ortodoxo, y me permitió orar con él en el té.

Tardamos desde 1983 hasta 2002 para que se produjera el milagro de las reuniones de sanidad en el estadio. Las montañas no siempre se mueven la primera vez que usted les habla, ni siquiera la segunda. Yo tuve que mantener mi fe durante diecinueve años y no rendirme en lo que creía que Dios me había hablado. Dios es fiel. Él lo hizo; ocurrió. Aún experimento gozo cuando me acuerdo de esas maravillosas reuniones y me acuerdo de los testimonios de las personas de allí. Mi corazón se regocija por las sanidades que ocurrieron.

Poco después, Sarah fue a Etiopía dos veces y realizó reuniones en Gondar por la guía del Espíritu Santo. Ella tiene una gran pasión por Etiopía. Poco me podía yo imaginar que este desarrollo se estaba produciendo también al otro lado de la montaña.

Quiero animarle, si tiene una montaña que ha estado ahí mucho tiempo, como una necesidad física, económica o relacional, que nunca olvide que Marcos 11:23 dice: *"Cualquiera que dijere a este monte: Quítate y échate en el mar, y no dudare en su corazón, sino creyere que será hecho lo que dice, lo que diga le será hecho"*. No se rinda. Siga declarando la promesa. Dios es fiel, y tenemos que ser fieles también en la parte que nos corresponde. Permítame decir que en estos diecinueve años, aunque estuve esperando ese milagro en particular, seguí avanzando en fe y sirviendo a Dios. Oraba por los enfermos y visualizaba un comienzo de milagros, un comienzo de gente que era sanada, levantándose de sus sillas de ruedas, viendo cómo les crecían sus miembros, y viendo cómo se destapaban sus oídos sordos.

SEA UN MOVEDOR DE MONTAÑAS

Dios siempre se está moviendo en nuestras vidas. Su camino a los milagros es un proceso. Se abrirá ante usted a medida que crece su fe y que su experiencia aumenta. Dios verdaderamente le lleva de fe en fe, de gloria en gloria y de fortaleza en fortaleza. Tenemos que seguir hablando a nuestras montañas y no sólo dejar que nuestras montañas nos hablen

a nosotros. A medida que perseveramos hablándole a nuestras montañas en fe, Dios nos dará lo que hay
al otro lado de ellas.

Quizá su matrimonio se esté
rompiendo en pedazos. Puede que
esté entrando en bancarrota. Quizá
esté luchando con un problema de
peso. Puede que su lucha sea con la
drogadicción. Quizá tiene seres que-
ridos que aún no son salvos, o está
sufriendo una enfermedad crónica,

> **Tu camino
> a los milagros
> es un proceso.
> Se abrirá ante
> usted a medida
> que crece su
> fe y que su
> experiencia
> aumenta.**

y usted dice: "Ha sido así durante años, muchos han orado por
mí y estoy peor que antes". Todas esas situaciones pueden parecer imposibles de superar, pero permítame decirle que Dios
todo lo puede.

¿Quiere ver cómo lo imposible se convierte en posible? Creo
que Dios puede darle una fe sobrenatural, la cual puede obrar
lo milagroso en su vida de formas extraordinarias. Ningún problema es demasiado grande para Dios, y ninguna nación o ciudad es demasiado dura para que Él pueda alcanzarla, así que
permítame preguntarle: ¿Está hablando a sus montañas según
la Palabra de Dios, o se está quejando por sus montañas? ¿Está
caminando en fe sin permitir que las montañas de aplasten?
¿Está ordenando a las montañas en su vida que se muevan en
el nombre de Jesús?

¡Dios tiene grandes milagros que llevan su nombre escrito!
No se limite a hablar de sus problemas; declare la Palabra de
Dios sobre ellos. Hablar de un problema no mueve a Dios, pero si
declaramos las promesas a esos problemas, su provisión moverá
la montaña. Si pudiera ver lo que Dios tiene para usted al otro
lado de la montaña que tiene delante, le hablaría con osadía.

¡Conviértase hoy en un movedor de montañas!

Capítulo 10

Milagros de favor

Dios le rodea como un escudo

El favor adopta varias formas y es una bendición tan milagrosa como la provisión material o la sanidad física. A Dios le encanta mostrar favor a su pueblo. Le animo a confesar el Salmos 5:12: *"Porque tú, oh Jehová, bendecirás al justo; como con un escudo lo rodeadas de tu favor"*. La palabra hebrea traducida como *"favor"* en este versículo significa "deleite", "buena voluntad" y "aceptación". Se deriva de otra palabra que significa "estar agradado con".

Yo he vivido en base al Salmos 5:12, y proclamo este versículo todos los días. Ahora mismo, particularmente deseo favor con la generación más joven. Soy mentora de un grupo de jóvenes ministros que tienen menos de 30 años de edad. Necesito este favor porque quiero compartir mis experiencias y transmitir el conocimiento y las ideas que Dios me ha dado durante los años. También pido favor cuando necesito interactuar con personas en un contexto político, cuando viajo a otras naciones a predicar el evangelio y cuando comparto la Palabra de Dios con ateos, budistas, hindúes y musulmanes.

Dios rodea al justo de favor como un escudo, y usted puede aplicar este versículo de manera poderosa en su propia vida. Puede confesarlo con su cónyuge, sus hijos y su jefe o sus empleados, y en todo tipo de relaciones. Puede orarlo para su iglesia y para su comunidad.

EL MILAGRO DE FAVOR EN LUGARES ALTOS

A veces, el favor de Dios llega en forma de puertas abiertas con presidentes, reyes y otros líderes influyentes. Una vez recibí una invitación del presidente Reagan para asistir a una reunión en Washington, D.C. Yo fui una de las treinta mujeres que recibieron este honor, y en el evento pude distribuir mi programa de estudio bíblico a todos los que asistieron. El milagro de favor en los "lugares altos" puede abrir oportunidades para recibir bendiciones ministeriales y personales. Permítame darle otros ejemplos...

Favor con una líder china

Mientras me encontraba en un viaje ministerial a China, tuve una experiencia maravillosa con una prominente líder china que tiene unos cuarenta años y es muy conocida en ese país. Esta mujer manejaba toda la logística de nuestro viaje, lo cual era una gran tarea, pero era muy fría con respecto a las cosas espirituales. Hablaba inglés perfectamente, y me dijo que era atea.

Habíamos ido a China a realizar servicios de sanidad en una iglesia Three-Self,[9] y tuvimos dos noches de reuniones con una asistencia de 3.000 personas. Antes del primer servicio, invité a esta líder a tomar café conmigo, pero su respuesta fue: "No, no quiero tomar café con usted".

Pero no me rendí. Reclamé el Salmos 5:12.

Le pedí que me acompañara en la comida, y dijo: "No, no quiero comer con usted".

Le invité a la reunión, y me dijo: "No, no iré".

Pero acudió la primera noche. Cuando la vi al día siguiente, me dijo que había sido muy tocada en la reunión, aunque había estado en una habitación aparte mientras se desarrolló

---

9. Las iglesias Three-Self son iglesias protestantes aprobadas por el estado en China. El nombre oficial de esta asociación de iglesias es Three-Self Patriotic Movement (TSPM).

todo. También dijo que había visto el DVD de nuestro viaje ministerial a Pakistán y que esto le había afectado. De nuevo le pedí que tomara café conmigo, pero me dijo que no.

Así que le dije: "Por favor, venga a la reunión esta noche".

Me contestó: "No, no iré".

No la vi en la reunión esa noche, pero seguí pidiendo favor con ella, según el Salmos 5:12. Luego, cuando estábamos a punto de irnos en la camioneta de regreso al hotel al término de la reunión, se acercó corriendo a mi ventanilla y dio unos golpes en el cristal. Salí para hablar con ella, y pude ver por la expresión de su rostro y por sus ojos, y por la manera en que se comportaba, que Dios la había tocado.

"Vine para decirle adiós", dijo.

El Señor me dijo: *Esta es tu oportunidad.*

Le pregunté si le gustaría recibir a Jesús en su corazón. "La verdad es que sí", respondió, e hizo una oración para recibir a Jesús.

Ese fue uno de los momentos más preciosos de mi vida, estando allí en esa noche calurosa y guiando a esta mujer en oración con nuestro Padre celestial. Hice todo el camino de regreso al hotel llorando. Incluso ahora, al contar esta historia, a veces lloro. Ella me había dicho que era atea, pero podemos tener favor con los ateos, incluso con aquellos que están en posiciones elevadas. El favor es poderoso y puede desempeñar un papel importante a la hora de cumplir los propósitos de Dios.

> **El favor puede desempeñar un papel importante a la hora de cumplir los propósitos de Dios.**

Favor con el presidente de Etiopía

En el capítulo previo escribí sobre cómo habíamos intentado durante diecinueve años realizar una reunión de sanidad en Etiopía, y cómo después de poder tener reuniones en Nazret, me reuní con el presidente de Etiopía. Permítame darle el trasfondo de aquella reunión porque ilustra cómo podemos recibir el favor de Dios si nos aferramos a su Palabra.

Cuando llegamos al país para dichas reuniones, intenté conseguir una cita con el presidente en Addis Ababa, la capital de la nación. Me gusta orar con los líderes de las naciones, pero me dijeron que su agenda estaba llena. Después de las reuniones, regresamos a Addis Ababa para pasar un día. Cuando me desperté ese último día, el Señor me dijo: *Hoy verás al presidente Girma*. El mensaje fue tan fuerte en espíritu que llamé a Stephen Kiser, el director general del Marilyn Hickey Ministries, y le dije: "Hoy, veré al Presidente". Me dijo: "No, no podrán concertar la cita". Yo volví a insistir: "Sí, estoy segura de que le veré hoy".

Stephen dijo: "De acuerdo, volveré a contactarles y veremos lo que ocurre". Me volvió a llamar y me dijo que el intermediario le había dicho que no había forma alguna de hacerlo.

Yo continué diciendo: "Le voy a ver porque el Señor me lo dijo".

Sabía que vería al presidente de Etiopía, y en efecto, mientras estábamos de compras, alguien de su oficina me llamó a mi teléfono celular y me dijo que le gustaría que fuera.

Fuimos al palacio con nuestro equipo de video y tomamos té con el presidente. Aunque aparentemente no se acostumbra orar con un líder que es ortodoxo, yo oré con él, y él estuvo muy receptivo. Me dijo que me había invitado porque había oído de las sanidades y los milagros que se habían producido en Nazret. Se mostró cálido y abierto, y nos invitó a regresar; y como escribí anteriormente, Sarah ha estado en Etiopía dos veces desde entonces.

Favor con el rey de Jordania

En 2005 Dios abrió una puerta y me dio favor para hablar con el rey de Jordania, su majestad el rey Abdalá II. Esto sucedió porque Dios me había dado favor con un hombre Jordania que tenía acceso al rey. ¿Qué le diría usted a un rey? Las audiencias con él no suelen ser muy largas, así que me di cuenta de que necesitaba al Espíritu Santo para mostrarme cuál era su necesidad y para darme la sabiduría de saber qué compartir con él.

La Biblia dice: *"La dádiva del hombre de ensanchar el camino y le lleva adelante de los grandes"* (Proverbios 18:16). Cuando Stephen Kiser y yo fuimos a ver al rey, nos presentamos con un regalo especial. Después le dije: "Me gustaría orar por sus familiares enfermos, porque estoy aquí en Jordania para ser una bendición. Estoy aquí para orar por los enfermos en el nombre de Jesús, y creo que Dios tiene milagros especiales".

> **Debemos tener favor para poder andar en la sabiduría y el poder de la unción de Dios.**

El rey le dijo a su asistente que escribirá los nombres de los miembros de su familia, porque quería verlos sanos. Dios me dio favor a través del vehículo de la sanidad. He descubierto que un milagro de sanidad impacta a todo el mundo, sin importar quién sea él o ella. Debemos tener favor para poder hablar de lo que Dios quiere que hablemos y favor para hablar en la sabiduría y el poder de su unción.

Mientras estábamos en Jordania, tuvimos una reunión de sanidad en un salón de un hotel en Amán, que es una zona montañosa situada al noroeste del país. Había alrededor de 2.000 personas en esa reunión, y muchos fueron sanados y recibieron a Jesús. Una mujer que había sido ciega de un ojo y que también tenía problemas en una rodilla fue sanada, y sus dos hijas pasaron al frente para recibir a Jesús como Señor y Salvador.

El favor es asombroso, así que úselo en el nombre de Jesús. Use la Palabra, ¡y vea cómo Dios hace milagros en su vida!

El séptuple favor de Ester

El relato bíblico de Ester, o Hadasa, su nombre hebreo, es el favorito de muchas personas, y quedo incluida. A medida que se desarrolla la historia en el libro de Ester, podemos ver el favor exhibido siete veces en su vida mientras ella cumplía el propósito de Dios, aunque también experimentó grandes desafíos. El favor es especialmente necesario cuando los tiempos son difíciles o necesitamos un cambio en una situación. Veamos estas siete situaciones de favor en la vida de Ester.

1. Con Mardoqueo, su primo y guardián

Ester vivía con su primo, Mardoqueo, en Susa, la ciudad donde los reyes persas pasaban los inviernos. Mardoqueo era de la tribu de Benjamín, y era el sobrino de Abihail, padre de Ester. Cuando murieron los padres de Ester, Mardoqueo le mostró mucho favor, criándola como su propia hija. Sin el apoyo y el tutelaje de Mardoqueo, quién sabe donde habría terminado Ester.

2. Con Hegai, guarda del harén del rey

Siendo joven Ester, el rey persa Asuero celebró una gran fiesta para sus oficiales, nobles y príncipes de las 127 provincias que gobernaba. Esta celebración destacaba la riqueza e influencia del rey, ¡ya que duraba seis meses! Después, celebró un banquete de siete días para toda la ciudad de Susa. En el séptimo día de la fiesta, cuando el rey había bebido demasiado, ordenó que su reina, Vasti, acudiera ante él, sus oficiales y toda la gente vistiendo su corona real. Él quería presumir de reina, pero ella rehusó acudir. Se puso furioso, y tras consultar a sus consejeros, expulsó a Vasti y organizó un concurso para conseguir una nueva reina. Se enviaron cartas a todas las provincias para reunir a las mujeres más hermosas como candidatas a ser esposas del rey, y Ester fue llevada al palacio como parte de esta búsqueda, y quedó bajo el cuidado de Hegai, el eunuco del rey. La Biblia dice:

> *Y la doncella agradó a sus ojos, y halló gracia delante de él* [Hegai]*, por lo que hizo darle prontamente atavíos y alimentos, y le dio también siete doncellas especiales de la casa del rey; y la llevó con sus doncellas a lo mejor de la casa de las mujeres.* (Ester 2:9)

> **La palabra hebrea traducida como *"favor"* es *chesed*, y significa "bondad", "amabilidad" y "fidelidad".**

Ester recibió un trato VIP, ¡siendo una muchacha huérfana de Susa! Esta es la primera vez que se usa la palabra *"favor"* en el libro de Ester, aunque Mardoqueo le había mostrado favor a Ester queriéndola como su hija. La palabra hebrea traducida como *"favor"* en el versículo anterior es *chesed*, y significa "bondad", "amabilidad" y "fidelidad".

Todas las mujeres tuvieron que pasar por un año completo de tratamientos de belleza, y cuando terminaron sus preparativos, comenzaron a desfilar delante del rey una a una. Durante ese año, Mardoqueo había estado fuera del palacio todos los días, caminando de arriba a abajo e interesándose por Ester. Siguió cuidando de ella. También le había dicho previamente que no le dijera a nadie que era judía, para que no sufriera ningún daño.

Cuando le llegó el turno a Ester de acudir ante el rey, se preparó según los consejos de Hegai y de nuevo recibió favor de él y *"de todos los que la veían"*:

Cuando le llegó a Ester, hija de Abihail tío de Mardoqueo, quien la había tomado por hija, el tiempo de venir al rey, ninguna cosa procuró sino lo que dijo Hegai eunuco del rey, guarda de las mujeres; y ganaba Ester el favor de todos los que la veían.   (Ester 2:15)

La palabra *"favor"* en este versículo está traducida de una palabra hebrea diferente a la usada en el versículo 9. Esta palabra es *chen*, y tiene el significado de "gracia" y "encanto".

3. Con el rey Asuero, al escogerla como reina

La Biblia dice que Ester fue a ver al rey en el décimo mes. Si fue el décimo día del décimo mes, sería un día santo de ayuno menor para los judíos. Ayuno "menor" significa que ayunaban desde el amanecer al anochecer. Quizá esta fue otra razón del favor que obtuvo ese día. Puede que Ester, al igual que Mardoqueo, hubiera estado ayunando.

Y ¿qué cree que recibió cuando acudió ante el rey? Bueno, ¡pues favor, claro está!

Y el rey amó a Ester más que a todas la otras mujeres, y halló ella gracia y benevolencia delante de él más que todas las demás vírgenes; y puso la corona real en su cabeza, y la hizo reina en lugar de Vasti.

(Ester 2:17)

4. Con el rey Asuero, en la primera petición especial de Ester

El favor llovió sobre Ester cuando se acercó a su esposo, el rey Asuero, en su corte sin haber sido llamada. Lo hizo siguiendo el consejo de Mardoqueo debido a una crisis que había surgido para los judíos, aún a pesar de que tal acto podría ser castigado con la muerte. Uno de los altos oficiales del rey, el orgulloso Amán, se enojó porque Mardoqueo no se postraba ante él, por lo cual organizó una trama para que el rey firmase un decreto por el cual todos los judíos en cada provincia de la tierra fueran atacados y asesinados en un día en particular.

A Ester le asustaba la idea de acudir ante la presencia del rey sin haber sido llamada, así que antes de ir, ayunó durante tres días y tres noches, al igual que sus sirvientes, Mardoqueo y todos los judíos en Susa. Después, Ester se puso las vestiduras reales y acudió ante el rey.

Y cuando vio a la reina Ester que estaba en el patio, ella obtuvo gracia ante sus ojos; y el rey extendió a Ester el cetro de oro que tenía en la mano. Entonces vino Ester y tocó la punta del cetro. (Ester 5:2)

El cetro extendido significaba su derecho a vivir. ¡Eso es favor!

El rey Asuero le ofreció después hasta la mitad de su reino, pero en lugar de aceptarlo, Ester le invitó a un banquete, junto a Amán, el perpetrador del plan para aniquilar a su pueblo.

5. Con el rey Asuero,
en la segunda petición especial de Ester

Aún se pone mejor. Tienen un banquete, sólo esas tres personas, y el rey le pregunta cuál es su petición. En otras palabras, él rey sabía que ella quería algo.

Ester le sorprende respondiendo:

Si he hallado gracia ante los ojos del rey, y si place al rey otorgar mi petición y conceder mi demanda, que venga el rey con Amán a otro banquete que les prepararé; y mañana haré conforme a lo que el rey ha mandado. (Ester 5:8)

¿Qué? ¿Está pidiendo favor? Sí, pero puede estar seguro de que estaba escuchando al Espíritu de Dios dirigiéndola, porque ella y todas las demás personas habían orado y ayunado. Bien, no cabe duda de que Ester obtuvo favor a ojos del rey, y él accedió a un segundo banquete.

Pero entre estos banquetes, el rey honró a Mardoqueo por su pasado servicio salvando la vida del rey. Amán quería que colgaran a Mardoqueo en la horca, pero se vio humillado cuando el rey le pidió que fuera al frente del desfile para honrar a Mardoqueo. Así que ahora, Amán temía ir a la fiesta, porque sabía que podría ser él quien resultara ahorcado.

6. Con el rey Asuero,
cuando Ester rogó por su pueblo

Anteriormente, Ester había recibido favor, y ahora usó el favor que se le había concedido para los propósitos de Dios de proteger a su pueblo. Cuando ella, el rey y Amán se encontraban en la cena, el rey le volvió a preguntar: "¿Que quieres?". (Me encanta que el rey no se rindió).

Entonces la reina Ester respondió y dijo: Oh rey, si he hallado gracia en tus ojos, y si al rey place, séame daba mi vida por mi petición, y mi pueblo por mi demanda. Porque hemos sido vendidos, yo y mi pueblo,

*para ser destruidos, para ser muertos y exterminados.
Si para siervos y sirvas fuéramos vendidos, me ca-
llaría; pero nuestra muerte sería para el rey un daño
irreparable.* (Ester 7:3–4)

El rey enseguida preguntó: "¿Quién es ese hombre?".

Ester respondió: "Amán".

¿Se imagina cómo se sintió Amán cuando oyó su nombre
de labios de la reina?

El rey se enfureció tanto que se fue y salió al jardín del
palacio. Mientras tanto, continuó la intriga cuando Amán siguió implorando a Ester por su vida. Desgraciadamente para
él, el rey Asuero regresó justamente cuando él caía sobre el sofá
donde Ester estaba sentada. Después, el rey ordenó que Amán
muriera en la horca que él mismo había construido y preparado
para Mardoqueo.

7. Con el rey Asuero, para anular el decreto contra los judíos

Ese fue el final de Amán, pero no es el final de la historia.
Ester le rogó al rey Asuero que anulara el plan que había tra-
mado Amán. Como el decreto llevaba el sello del rey, que era
irreversible, sólo había una manera de anularlo: obteniendo de
nuevo favor con el rey. Ester le dijo:

*Si place al rey, y si he hallado gracia delante de él,
y si le parece acertado al rey, y yo soy agradable a
sus ojos, que se dé orden escrita para revocar las cartas que autorizan la trama de Amán hijo de Hamedata
agagueo, que escribió para destruir a los judíos que
están en todas las provincias del rey. Porque ¿cómo
podré yo ver el mal que alcanzará a mi pueblo? ¿Cómo
podré yo ver la destrucción de mi nación?*

(Ester 8:5–6)

El rey no podía anular su orden original, pero proclamó
otro decreto exponiendo que los judíos podían defenderse, y
en el día indicado para su destrucción, obtuvieron la victoria

> **Su talento, su capacidad natural y específica para hacer algo bien, es su belleza.**

sobre sus enemigos en todas las provincias. Así, Ester le había vuelto a recordar al rey su favor, lo había usado como premisa para su petición y preservó así las vidas de los judíos que vivían en el imperio persa.

El favor llevó a Ester de ser adoptada por su primo a convertirse en reina de Persia para ser el vaso que Dios usó para salvar a su pueblo de la destrucción. Se le dio su belleza con un propósito, como ocurre con nosotros. Puede que usted diga: "Yo no soy hermosa". Sí lo es. Su talento, su capacidad natural y específica para hacer algo bien, es su belleza. Como dijo Mardoqueo acerca de Ester, usted vive hoy al servicio de Dios *"para esta hora"* (Ester 4:14).

Quizá usted diga: "Pero yo no sé cuál es mi habilidad específica". Entonces haga lo que yo he hecho y continúo haciendo: siga a Dios. El Espíritu Santo le guiará, y la guía que reciba será pequeña al principio. Siga ese presentimiento, porque quizá le lleve a palacios, o quizá no. Pero dondequiera que le lleve, estará viviendo en el favor de Dios y en el cumplimiento de sus propósitos.

FAVOR CON AUDIENCIAS Y MULTITUDES

A veces, necesitamos favor cuando estamos ante grandes audiencias y multitudes. Así como la sanidad hace que las personas sean receptivas a Dios, hace que grupos de personas sean también receptivos a Él. Algunas de mis anteriores historias han ilustrado esto, y me gustaría compartir con usted otras dos.

Una noche estelar con una audiencia húngara

Me encontraba en Budapest, Hungría, en un viaje ministerial, y prediqué en la iglesia Faith, que tiene más de 100.000 miembros. Me encanta esa iglesia. En Hungría, existen también las llamadas iglesias "país", que son grandes congregaciones que se reúnen en teatros. Fui a una de esas iglesias a predicar y vi que estaba llena de gente. La adoración en ese lugar fue maravillosa, y después, mientras predicaba, el Señor me dijo: *Antes de comenzar a predicar, quiero que ores por la gente que tiene problemas pulmonares.*

Pensé: *Es algo realmente extraño comenzar de esta manera, porque probablemente muchos de ellos no son nacidos de nuevo.* Sin embargo, he descubierto que si escuchas al Espíritu Santo, Él te guía. Ahora, cuando uno tiene sólo una noche para ministrar en un lugar en particular, tiene el deseo en su corazón de hacerlo todo. Yo había orado el Salmos 5:12 de antemano, diciendo: "Dios, dame mucho favor con esta audiencia, para que la gente realmente experimente a Jesús, para que puedan nacer de nuevo, ser lleno de tu Espíritu, liberados y tengan sus necesidades cubiertas". Como había hecho esa oración, escuché al Espíritu Santo cuando dijo: *Ora por las personas con problemas pulmonares.*

Por tanto, les pedí a las personas que tenían problemas pulmonares, dolor en sus pulmones o problemas respiratorios de cualquier tipo que se pusieran de pie. Aproximadamente unas cien personas se pusieron de pie. Tuve mucha osadía al decir después de orar por ellos: "Revísense. Comprueben si están mejor. Si sienten una gran diferencia, me gustaría que se acercaran a la plataforma y compartan su testimonio".

Ocho o nueve personas se acercaron para compartir, y una de ellas era el alcalde de la ciudad, que tendría unos cuarenta años. Minutos antes, él me había recibido con un regalo especial por visitar su ciudad. El alcalde dijo que había acudido a la reunión sabiendo que tenía neumonía, y que había estado hay sentado con mucho dolor. Testificó: "Ahora no me duelen los pulmones. Me siento totalmente bien".

Por supuesto, las personas aplaudieron y se emocionaron. Esa noche, el alcalde también entregó su corazón a Jesús. El mayor de todos los milagros es cuando la gente nace de nuevo. Es entonces cuando usted ve a Dios moverse de las formas más maravillosas e inesperadas.

Fue una noche estelar. La gente recibió salvación, y los que se habían apartado regresaron a Cristo. Los empresarios fueron realmente bendecidos porque oré por sabiduría financiera y victorias en sus vidas. Cuando piensa en Hungría, quizá se imagina un país conservador espiritualmente hablando, pero están teniendo grandes avivamientos.

Una oportunidad única en Belén el día de Navidad

El Salmos 5:12 es verdaderamente un versículo poderoso para declararlo sobre su vida. Es la oración para el milagro de favor.

El Salmos 5:12 es verdaderamente un versículo poderoso para declararlo sobre su vida. Es la oración para el mislagro de favor, y por tanto quiero compartir otro "milagro del Salmos 5:12" con usted. Le animará a buscar el favor de Dios en su propia vida, como yo lo experimenté cuando tuve que hacer frente a una multitud grande y diversa en el extranjero.

En 2010 nos encontrábamos en Belén en época de Navidad, y estábamos en el lado palestino en lugar del lado israelí. Los palestinos no están muy acostumbrados a tener turistas. Durante más de quince años, los turistas han escogido quedarse en Israel y ni siquiera ir a Belén porque no se sienten seguros. Sin embargo, yo me sentí totalmente segura. Llevé a un grupo de 45 viajeros conmigo, y me sentí cómoda y segura.

Queríamos ser una bendición para la gente, y yo quería tener favor con los palestinos, tanto cristianos como musulmanes (una gran parte de la población de Belén es musulmana). Preguntamos si podríamos tener la oportunidad de hablar en la reunión del día de Navidad en la plaza Manger, que alberga alrededor de 90.000 personas.

El comité organizador del evento del día de Navidad había levantado una gran plataforma para la noche, y estaba previsto música en vivo. La gente estaba cantando y adorando, lo cual era algo bueno, aunque no era un entorno muy espiritual. La atmósfera en general se parecía más a una fiesta de Año Nuevo.

Me dijeron que los grupos de música cristianos estaba previsto que aparecieran desde las cinco de la tarde hasta la una de la madrugada. Cantarían villancicos de Navidad principalmente. Pregunté si yo podía hablar, y dijeron: "Sí, pero también tenemos otros oradores. Sólo puede hablar veinte minutos".

En uno de los extremos de la plaza Manger hay una gran iglesia ortodoxa griega. Se supone que ese es el lugar donde nació Cristo. A su lado hay una gran iglesia católica y un seminario. En el lado opuesto de la plaza hay una mezquita enorme, y ambos lados hay tiendas y restaurantes.

Alrededor de nosotros había vendedores de varios tipos y familias con niños: familias musulmanas y cristianas, incluyendo ortodoxos y católicos. Era un cruce de culturas. La gente había acudido de todas las partes del mundo para celebrar la Navidad en Belén.

Me recordaron que tenía sólo veinte minutos para hablar, pero cuando me puse de pie para empezar a predicar, ocurrió algo interesante. Sonó la llamada musulmana a la oración. Esa llamada es tan alta que no es posible hablar, y dura unos cinco minutos. Hay que estar ahí y esperar a que termine.

Mientras esperaba, el Señor puso en mi corazón: *Puedes "convertir los limones en limonada". Sé sensible a lo que yo puedo hacer aquí.*

Al final de la llamada musulmana a la oración, le dije a esa gran audiencia: "Me siento muy cómoda con la llamada musulmana a orar porque voy a países musulmanes en todo el mundo. Amo a los musulmanes, y los musulmanes me aman".

Cuando dije eso, la gente rugió de entusiasmo. Aplaudieron y arrojaron flores a la plataforma.

Ahora bien, antes de todo esto, yo había orado para que Dios me diese favor, según el Salmos 5:12, y no había duda de que tenía favor. Estaba lista para hablar sobre la esperanza: esperanza para Belén, y esperanza para el futuro de las personas, las familias y las finanzas. ¿Y qué es esperanza? Les dije que Jesucristo en nosotros es la esperanza de gloria. Les dije que no se trata de saber quién es Él, sino que lo importante es tenerle dentro de nosotros. ¿Cómo consigue meter a Jesús, la esperanza de gloria, la esperanza de Belén, dentro de usted?

Tiene que invitarle a morar en su corazón. Les dije cómo había invitado yo a Jesús a entrar en mi corazón, cómo me había arrepentido de mis pecados, le había pedido que fuera el Señor de mi vida, y había dado gracias a Dios de que Jesús me hubiera salvado. Después, dije: "Ahora tengo 79 años, y Jesús sigue conmigo. Qué vida tan milagrosa me ha dado. Él está en mí, la esperanza de gloria, y quiero que Cristo también esté en ustedes, la esperanza de gloria. Les estoy dando la oportunidad de que todos ustedes puedan hacer la misma oración que hice yo a los dieciséis años, la cual todavía funciona en mi vida. Pídale a Jesús que entre en su corazón y sea el Señor de su vida".

Después, hice con ellos la oración del pecador. Estaba oscuro, así que no sabía cuántas personas estaban orando, y no sé cuántas personas lo hicieron de corazón. Sólo sé que tuvieron la oportunidad de recibir a Jesús. También sé que tuve favor con aquella audiencia. Dios hizo realidad la oración que yo había hecho: "Señor, rodéame de tu favor; protégeme y sé un escudo para mí".

> **Dios puede darle favor en cualquier situación o circunstancia.**

Le animó a orar el Salmos 5:12 y a creer en los milagros de favor. Declare favor. No diga cosas negativas, como "No puedo hacer esto", "No le caigo bien a la gente", "La gente no quiere oír lo que tengo que decir", "Mi trasfondo no es bueno", o "Soy demasiado mayor". Eso es ridículo. Dios le hizo como es, y puede darle favor en cualquier situación o circunstancia. ¡Yo creo en el milagro de favor!

FAVOR DE PUERTAS ABIERTAS
CON LOS ISRAELÍES Y PALESTINOS

En otra ocasión me encontraba en Israel, y quería ir a la franja de Gaza. El liderazgo de Gaza es Hamás, que como usted sabe, es un grupo radical islámico. Casi nadie entra en Gaza porque esa área disputada es un asunto muy sensible entre palestinos e israelíes, y el gobierno israelí no quiere que los viajeros vayan allí.

Amo a Israel y a su pueblo, y he ido a Sderot, que es una ciudad que los palestinos han apuntado con misiles. El pueblo judío en Sderot vive atemorizado todo el tiempo por ese constante bombardeo de misiles. Por lo general, los misiles llegan a una hora en la que hay escuela, así que muchos de los niños están mutilados como consecuencia. Nuestro ministerio ha hecho mucho para ayudar a esos niños, y también hemos construido refugios anti bombas para la gente. El rabino de ese lugar ha sido muy abierto a la hora de ayudarnos en cada nivel.

No obstante, deseaba tener una reunión de sanidad en Gaza, pero no conseguí que el gobierno israelí me diera permiso para ir, y no tuve manera de contactar con Hamás. La última vez que estuve en Israel, Dios abrió la puerta para que yo pudiera reunirme con parte del liderazgo de Hamás; el gobierno me dio permiso para estar allí dos horas. Este fue un gran milagro, y aún estoy buscando la oportunidad de ir y tener una reunión de sanidad allí. Creo que la visita de dos horas que tuve me servirá para abrir una puerta en un futuro.

En general, tengo muchas oportunidades con los judíos ortodoxos en Israel, y nuestro programa de televisión, *Today with Marilyn and Sarah*, se retransmite allí dos veces al día. Hace unos seis años, conocí a un líder judío en Israel que me dijo que creía que Jesús es el Mesías, pero no iba a invitarle a entrar en su corazón porque sus hijos adultos le rechazarían. Le dije que estaba intentando desempeñar el papel de Dios y le animé, diciendo: "¿Cómo sabe que sus hijos le rechazarán?". Sin embargo, rechazó mi oferta de orar con él.

Seis meses después, vino a los Estados Unidos y visitó nuestra iglesia en Denver, y le di una tarjeta con la oración del pecador para que orase en su habitación aquella noche. Después supe que no lo hizo.

Hace aproximadamente un año, fui a Israel y comí con él y su nueva esposa, una mujer judía de los Estados Unidos. Ambos habían recibido a Jesús y me dijeron abiertamente lo maravilloso que era tenerle en sus corazones. Esa noticia me emocionó mucho. Después de eso, ambos vinieron a una reunión en una gran iglesia en Boston donde yo estaba enseñando, y fueron llenos del Espíritu. Tengo contacto regular con ellos por correo electrónico, y sus hijos adultos tienen cierto interés en recibir a Jesús.

FAVOR MIENTRAS TESTIFICABA A OTROS VIAJEROS

> **Si quiere que su experiencia con Jesús esté continuamente fresca, sea un ganador de almas.**

Anteriormente he hablado sobre cómo comparto a Jesús con gente mientras viajo en avión. Siento que el Señor me da un favor especial con otros viajeros. Si quiere que su experiencia con Jesus esté continuamente fresca, sea un ganador de almas. Tenga siempre en mente que, con Dios, lo más importante son las personas. *"Porque de tal manera amó Dios al mundo, que ha dado a su Hijo unigénito, para que todo aquel que en él cree, no se pierda, mas tenga vida eterna"* (Juan 3:16). Cuando usted muera, no podrá llevarse su automóvil, su casa ni su ropa consigo, pero puede "llevarse" a las personas que haya guiado a Cristo.

En una ocasión, cuando volaba con destino a Buffalo, Nueva York, oré según el Salmos 5:12: "Dios, dame favor en este avión. Dame favor con la persona que se siente a mi lado". Un empresario de mediana edad muy bien vestido se sentó a mi lado. Comenzamos a hablar, y me contó que era un ranchero de Colorado. Después, me preguntó: "¿A qué se dedica usted?". Una vez más, cuando las personas me hacen esta pregunta, es una puerta abierta perfecta. Le dije: "Estoy casada con un pastor. Mi esposo pastoreó durante años, y yo enseño la Biblia en televisión. Recorro el mundo. Voy a países hindúes, budistas y musulmanes".

Me dijo: "Bueno, me alegro de oír eso porque cuando me crié en la iglesia, decían que el único camino a Dios es Jesús. Me alegro de que usted vaya con los hindúes, los musulmanes y los budistas, porque hay muchas formas de llegar a Dios, siempre que se sea sincero".

Yo pensé: *Oh no.* Oigo mucho esa respuesta, y me molesta, porque cuando comienzo a decirle a la gente lo que dice la

Biblia, que Jesús declaró: *"Yo soy el camino, y la verdad, y la vida.; nadie viene al Padre, sino por mí"* (Juan 14:6), o bien pierden el interés o se ponen a rebatirme. Yo también les rebato, y luego siento que le he fallado a Dios porque no alcanzo a la gente; más bien se decepcionan. Así que oré: *Señor, ayúdame con esto. Quiero tener favor con este hombre, pero sobre todo, quiero que conozca a Jesús.*

Sé que el Espíritu santo me dio la respuesta, porque así es como respondí. "Bueno, no quiero entrar en una pelea dialéctica con usted sobre lo que dice la Biblia, pero ¿podría hablarle de mi experiencia con Jesús?".

Él dijo: "Sí, claro que puede".

Le di mi testimonio, diciendo: "Cuando tenía dieciséis años, invité a Jesucristo a entrar en mi corazón, y desde entonces Él nunca me ha dejado. Simplemente me arrepentí de mis pecados y le invité a ser el Señor de mi vida. Le dije que creía que su sangre podía limpiarme de todo pecado, y le di gracias por salvarme". No sabía cómo reaccionaría el hombre ante esto, pero comenzó a llorar.

Después dijo: "Hoy tenía que sentarme justo a su lado. Acaban de diagnosticarme cáncer".

Se produjo un momento de silencio entre nosotros.

Dijo: "¿Qué es esa oración?".

Su corazón estaba muy abierto y tierno. Me gusta hacer la oración del pecador en voz alta con la gente, si puedo, pero si no se sienten muy cómodos de hacerlo, les doy una de mis tarjetas con la oración del pecador escrita. Así lo hice en este caso, y él recibió a Cristo como su Salvador. Fue una experiencia maravillosa.

> **Nuestro encuentro fue algo "arreglado" por Dios, con el poder del Espíritu Santo actuando.**

Me gozo porque sé que nuestro encuentro fue algo "arreglado" por Dios, y que fue el favor, con el poder del Espíritu Santo actuando. ¡Un hombre recibió a Jesús como su Salvador personal!

Le animo a amar a los "pecadores" y a compartirles a Cristo. Dígase: "Amo a los pecadores, y los pecadores me aman". Ore según el Salmos 5:12: "Dios me rodea de favor como un escudo", como preparación para los encuentros ordenados por Dios con individuos, grupos y multitudes de todo tipo que necesitan oír del amor de Jesús y su sacrificio en la cruz por ellos.

Capítulo 11

Milagros gigantes

Milagros, señales y prodigios extraordinarios

Hay ocasiones en que el pueblo de Dios no necesita un pequeño milagro, sino un *gran* milagro. Los ejemplos de milagros "gigantes" son evidentes a través de toda la Biblia. Hemos hablado de algunos de ellos en capítulos previos, pero enumeraré unos pocos aquí para ilustrarlo: la división del mar Rojo, el hundimiento del ejército egipcio que perseguía a los israelitas, el detenimiento del sol tras la orden de Josué, los milagros de Elías y Eliseo, y los milagros de Jesús, como la alimentación de los 5.000, calmar la tormenta en el mar y la resurrección de Lázaro de los muertos. Estos fueron algunos de los grandes milagros. Los milagros gigantes abordan necesidades gigantes, y no deberíamos esperar menos de nuestro Dios glorioso y todopoderoso.

Milagros espectaculares se están produciendo en la iglesia por todo el mundo. Quiero hablar sobre algunos grandes milagros que he experimentado y sobre aquellos que creo que Dios tiene para usted en sus momentos de necesidad.

Milagros gigantes de protección

"Disfrazados" por Dios

China tiene la población más grande de todo el mundo (aproximadamente 1.300 millones), y el país está experimentando un gran avivamiento. Durante muchos años, la iglesia en China ha sido clandestina, pero hay millones de creyentes. Esos creyentes han sido perseguidos, y muchos han sufrido el martirio por la fe.

Hace varios años, me invitaron a ir a China para enseñar a líderes clandestinos. Eso podría haber sido muy peligroso para ellos. Si les hubieran sorprendido con alguien de occidente, podían haber sufrido una condena en prisión de al menos dos años. Oré mucho sobre cómo enseñarles y qué ministrar. También oré por protección para ellos y para mí.

Nuestro pastor de jóvenes, Mike, me acompañó en ese viaje. Volamos a la provincia de Anhui, en la parte este de China, al otro lado de las cuencas de los ríos Yangtze y Huai. Desde allí fuimos seis horas por carretera hasta una granja remota.

Había quizá unos 150 líderes cristianos reunidos en ese lugar, y tuve la oportunidad de ministrarles durante tres días y noches. Cuando llegó el tiempo de partir, salimos a las cuatro de la mañana en un gran vehículo con tres filas de asientos.

Mike y yo estábamos en la última fila. Nos habían dado unas mantas, y té caliente. Volvimos a viajar otras seis horas de regreso a Hefei, la capital de la provincia de Anhui, y teníamos frío, cansancio, sueño y un poco de miedo.

Sin embargo, cuando no llevábamos mucho recorrido, el vehículo se detuvo, y oímos a los creyentes chinos del frente del vehículo hablar con alguien. Después, la persona entró en el vehículo.

Mike se había incorporado cuando el vehículo se detuvo. El nuevo pasajero resultó ser un soldado que estaba haciendo autostop (los ciudadanos chinos están obligados a llevar a los soldados). Mike me dijo que el hombre le había estado mirando a la cara pero que parecía no haberle visto. En circunstancias normales, no habría habido duda alguna por la apariencia de Mike de que era occidental, pero la visión del soldado estaba cegada.

Durante cinco horas, estuvimos bajo las mantas, orando en el Espíritu para que no detuvieran a estas personas tan queridas y dulces. Finalmente, como a una hora de Hefei, el soldado les dijo que detuvieran el vehículo. Salió, y nunca se percató de que estábamos allí. Dios nos "disfrazó" ese día, lo cual fue un milagro gigante para mí.

Al subir al avión en Hefei para volar a Hong Kong, yo estaba agotada. No me había dado una ducha en tres días, y tenía un aspecto horrible; pero por dentro, estaba encendida. Había visto la iglesia clandestina. Muchos de los líderes jóvenes, tanto hombres como mujeres, a quienes había ministrado en esa granja tenían entre 10.000 y 20.000 personas en sus iglesias, y muchos habían pasado tiempo en prisión por su fe.

> **Durante cinco horas, estuvimos bajo las mantas, orando en el Espíritu para que no detuvieran a estas personas tan queridas y dulces.**

Amo China; el país siempre ha sido una de mis pasiones. He estado allí treinta veces hasta ahora, y la mayoría de mis visitas han sido con la iglesia clandestina. Normalmente he viajado allí en época de invierno, porque podía abrigarme y pasar más desapercibida como alguien del Cáucaso. He introducido Biblias durante mis visitas, porque casi ninguno de los creyentes a los que he ministrado tenían una. Era difícil para ellos conseguir Biblias, y además, si hubieran podido comprar un ejemplar de las Escrituras, el gobierno se habría enterado de la compra, y podrían ser arrestados, perseguidos o enviados a prisión.

Protegida mientras ministraba a líderes clandestinos

En otro viaje, nuestro equipo ministerial fue a una ciudad en la provincia de Qinghai, la mayor provincia geográficamente hablando. Se encuentra en la parte noroeste del país y limita con Xizang, o el Tíbet.

Dos de nosotros nos reunimos con un cristiano clandestino y condujimos casi tres horas hasta un lugar donde había reunidos 150 líderes en una granja con una muralla alta de ladrillo construida todo alrededor. Algunos de esos líderes tienen hasta 10.000 personas a su cargo, y espiritualmente alimentan a sus iglesias a través de grupos celulares.

Estos creyentes oraban y testificaban de una manera tremenda, como nunca antes lo había visto. Por la mañana, se levantaban a las cuatro y media para orar. Les enseñábamos durante casi todo el día, y por la noche volvían a orar.

Cuando uno visita a la iglesia clandestina, no se queda en el Hotel Hilton, sino en la granja donde está la gente. Hacía mucho frío, y no tenían calefacción. A menudo, las ratas corrían por el techo, pero las personas en la granja eran afectuosas y muy amables.

Cuatro personas de nuestro ministerio estábamos en una habitación. La primera noche, algunas de las personas chinas se acercaron a nosotros antes de irnos a dormir y nos lavaron los pies con agua caliente. También nos dieron algo para lavarnos los dientes. Después, nos envolvieron a cada uno en una manta, casi como si se tratara de un perrito caliente, y dejaron a nuestros pies una botella de agua caliente para estar calientes durante la noche.

Aunque durante todo el día teníamos largas sesiones de enseñanza, los que veníamos de América estábamos separados de los líderes chinos clandestinos lo máximo posible. Si alguien se acercara a la granja y viera a un chino con un occidental, esa persona podría ir dos años a prisión. Así que todo se hacía con mucha precaución.

Mientras estaba enseñando el segundo día, el pastor que estaba conmigo me dijo: "Marilyn, túmbate en el suelo, túmbate en el suelo". Cuando lo hice, todos se pusieron de pie y cantaron.

Después me dijeron que un hombre había entrado para hacer la lectura del contador. Las personas estaban muy preocupadas de que pudiera haberme visto antes de que me tumbara en el suelo, y me dijeron que regresarían a media noche a buscarnos para llevarnos a otro lugar. Ellos habían decidido mover a todos también.

A medianoche, me despertaron para decirme: "No se preocupe por su equipaje. Nosotros cuidaremos de él". Nos llevaron en la noche a un vehículo que habían alquilado. Entramos en el vehículo por la puerta de atrás, y luego nos cubrieron. Nos llevaron a casi cinco kilómetros de distancia y luego nos dejaron salir. Sin embargo, no nos dejaron en nuestro destino. Tuvimos que caminar otros tres o cuatro kilómetros, en el frío, a una granja distinta.

Yo tenía miedo, y oré a Dios, pidiéndole que por favor alguien orase por mí esa noche, para que estuviera a salvo y no provocara que ninguno de esos preciosos cristianos chinos fuera llevado a prisión.

Finalmente llegamos a la siguiente granja y volvimos a pasar por el mismo ritual. Lavaron nuestros pies con agua caliente, nos dieron para cepillarnos los dientes y nos envolvieron como perritos calientes. Al día siguiente, todos los creyentes se habían cambiado de la primera granja a ésta, y durante el día hubo enseñanza, oración y testimonios.

Nunca olvidaré a una mujer que compartió su testimonio por medio de un intérprete de cómo había estado predicando y había sido encarcelada, separada de su esposo y sus dos hijos. Los guardas de la prisión intentaron romperle las piernas, pero no pudieron. Usaron pinchos eléctricos, pero tampoco funcionó. Le quitaron su comida, pero ella ganó peso. Gradualmente, comenzó a ganar a gente para Cristo, no sólo a los prisioneros, sino también a los guardas. En principio debía estar allí dos años, pero la dejaron seis meses más, diciéndole: "No queremos que te vayas, porque ayudas a que los prisioneros tengan mejor actitud".

Bueno, por supuesto, se estaban convirtiendo. Ella contó que casi todos los prisioneros ahora eran creyentes llenos del Espíritu, "encendidos" por Jesucristo. Los oficiales de la prisión la mantuvieron allí durante dos años y medio, y acababa de salir. Aquel era sólo su segundo día fuera de la prisión. Nos contó que a su esposo le había ido bien en su trabajo, y que le habían dado un aumento de sueldo, así que económicamente estaban prosperando. Explicó que su madre se había mudado a su casa y había cocinado para la familia, y que sus hijos estaban bien.

> **Su rostro brillaba como el de un ángel. Aún estaba viviendo en la gloria de lo que había experimentado en esa prisión china.**

Mientras nos contaba estas cosas, su rostro brillaba como el de un ángel. Aún estaba viviendo en la gloria de lo que había experimentado en esa prisión. Esos fueron milagros gigantes, "milagros de milagros".

Estoy segura de que si tuviera que hablar con las personas de la iglesia clandestina en China, podrían contarle sobre milagros gigantes todo el día. Podrían hablarle de milagros que "no son de este mundo".

Las señales y prodigios aportan valor a la gente. Las personas a menudo me dicen: "Sabes que podían matarte cuando vas a esos países".

Sí, lo sé.

"¿No te preocupa mucho?".

Ha habido momentos en los que he tenido mucho miedo. He estado de pie en la plataforma de un estadio, he mirado a los miles y miles de personas sentadas en sus asientos, y he pensado: *Cualquiera de estas personas podría matarme. Podrían dispararme aquí y matarme.*

Sin embargo, no he tenido ningún problema porque cada vez que entro en una situación como esa, Dios mismo ha estado de mi lado de forma poderosa, y me ha dado valor para la siguiente situación. Y, ¿qué ocurriría si me mataran? Me iría al cielo.

Escapes milagrosos

La Biblia describe tiempos en los que Jesús tuvo que escapar milagrosamente de sus adversarios. Esos fueron milagros gigantes, solamente posibles por la mano de Dios. Por ejemplo, cuando Jesús era tan sólo un niño, probablemente de un año de edad, el rey Herodes intentó matarle porque tenía la idea equivocada de que Jesús podía usurpar su trono como rey de

Judea. Un ángel del Señor se apareció a José y le dijo que tomara a Jesús y a su madre, María, y que huyeran a Egipto. Esta acción terminó en dos cosas: (1) les protegió del peligro, y (2), cumplió la profecía: *"De Egipto llamé a mi hijo"* (Oseas 11:1), cuando regresaron a Israel tras la muerte de Herodes (véase Mateo 2:13–15, 19–21).

Años después, cuando Jesús hubo comenzado su ministerio a los treinta años de edad, pasó por una airada multitud que intentaba matarle después de predicar su primer sermón en su ciudad natal. La gente se había ofendido de que se hubiera puesto (en sus mentes) al mismo nivel que los profetas Elías y Eliseo, y que hubiera proclamado que Dios había bendecido de manera singular a los "paganos", a quienes ellos odiaban (véase Lucas 4:24–27). Esto es lo que ocurrió:

> *Al oír estas cosas, todos en la sinagoga se llenaron de vida; y levantándose, le echaron fuera de la ciudad, y le llevaron hasta la cumbre del monte sobre el cual estaba edificada en la ciudad de ellos, para extrañarle. Más el paso por en medio de ellos, y se fue.*
>
> (Lucas 4:28–30)

Jesús no estuvo exento de peligro. Otros relatos (véase Juan 8:57–59; 10:30–39) describen los intentos de la gente de apedrearle cuando proclamaba su deidad. Estos escapes milagrosos le mantuvieron vivo hasta el tiempo señalado por Dios para que muriera en la cruz por nuestros pecados (véase, por ejemplo, Mateo 26:45–46).

> **Estos escapes milagrosos mantuvo a Jesús vivo hasta el tiempo señalado por Dios para que muriera en la cruz por nuestros pecados.**

Dios me ha permitido escapar milagrosamente de situaciones peligrosas también. Por ejemplo, siempre quise predicar en Vietnam, pero es un país comunista también, y no están abiertos a que nadie llegue y predique allí. Sin embargo, me dijeron que había un gran avivamiento clandestino entre los trabajadores de una plantación de caucho y que podía ministrar allí secretamente. "Podemos llevarle a la plantación de caucho por la noche. Será fuera de Saigón, quizá a tres horas conduciendo, y luego subiremos en motocicletas y viajaremos 30 minutos hasta el interior de la plantación. Muchos estaban sentados en el suelo esperando a que usted predique. No tendrá micrófono; tan sólo lo tendrá su intérprete".

Tenía que predicar muy de noche para que otras personas de la zona no supieran lo que estaba ocurriendo. Subimos a las motocicletas sobre las 10:30 de la noche. Cuando finalmente llegamos a la plantación, me impactó ver que había al menos mil personas sentadas en el suelo esperando, esperando, esperando a Jesús.

Yo pensé: *Mientras estoy aquí, voy a hacerlo todo. ¿Cuándo volveré a tener otra oportunidad como esta?* Los trabajadores de esa plantación vietnamita eran nacidos de nuevo, pero les prediqué el evangelio completo: prediqué de Jesús como Salvador. Prediqué de Jesús como Sanador. Prediqué de Jesús como el que bautiza en el Espíritu Santo.

Tan sólo el hecho de ir y ministrar allí era un milagro gigante. Después, cuando todo se acabó sobre las 2:30 de la mañana, regresamos en las motocicletas a nuestros vehículos, que nos habían estado esperando. Cuando llegamos a nuestro vehículo, una persona de nuestro equipo dijo: "Marilyn, tenemos que salir de aquí, y tenemos que hacerlo ahora mismo. Tengo la sensación de que no podemos seguir aquí". Subimos al vehículo y regresamos de vuelta.

Más tarde, supimos que la policía había sido informada de que había un vehículo con cristianos americanos en la plantación. Los policías se acercaron al conductor y le preguntaron: "¿Dónde están?".

Él había respondido: "Están en la plantación de caucho".

Habían dicho que esperarían hasta que regresáramos. (Nos habíamos adentrado en la plantación porque íbamos en las motocicletas). Ellos esperaron y esperaron, pero no salíamos. Alrededor de las dos de la mañana, tuvieron hambre y decidieron ir a buscar algo de comer y regresar. En el momento que lo hicieron, fue cuando nosotros nos fuimos.

Nuestra ministración en esa plantación de caucho fue una oportunidad milagrosa, y nuestra protección de la policía china fue un milagro gigante. ¿Por qué? Porque tenemos un Dios "gigante" que hace grandes cosas. Hace milagros hoy en América, en China, en Vietnam y en todo el mundo.

Milagros gigantes de señales y prodigios

La Biblia dice que señales y prodigios seguirán a los que creen (véase Marcos 16:17). Las señales y prodigios revelan la naturaleza de Dios y sus atributos. Yo no persigo las señales y prodigios; persigo a Dios y su Palabra, pero las señales y prodigios van detrás de mí. He viajado por todo el mundo, y he visto que el nombre de Jesús produce señales y prodigios. Otros también han visto señales y prodigios al ministrar.

Una señal a través de una serpiente

Como mencioné anteriormente, Dios usó a Daisy y T. L. Osborn como evangelistas mundiales. Daisy relató algo que ocurrió, si no recuerdo mal, en Togo, al oeste de África. Fue allí para organizar una gran reunión de sanidad, y a llegar, se reunió con algunos de los cristianos y supo que la mayoría del país adoraba serpientes. Casi todas las familias tenían una casa serpiente delante de su vivienda.

Los líderes de la ciudad se reunieron con ella, los creyentes locales y otros residentes en un gran círculo. Los brujos sacaron una serpiente, y la pasaron de una persona a otra. Cuando Daisy estaba en el círculo, sabía que le pasarían la serpiente. Pues bien, ¡usted sabe cuánto odian la mayoría de las mujeres a las serpientes! Sin embargo, ella oraba, y cuando tocó la serpiente, se convirtió en una vara en sus manos, algo similar a lo que ocurrió con la vara de Moisés (véase Éxodo 4:1–5). Cuando se la pasó al hombre que estaba a su lado, que era cristiano, seguía siendo una vara. Mientras la tenía un creyente, era una vara, pero cuando llegaba a manos de un incrédulo, volvía a

> **Cuando tocó la serpiente, se convirtió en una vara en sus manos, algo similar a lo que ocurrió con la vara de Moisés.**

convertirse en serpiente. Dios estaba enseñándole a la gente que Él era mayor que su "dios".

Esa noche, el Señor despertó a Daisy y le dijo: *Vete de aquí. Vienen para matarte.* Estaba en una casita pequeña, y los creyentes propietarios de la misma estaban dormidos fuera en el suelo, así que se levantó y fue con ellos. "Levántense", susurró en sus oídos. "Tenemos que salir de aquí".

Se adentraron en la selva, y ella encontró a un conductor que tenía un taxi viejo y abollado. Los otros huyeron, y ella le ofreció dinero al conductor por sacarle de allí. Al amanecer, había llegado al país limítrofe. Después, oyó que un grupo de personas había llegado para matarla a ella y a los cristianos que estaban con ella, pero ya no estaban allí.

Este es un ejemplo de una señal y prodigio. A Dios le encanta revelar su poder porque eso es lo que es: Él es todopoderoso. El diablo deseaba el poder de dios, pero no entendió nada, porque Dios no es sólo poder. Esencialmente, Él es amor (véase 1 Juan 4:8, 16), y el poder es una expresión de su amor. Las manifestaciones de señales y milagros son una manera en las que Él muestra el cuidado de su pueblo. No adoramos las señales y prodigios, sino a Dios, porque Él nos ama tanto que hace esas señales y prodigios por nosotros.

La señal en el sol

Las señales y prodigios también sirven para exponer el pecado de las personas y para llevarles al arrepentimiento a través de la obra del Espíritu Santo. Cuando las personas ven a Dios moverse de una forma asombrosa, muchos de ellos dicen: "Yo quiero este Dios. Me arrepiento de mis pecados". Y cuando los creyentes ven a Dios manifestarse a sí mismo con poder al servirle, muchos de ellos se llenan de asombro y piensan: *¿Quién soy yo para que Dios sea tan bueno conmigo? ¿Quién soy yo para que Dios me use?*

Allá por 1997 sentí un fuerte llamado para ir a Sudán y tener una reunión en Jartum, capital de Sudán. Dios puso en mí una agradable atracción por Sudán cuando comencé a orar por las naciones una a una, una práctica sobre la que hablé anteriormente. Sudán es un país musulmán muy radical, e históricamente ha habido muchos problemas con los cristianos, a los cuales mataban en el sur. En julio de 2011, la región de sur se convirtió en una nación independiente, Sudán del Sur.

Sus líderes no querían que los cristianos entraran a su país a predicar, y estoy segura de que mucho menos que lo hicieran mujeres. Así que me preguntaba cómo podría entrar en Sudán. Un día, hablé abiertamente en una reunión en el centro cristiano Victory Christian Center de Billy Joe Daugherty, en Tulsa, Oklahoma, y dije que me gustaría ir a Sudán para tener reuniones allí. Les dije que no tenía ningún contacto.

Al terminar, alguien me envió un fax diciéndome que conocía a un hombre sudanés que trabajaba en el parlamento egipcio. Me dijo que el hombre era cristiano, aunque se había apartado, y se ofreció para darme su nombre y decirme cómo contactar con él.

Me puse en contacto con ese hombre y le pregunté si había alguna manera en que yo pudiera ir a Jartum y tener reuniones de sanidad. Llevó un tiempo, pero al final dijo que sí, y recibimos el permiso. Juntamos un equipo de nueve personas. Invitamos a pastores y líderes a las reuniones matutinas, donde les enseñábamos, les dábamos el almuerzo y les ungíamos. También teníamos reuniones a primera hora de la tarde en un campo de polo. Además, como siempre llevamos libros en el lenguaje de los países que visitamos, imprimimos libros en árabe para ellos.

Cuando llegamos a Jartum, uno de los pastores de nuestro equipo me dijo: "No sé lo que significa, pero una niña de doce años de nuestra iglesia tuvo un sueño en el que vio el sol, tres veces, con un anillo oscuro alrededor.

Una niña de doce años tuvo un sueño en el que vio el sol, tres veces, con un anillo oscuro alrededor.

Cada vez que aparecía el anillo oscuro, era como una palmera, y parte de la palmera era cortada. ¿Qué cree que significa?".

Yo no tenía ni idea de lo que querría decir el anillo oscuro alrededor del sol. El pastor compartió el sueño con el resto del equipo también. Sarah estaba conmigo en esa reunión, así que oramos por ello.

Había unos 500 líderes asistiendo en las reuniones matutinas, y durante la comida tras la sesión de por la mañana, salieron de la tienda para beber té caliente. Aunque hacía mucho calor, la gente no deja de beber té caliente.

El primer día, yo había regresado a mi habitación del hotel tras enseñar en la primera sesión. Sin embargo, Sarah enseñaría el resto de las sesiones del día, así que estaba bebiendo té con la gente durante el descanso. De repente, algunas de las personas comenzaron a emocionarse. Como dije anteriormente, en África cuando las personas se emocionan, ululan.

Sarah le preguntó a uno de los hombres: "¿Por qué están ululando?".

Le dijo: "Mira el sol".

Sarah miró y vio un anillo oscuro alrededor del sol.

"¿Qué cree usted que significa esto?", preguntó ella.

"No sé", respondió, "pero creo que es algo de Dios".

Yo no vi esa señal, pero Sarah me lo contó después, diciendo: "Mamá, Dios está cocinando. Algo está ocurriendo".

Seguimos orando y seguimos adelante con el plan para nuestra primera reunión en los terrenos de polo, pero luego fue como si todo se desmoronase. Los autobuses que tenían que recoger a la gente no llegaron. Algunos de los líderes en los que nos habíamos apoyado no aparecieron. Los líderes temían que por ir a nuestra reunión, les fueran a matar. Fue un tiempo muy difícil.

Cuando llegamos a la reunión, hacía mucho calor, porque estábamos sentados directamente bajo el intenso calor. No había muchas personas asistiendo, pero cuando subí para predicar, prediqué como si hubiera 10.000 personas en ese lugar.

Prediqué sobre Jesucristo y su poder sanador, y vimos algunos milagros maravillosos.

Se habían programado cinco tardes de reuniones de sanidad, así que la siguiente tarde prediqué de nuevo, pero mientras estaba predicando, las personas se levantaron y comenzaron a desalojar los campos de polo sin ningún motivo aparente. Estaban ululando y tirándose al suelo. Perdí totalmente su atención, y pensé para mí: *¿Qué está ocurriendo?*

Envié a uno de los miembros de nuestro equipo a la audiencia, junto con un intérprete, para investigar qué estaba ocurriendo. Regresó y me dijo: "La gente vio un gran anillo alrededor del sol, y vieron el rostro de Jesús en el sol".

¿Qué podía hacer en un momento así? Pues un llamado al altar. Invité a las personas a pasar al frente y recibir a Jesús en su corazón. ¿Quién se acercó? Parecía que todo el mundo. Comenzamos a orar por los enfermos, y nuevamente vimos grandes milagros. La quinta tarde, llegaron aproximadamente 15.000 personas.

Unos niños gemelos que nacieron sordos fueron sanados. Había una mujer en su silla de ruedas que había llegado a la reunión con el dinero justo para pagar su taxi; no tenía dinero para volver a casa. Jesús le sanó en esa reunión, así que no necesitó el dinero para el taxi. Pudo volver caminando.

Aunque Dios hizo unos milagros tremendos, yo sabía que el tercer anillo aún no había aparecido alrededor del sol, como había sucedido en el sueño. Tras irnos, me quedé pensando en que deberíamos regresar y tener otra reunión en Jartum.

La señal del rostro de Jesús en el sol había llevado a la gente al arrepentimiento. ¿Se acuerda del relato bíblico cuando Pedro había salido de pesca toda la noche pero no había pescado nada? (Véase Lucas 5:1–11). Jesús le dijo que se adentrara en el mar y dejara caer su red, y Pedro y sus compañeros atraparon tantos peces que las redes se empezaron a romper y las barcas se hundían. ¿Cuál fue la respuesta de Pedro a este fenómeno? Él dijo: *"Apártate de mí, Señor, porque soy hombre pecador"* (versículo 8).

Cuando la gente comienza a ver la manifestación del poder de Dios, vienen al arrepentimiento por miles.

Algunas personas creen que Dios odia a los pecadores, pero sucede justamente lo contrario. Él quiere revelarse a la gente y llevarles al arrepentimiento, y no golpearles hasta hacerles pedazos. Sí, sabemos que Dios traerá el juicio, pero más que el juicio, Él quiere traer misericordia. La misericordia es primero. Cuando la gente comienza a ver la manifestación del poder de Dios, vienen al arrepentimiento por miles, como vimos en estos incidentes en Jartum. La revelación de Dios atrajo a las personas hacia Él.

Durante diez años, intenté regresar a Sudán, pero parecía que nunca ocurriría. Finalmente, en 2007 pudimos regresar. Tuvimos una reunión de sanidad abierta en Jartum, y el vicepresidente de Sudán asistió a todas las reuniones de la tarde. Esta vez, 37.000 personas asistieron la primera noche, y más de 65.000 personas llegaron la cuarta noche. Cada noche, unas 8.000 personas se acercaron para recibir a Jesús.

Me acuerdo de un hombre en particular que no había podido oír durante veintitrés años, y Dios le sanó. Había una mujer que no había podido doblarse ni moverse durante años y recibió una movilidad total. Otra mujer tenía un tumor enorme en el brazo, y el tumor desapareció al instante durante la reunión.

Aunque fue una gran reunión, tuvimos que contratar muchas fuerzas de seguridad. Estoy segura de que fue un milagro que no llegara a casa metida en una caja. Así como el Señor me había protegido en China, me protegió también en Sudán. Me ha protegido a todo lugar donde he ido, y esas ocasiones fueron milagros gigantes para mí.

Creo que volveré a Sudán de nuevo y tendré más reuniones, porque la señal del tercer anillo alrededor del sol aún no ha ocurrido.

MILAGROS GIGANTES DE AYER, HOY Y SIEMPRE

El Dios de la Biblia es también el Dios de nuestros días. El Dios que obró milagros gigantes cuando Jesús llamó a Lázaro de la tumba y alimentó a más de 5.000 personas multiplicando cinco panes y dos pequeños peces, es el mismo *"ayer, y hoy, y por los siglos"* (Hebreos 13:8). Él se está moviendo en nuestras vidas, y lo hace con poder.

En el relato en el que Jesús convirtió el agua en vino en las bodas de Caná, leemos: *"Este principio de señales hizo Jesús en Caná de Galilea, y manifestó su gloria; y sus discípulos creyeron en él"* (Juan 2:11). Las señales y maravillas revelan la gloria de Dios y hacen que muchas personas tengan fe. Observe que dice: *"...y sus discípulos creyeron en él"*.

El milagro de Caná, que fue el primero que Jesús hizo en esta tierra, es sorprendente, ¿no es así? El novio se había quedado sin vino, y la madre de Jesús les dijo a los siervos que estaban sirviendo a los invitados de la boda: *"Haced todo lo que os dijere"* (versículo 5). Había por allí seis tinajas de agua, y Jesús les dijo a los sirvientes: *"Llenad estas tinajas de agua"* (versículo 7). Cuando lo hicieron, les dijo que sacaran algo del líquido y se lo llevaran al maestresala. Cuando lo hicieron, ya no era agua sino un vino de gran calidad (véase versículos 8–10).

He meditado en este milagro narrado en el Evangelio de Juan muchas veces, y para mí es interesante que no fuera la novia, el novio o el maestresala de la fiesta los que estuvieran involucrados en este milagro, sino los siervos.

Si alguien le dijera: "Llena estas tinajas de agua", con una capacidad de 80 ó 100 litros cada una, quizá usted hubiera dicho: "¿Para qué?". Pero ellos lo hicieron, y fueron los que sacaron el "agua", quienes se lo dieron al maestresala de la fiesta y quienes sabían de dónde venía el vino cuando se lo servían a los invitados. Cuando la gente ve el poder de una oración contestada, el poder de la manifestación de la Palabra de Dios, quieren al Señor porque entienden que Él es real, personal y maravilloso.

Podemos ser gente de fe, que dice lo que Dios dice. Podemos alinear nuestra expectación con la Palabra de Dios para mover montañas y darle la vuelta a situaciones y circunstancias.

Mi primo y su esposa tuvieron gemelas, y una de las niñas tuvo un daño cerebral y nunca pudo caminar. Los doctores habían confirmado que nunca caminaría, pero hubo una gran

> **Podemos alinear nuestra expectación con la Palabra de Dios para darle la vuelta a situaciones y circunstancias.**

reunión de sanidad en Denver, Colorado, y los abuelos de las niñas (mi tía y mi tío) condujeron casi 700 kilómetros desde Dalhart, Texas, para asistir. Durante la reunión, a la que asistieron unas 5.000 personas, el evangelista señaló a mi tía y dijo: "La mujer con el sombrero rojo. Usted tiene una nieta que nunca ha podido caminar. Cuando se vaya a casa, estará caminando".

Condujeron todo el camino de vuelta a Texas, fueron a la casa de su hijo, y llamaron a la puerta. Su nuera abrió la puerta, y estaba llorando. "No sé lo que ha ocurrido, pero Gerry está caminando", dijo.

RECUERDE Y CREA

Dice en los Salmos: "*Te alaben, oh Jehová, todas tus obras, y tus santos te bendigan*" (Salmos 145:10). Es bueno mirar atrás a lo que Dios ha hecho por usted en el pasado porque le anima para el presente y el futuro. Creo que Dios quería que los israelitas recordaran varios de los milagros que Él había hecho por ellos, para que según crecía su fe en Él, aumentaran también los milagros. Por ejemplo, le dijo a Josué que construyera un altar para que los israelitas nunca olvidaran el milagro del cruce del Jordán hacia la tierra prometida. El cruce ocurrió en la primavera, cuando el río estaba en su máximo caudal. Sin embargo, en el momento en que los sacerdotes que llevaban el arca del pacto entraron en el río, la corriente de agua dejó de fluir, y pudieron pasar hasta el otro lado por tierra seca (véase Josué 3–4).

¡Tenemos un gran Dios que hace milagros gigantes! En las Escrituras leemos sobre muchos milagros que Él ha hecho por su pueblo, y en nuestras vidas hoy experimentamos sus milagros. Estos milagros sirven como altares también para nosotros, para edificar nuestra fe para futuros milagros gigantes que ocurrirán.

CAPÍTULO 12

Su paquete de milagros

Toda buena dádiva y don perfecto descienden de lo alto

Los paquetes tienen diferentes formas, tamaños y adornos. Algunos están muy bien decorados, pero contienen objetos que no son tan glamurosos como podríamos esperar en base a su apariencia externa. Otros están envueltos de manera muy sencilla pero contienen artículos de gran valor y son muy deseados.

Los "paquetes de milagros" de Dios, que son siempre maravillosos, vienen en diferentes formas y tamaños también, y se entregan de diferentes formas. Por ejemplo, algunos vienen en grandes "cajas", a través de los ministerios de grandes organizaciones, mientras que otros vienen en pequeños "envueltos" muy sencillos, y nos llegan de formas muy inesperadas. Independientemente de cómo llegue su paquete de milagro, afectará no sólo a usted, sino también a otros, creando ondas y olas de gracia por toda su familia, su comunidad, su nación o incluso el mundo.

Paquetes de milagros
a través de grandes ministerios

Miles de personas están en el ministerio hoy día debido a milagros que les han llegado por medio de una involucración directa o por la duradera influencia de grandes ministerios, como el de Oral Roberts Evangelistic Association y Oral Roberts University. Casi en todos los países del mundo que visito, me parece encontrarme con graduados de ORU.

Escribí anteriormente sobre cómo empecé los viajes ministeriales a la antigua Unión Soviética después de que cayera la cortina de acero. En un punto, tuve la oportunidad de ir a Kiev, la capital y ciudad más grande de Ucrania. Primero, fui en un viaje de preparación, y me llevé conmigo a Mary Smith, mi administradora, para hacer planes para llevar a todo un equipo posteriormente con la idea de hacer reuniones de sanidad. Los únicos contactos que teníamos en Kiev eran tres jóvenes que eran estudiantes de ORU que en ese momento estaban en una misión.

Cuando llegamos, los estudiantes nos recogieron en el aeropuerto, y subimos a un gran taxi para ir al hotel. Estaba oscuro, estábamos en un país extraño con olores raros, habíamos viajado mucho tiempo y estábamos extremadamente cansadas, así que queríamos comer algo e irnos a dormir. Pero uno de los estudiantes preguntó: "¿Les importa si vamos a orar por una chica que está poseída antes de ir al hotel?".

Yo pensé: *No me siento espiritual, y quizá ella ni siquiera tiene demonios.*

Los estudiantes nos explicaron que habían testificado en la calle cuando se encontraron con una chica de diecisiete años y su abuela. La chica estaba llorando porque había ido a una adivina y ella y su abuela estaban seguras de que esa persona le había echado un mal conjuro, porque se hacía cortes en el cuerpo y sangraba, y los espíritus malignos le decían: "Te voy a matar".

Tras oír eso, no había duda en mi mente de que la chica estaba poseída por un demonio. Pregunté: "¿Podemos orar por ella mañana por la mañana?".

Ellos dijeron: "No, esta es nuestra única oportunidad".

Le dije al Señor: *Estoy cansada.*

Él me dijo: *Yo no.*

¿Quién la iba a liberar? Lo haría el Señor, y Él no estaba cansado. Así que fuimos al lugar donde se encontraban la

> **Le dije al Señor: *Estoy cansada*. Él me dijo: *Yo no.***

chica y su abuela. Habían estado viendo una película de Jesús en ruso.

Esta preciosa chica rubia llamada Natasha se sentó con la cabeza entre sus rodillas, llorando. Su abuela la miraba confundida.

Ninguna de las dos hablaba inglés, pero teníamos un buen intérprete, y comencé a leer versículos sobre Jesús y su poder para liberar. Oramos y echamos fuera a los demonios, y Natasha cayó al piso, totalmente quieta. Se quedó así durante cinco o diez minutos, y cuando se levantó, era otra chica distinta, era libre. Después, Natasha y su abuela oraron para recibir a Jesús.

Al día siguiente realizamos los arreglos pertinentes con el hotel para acomodar al equipo ministerial que traeríamos después para nuestras reuniones de sanidad. Seis meses después, volamos a Kiev con un grupo de más de cien personas. Natasha estaba en el aeropuerto para recibirme. Sabía una frase en inglés, y dijo: "Amo a Jesús".

Después de esa ocasión volví a ver a Natasha en Ucrania cuatro o cinco veces. Se casó y tuvo hijos, y permaneció totalmente libre en Jesús. Y su madre, su padre, su hermano y su cuñada también se hicieron cristianos.

Así es como los milagros crean ondas de la gracia de Dios. Mary y yo fuimos a Kiev para organizar una reunión, reunirnos con estudiantes de ORU y oramos por la liberación de demonios de una joven, lo cual terminó en salvación para ella y su familia. Después volvimos y tuvimos reuniones de sanidad, a las cuales asistió Natasha, y más personas fueron salvas. Vidas enteras eran cambiadas. Eso es un paquete de milagros, enviados vía conexiones con un gran ministerio y su misión.

Paquetes de milagros a través de un proceso

Puede que un milagro no llegue a su vida exactamente en la manera en que le gustaría o que se había imaginado. Puede que una necesidad en concreto prepare el camino para que Dios obre lo milagroso, pero el camino puede volverse traicionero

> **Una necesidad concreta despertará su deseo de un milagro, pero entonces necesitará perseverancia para recibirlo.**

cuando el milagro emprende su viaje hacia usted.

Probablemente ha oído el viejo dicho: "La necesidad es la madre de la invención". También se podría decir: "La desesperación da a luz al diseño". En otras palabras, una necesidad concreta despertará su deseo de un milagro, pero entonces necesitará perseverancia para recibirlo.

Esto es lo que me pasó hace algunos años cuando estuve muy enferma. No podía comer, y mi estómago me ardía continuamente. Comencé a perder peso, y no podía dormir, hasta el punto de estar tan débil que apenas si podía caminar. En toda esta angustia, me deprimí. Era difícil para mí incluso leer la Biblia. No podía declarar las Escrituras que había memorizado con los años y que con tanta frecuencia había proclamado, porque me costaba mucho enfocar mi mente. Por supuesto, fui a los doctores y me hicieron todo tipo de pruebas, pero no podían encontrar nada anormal en mí. Pasé mucha angustia. Uno de los doctores me dijo que necesitaba consejería, porque pensaba que yo tenía un problema mental. Yo pensé: *No es la mente la que me arde, sino mi estómago.*

Oraba continuamente, y mi equipo de trabajo en la iglesia también lo hacía. Perdí diez kilos, y era fácil ver que yo iba en picado a pasos agigantados. Cancelé mis viajes, y mi vida parecía muy sombría.

Finalmente, acudí a otro doctor, y él pidió más pruebas. Aunque él no tenía una prueba concluyente, sentí un rayo de esperanza cuando me dijo: "Creo que usted tiene parásitos".

Siguió con una larga serie de pruebas para parásitos. Aunque las pruebas nunca indicaron un resultado positivo de ello, el doctor estaba convencido de que eso era lo que estaba causando mis trastornos corporales. Me recetó unos antibióticos fuertes para tomar durante un corto período de tiempo.

Una noche, mientras sufría una gran depresión, fui a la cama y tuve un sueño un tanto extraño. Recibir sueños de Dios no es algo anormal para mí. En algunas ocasiones he tenido sueños espirituales, aunque no con mucha frecuencia.

En este sueño, me encontraba en una ciudad europea y estaba amaneciendo. Subía por una colina que era parte de una calle muy concurrida de la ciudad. En mi sueño, pensaba: *Estoy bien; mírame. Tengo energía para subir por esta colina. Me siento bien. Voy a llamar a la oficina y decirles que comiencen a programar mi agenda, porque estoy bien.*

Me desperté y enseguida me di cuenta de que no era verdad, que estaba igual de enferma, y que mi estómago me ardía. Sin embargo, en mi espíritu sabía que *estaba* bien. Estaba en el proceso de recibir un milagro.

Desde ese momento, comencé a mejorar. Nunca olvidaré la primera mañana que olí el café nuevamente. Fue un aroma maravilloso, y me sentía feliz de poder participar de algo tan normal de la vida. De hecho, me detuve a darle gracias a Dios por unos buenos cinco minutos ¡porque el café olía muy bien! Poco a poco mi apetito regresó, y la comida volvió a saber rica, y gradualmente, mi energía también regresó. Cuando lo hizo, obtuve la claridad de pensamiento. De nuevo, las cosas volvieron a ser claras, y ya podía enfocar mi mente. Finalmente la depresión me había dejado.

Cuando la gente me preguntaba: "¿Y te vas a mejorar, o existe algún problema?". Yo decía: "Estaré bien". A los dos meses, comencé a viajar de nuevo.

Dos años después de haber tenido el sueño, Sarah y yo tuvimos una reunión en Nápoles, Italia, y vimos a Dios obrando cosas fabulosas en esa ciudad. Condujimos hasta la reunión por la tarde noche, cuando todavía quedaba algo de luz. Mientras caminábamos por una calle muy concurrida, me pregunté: *¿Por qué esta calle me resulta tan familiar?*

Después me acordé. ¡Era la calle que apareció en mi sueño! Ese sueño había sido una fantástica revelación del maravilloso amor de Dios hacia mí en tiempos de dificultad, una

> **Ese sueño había sido una fantástica revelación del maravilloso amor de Dios hacia mí en tiempos de dificultad.**

promesa de sanidad renovada y de ministerio continuado. Como Él me había sanado, pude volver a tener reuniones de sanidad por todo el mundo para bendecir a otros.

Comparto esta historia con usted para animarle y que sepa que un paquete de milagros no es siempre algo instantáneo, sino que también puede ser un proceso. Yo quería un milagro de liberación instantáneo, quería que Dios me tocara, y quería estar totalmente bien. Mi milagro no llegó rápidamente, pero llegó.

Construyendo puentes
para los paquetes de milagros

Aunque los seres humanos han estado conectados entre ellos desde Adán y Eva, nuestras diferencias, de localización geográfica, lenguaje, cultura, raza y demás, pueden impedir que se nos "entreguen" paquetes de milagros a menos que el Señor intervenga para conectar la separación. Permítame contarle cómo el Señor me envió para ofrecer un enlace, para que su poder y presencia pudieran ser demostrados ante aquellos que provenían de una cultura totalmente diferente a la mía.

En 2010 nuestro ministerio llevó a un equipo de aproximadamente 120 americanos a Marruecos. Desde entonces he estado en Marruecos otras tres veces más, y amo ese país, sus gentes y la respuesta que he tenido allí. El hombre que poseía la compañía de viajes que estábamos usando, el cual era un musulmán comprometido, se había convertido en un buen amigo. Me preguntó: "¿Quiere salir a cenar con un grupo de musulmanes sufi?".

No tenía muchas oportunidades de reunirme con musulmanes sufi, así que accedí.

Otro nombre para sufi es Derviche, y esas personas representan un pequeño porcentaje del movimiento islámico. Les gusta experimentar a Alá y de algún modo son una rama del islam, aunque están comprometidos con Mahoma y el Corán.

Fui a la cena y descubrí que los invitados eran casi todos empresarios, y sólo había otra mujer más en ese lugar. Cuando nos sentamos a hablar, me preguntaron: "¿Qué está haciendo en Marruecos?".

Les dije: "Estoy aquí para construir puentes, no para quemarlos. Me gustaría tener una reunión de sanidad aquí, porque el Corán dice que Jesús sana. Me gustaría orar por los musulmanes enfermos en el nombre de Jesús y ver que se producen sanidades".

Creo que zarandeé su barco. Les dije cómo había estado en países musulmanes por todo el mundo, haciendo reuniones de sanidad y viendo a la gente transformada en el nombre de Jesús y el poder de su Palabra. Se abrieron conmigo, y uno de ellos me dijo: "Quiero hacerle una pregunta personal".

Yo dije: "Está bien, si puedo, se la responderé".

Él dijo: "¿Qué hace usted cuando siente que tienen seco el corazón? ¿Qué hace cuando se encuentra en esa posición?".

Me sorprendió que un musulmán me hicieran una pregunta tan franca, y mucho menos un musulmán sufi, porque ellos quieren experimentar la presencia de Dios. Le dije: "Básicamente, he sido cristiana nacida de nuevo desde que tenía dieciséis años. Ahora tengo setenta y nueve. Tengo tiempos de sequedad. Cuando estoy en ellos, leo más la Biblia, oro más. Intento estar junto a otros cristianos que tienen una fe férrea, porque eso me ayuda a salir de ahí. Creo que la gente atraviesa momentos áridos en su caminar, pero si clamamos a Dios, Él nos habla y se revela a nosotros".

Eso rompió el hielo, y fuimos alrededor de la mesa en círculo, haciendo preguntas. Había una buena empatía. Me preguntaron: "¿Ha leído la Biblia entera?". Dije: "Sí, cincuenta y cinco veces". "Oh", dijeron, "entonces sabrá que la Biblia profetiza que Mahoma volverá, ¿no es así?".

Yo dije: "No, no lo sé".

Dijeron: "Bueno, quizá lo vea cuando lea la Biblia cincuenta y seis veces. Pero según tenemos entendido nosotros, así es".

> **Dios puede hacer paquetes de milagros si construimos un puente de afinidad entre nuestras diferencias con otros.**

Esas eran el tipo de preguntas y respuestas que hubo, pero la presencia del Espíritu Santo en la mesa fue algo increíble. Seguimos hablando sobre Jesús, nuestra fe, y el Corán. Creo que se construyeron muchos puentes. Dios puede hacer paquetes de milagros si construimos un puente de afinidad (basado en nuestro conocimiento, necesidades, experiencias, esperanzas y deseos), entre nuestras diferencias.

El Espíritu Santo me habló y me dijo: *Ahora, comparte con ellos un versículo profético.*

Les dije cómo el Espíritu Santo me da versículos proféticos para la gente. Les pedí si les importaba que les diera un versículo de la Biblia en el nombre de Jesús. Dijeron: "No, no nos importa. Está bien".

Les di versículos a todos los que estaban en la mesa, y la presencia de Dios vino de nuevo sobre nosotros. Lloramos, y fue un tiempo muy especial. Uno de los hombres me dijo: "Voy a traer un músico al restaurante porque quiero cantar una canción árabe llamada 'El amor de Dios'". No entendí la canción, pero todos entendimos la realidad de la presencia de Dios con nosotros.

Les pregunté: "¿Creen que puedo regresar y tener una reunión de sanidad, sólo para musulmanes sufi?". Ellos dijeron: "Creemos que sí". Les dije: "Por supuesto, voy a enseñar la Biblia y a orar en el nombre de Jesús".

Dios sabe cómo empaquetar los milagros, ¿no es cierto? Él lo hace en el poder del Espíritu Santo y la Palabra del Señor. Creo que volveré a Marruecos y tendré una reunión de sanidad, y creo que será con sufis.

Los sufis también me dijeron algo curioso sobre los bere-beres, que son los pueblos indígenas de Marruecos. El sesenta y cuatro por ciento de Marruecos son bereberes, y han ido al go-bierno y le han dicho: "Queremos volver a nuestras raíces. Nues-tras raíces no son el islam. En el siglo XVII, nos hicimos islámi-cos porque nos forzaron, pero antes nosotros éramos cristianos".

Les pregunté: "¿Y qué les responderá el gobierno?".

"Su respuesta será que no".

"¿Qué harán entonces los bereberes?".

"Adorarán a Jesús de todas formas".

Tenemos un gran Dios, y hace grandes cosas. Él no ve nuestras diferencias con los otros pueblos; Él ve nuestra nece-sidad común de su Hijo y del Espíritu Santo. Él sabe que los paquetes de milagros que impactan a otros pueblos para Cristo pueden llegar sólo cuando dejamos a un lado nuestras diferen-cias y nos unimos con ellos para participar de Él *en espíritu y verdad*" (Juan 4:24).

PERSEVERE PARA ALCANZAR
SU PAQUETE DE MILAGROS

Es un gran desafío mantenerse fir-me al pasar por situaciones angustiosas y adversidades mientras esperamos un paquete de milagros. Sin embargo, si lo hace, a su debido tiempo su fe cosechará lo milagroso.

> **Si se mantiene firme, a su debido tiempo su fe cosechará lo milagroso.**

Hace algunos años conocí a una se-ñora llamada Ochibo que era una pas-tora japonesa, y me contó su testimonio. Una mujer cristiana de América había ido a Japón con su es-poso, que era militar. Cuando esta mujer vio un artículo en el periódico con el nombre de Ochibo describiendo su doctorado y profesionalidad, el Señor le dijo: *Quiero que le hables de mí, y quiero que le envíes un libro cristiano una vez al mes durante doce meses.*

Ella llamó a Ochibo y le explicó lo que Dios le había dicho, diciéndole que le enviaría un libro cristiano una vez al mes durante doce meses y que le gustaría que leyera esos libros.

Ochibo respondió: "No quiero ningún libro cristiano. No me los envíe. Si me llegan, los tiraré a la basura. No los leeré. No estoy interesada en hacerme cristiana. Soy budista, y eso es lo que seguiré siendo. Eso es lo que somos toda mi familia, y lo que seguiré siendo".

Pero la mujer cristiana sintió que Dios le había hablado y que tenía que hacerlo. Así que, una vez al mes, durante doce meses, le envió un libro a Ochibo, y luego le llamaba preguntándole: "¿Recibió el libro que le envié?".

"Sí, lo acabo de tirar a la basura".

Al doceavo mes, la mujer llamó y volvió a decir: "¿Recibió el libro?".

"Sí, recibí el libro", respondió Ochibo. "Le dije que no me enviara esos libros. Acabo de tirar este también a la basura".

La mujer respondió: "No le enviaré ningún otro libro, porque Dios sólo me dijo que lo hiciera durante doce meses".

Sin embargo, esa noche, Ochibo tuvo un sueño en el que recibía la visita de Jesucristo, y tenía una experiencia increíble con Él. Después de eso, Ochibo llamó a la mujer y le dijo que había tenido un encuentro con Jesús a través de un sueño. Tuvieron un tiempo maravilloso hablando por teléfono; ambas estaban emocionadas y entusiasmadas, y la americana comenzó a darle un seguimiento de mentoría.

Ochibo pensó que a su familia le encantaría lo que le había ocurrido, y se lo contó a su madre, su hermana y su hermano. Eran de una familia rica y muy conocida, y no se entusiasmaron mucho. De hecho, su hermano le golpeó. Ochibo dijo que no le afectaría en nada, y mantuvo su fe en Jesús.

Después, su hermana que también era profesora en el campus donde enseñaba Ochibo, le dijo que se avergonzaba de ella. También le dijo que antes pensaba que Ochibo era maravillosa, pero que ahora era una "loca cristiana", que ya no era bienvenida en su casa.

Pero Ochibo perseveró y oró, y hoy, todos los miembros de su familia sirven a Dios. Ochibo pastorea una iglesia de más de 500 personas. También tiene una "montaña de oración", similar a la que estableció en Corea el Dr. Cho para dar a su pueblo un lugar privado y tranquilo donde poder orar un buen rato.

Si escuchamos a Dios, y perseveramos, como lo hicieron la esposa del militar americana y Ochibo, Él nos enviará paquetes de milagros. Nada es imposible para Dios. Aquí tiene tres claves básicas pero esenciales para recibir su paquete de milagros:

1. Mire a Dios

En el libro de Génesis, leemos acerca de un tiempo en el que Jacob tenía un problema terrible ante él. Había experimentado otras dificultades serias anteriormente, pero esta era quizá la peor que había vivido nunca porque le podía costar su vida. Tenía que enfrentarse a su hermano, Esaú, a quien no había visto en veinte años. Jacob había tenido que huir de su familia y su hogar durante todos estos años porque Esaú quería matarle. Francamente, la culpa de que hubiera enemistad entre ellos fue de Jacob, porque había engañado a Esaú en cuanto a la bendición y se había aprovechado de él para obtener su primogenitura. De igual modo, algunos de los problemas que usted tiene hoy podría haberlos causado usted mismo, y quizá piense: *Entonces, Dios no puede hacer lo imposible, porque es culpa mía.* Sí, Dios aún puede hacer lo imposible, aun cuando el error haya sido suyo. Veamos lo que hizo Jacob, empezando con el telón de fondo de su historia.

> **Dios aún puede hacer lo imposible, aun cuando el error haya sido suyo.**

Jacob vivía en Padan-aram o Mesopotamia, en la ciudad de Nacor. Era rico, y tenía dos esposas, dos concubinas y once hijos. Dios le dijo: "*Vuélvete a la tierra de tus padres* [la tierra prometida], *y a tu parentela, y yo estaré contigo*" (Génesis 31:3). Así que reunió a su familia y sus pertenencias y comenzó el viaje a casa, pero todo el tiempo supo que tendría que encontrarse algún día con Esaú. Cuando envió mensajeros avanzados para decirle a Esaú que regresaba, ellos le informaron que Esaú venía a caballo junto a cuatrocientos hombres para reunirse con él.

Jacob podía haber dicho: "No me voy a ver con Esaú; me vuelvo". Pero si regresaba a Padan-aram, tendría que verse con su suegro Labán, que era uno de los principales motivos por los que se había ido, porque Labán le había engañado y se había vuelto celoso de él.

Así pues, ¿qué hizo? Alzó su vista a Dios.

Me resulta interesante que cuando Dios le dijo a Noé que construyera el arca, le dijo que pusiera una ventana, y que la ventana mirase hacia arriba; estaba en el tejado (véase Génesis 6:16). Si miramos alrededor podemos tener problemas, y a veces, cuando miramos en nuestro interior, también podemos tener problemas; pero si usted mira a Dios, entonces Él puede tomar lo "imposible" y hacerlo posible a través de su poder y su gracia.

Así que Jacob miró a Dios y tuvo una reunión de oración, pidiéndole liberación. Después, la Biblia dice que un "Hombre" se reunión con él y lucharon toda la noche, hasta que le dijo a Jacob: *"Déjame, porque raya el alba"* (Génesis 32:26). ¿Cuál fue la respuesta de Jacob? *"No te dejaré, si no me bendices"* (versículo 26).

Esto es ser agresivo, y he aprendido que a Dios le gusta la agresividad. No he visto a nadie de quien Dios haya dicho: "Esta persona es demasiado agresiva en su fe". Dios siempre dice: "Vamos, sé agresivo" (véase, por ejemplo, Hebreos 4:16).

Jacob había dicho: *"No te dejaré, si no me bendices"*, y fue bendecido. Cuando se encontró con Esaú, descubrió que su hermano le había perdonado, y fue recibido con brazos abiertos. Después, Dios le dijo a Jacob:

> *Crece y multiplícate; una nación y conjunto de naciones procederán de ti, y a tu descendencia después de ti daré la tierra.* (Génesis 35:11–12)

Todo esto ocurrió porque Jacob miró a Dios y no le dejó ir (véase Génesis 31:1–3; 32–33).

2. No se rinda

La segunda clave se encuentra en una parábola que contó Jesús sobre una viuda y un juez, a través de la cual nos enseñó a orar hasta que lo imposible se convierta en posible. No debemos rendirnos aunque estemos contra las cuerdas.

Había en una ciudad un juez, que ni temía a Dios, ni respetaba a hombre. Había también en aquella ciudad una viuda, la cual venía a él, diciendo: Hazme justicia de mi adversario. Y él no quiso por algún tiempo; pero después de esto dijo dentro de sí: Aunque ni temo a Dios, ni tengo respeto a hombre, sin embargo, porque esta viuda me es molesta, le haré justicia, no sea que viniendo de continuo, me agote la paciencia. Y dijo el Señor: Oíd lo que dijo el juez injusto. ¿Y acaso Dios no hará justicia a sus escogidos, que claman a él día y noche? ¿Se tardará en responderles? Os digo que pronto les hará justicia. Pero cuando venga el Hijo del Hombre, ¿hallará fe en la tierra? (Lucas 18:2–8)

El juez era injusto. Puede que algunos de ustedes estén tratando con personas así, pero debe recordar que Dios sabe cómo obrar en ellos.

La viuda probablemente no tenía mucho dinero, y probablemente no tenía familia que le ayudara, así que terminó yendo al juez a buscar ayuda. Pero él se la negó, diciendo: "No quiero que me molestes. No me gusta la gente, y no me gustan las viudas, así que sal de aquí".

¿Se rindió por eso la viuda? No. ¿Se podía convertir lo imposible en posible? Descubrámoslo. La viuda regresó de nuevo, y cuando el juez la vio, probablemente dijo algo como: "¿Tú otra vez? No me molestes. Eres una mujer pequeña y desconocida, y no te quiero aquí, piérdete".

Pero ella no se "perdió". Regresó una y otra vez, hasta que el juez dijo: *"Porque esta viuda me es molesta, le haré justicia, no sea que viniendo de continuo, me agote la paciencia"* (Lucas 18:5).

Jesús dijo que debemos "orar siempre y no desmayar" (Lucas 18:1).

Jesús dijo que tenemos que orar como la viuda se comportó ante el juez: con persistencia y perseverancia. Nos estaba diciendo que el juego no se acaba hasta que usted gana. Tenemos que apropiarnos del propósito por el que dijo esta parábola: que debemos *orar siempre y no desmayar* (Lucas 18:1).

Si se rinde, nunca ganará, pero si continúa orando verá el paquete de milagros que Dios tiene para su vida. Él se hará cargo de la situación aparentemente imposible en la que se encuentra y la hará posible.

Nuestro ministerio llevó un equipo de 150 personas en un barco con destino a Ruse, Bulgaria, por el río Danubio. La mayoría del equipo debía desembarcar allí para realizar dos noches de reuniones de sanidad. Yo también tenía que dirigir una escuela de entrenamiento ministerial allí durante el día, así que una persona de nuestro equipo y yo salimos del barco un poco más temprano para tomar un tren hacia Ruse, y llegamos el día antes de que el barco llegara al puerto.

Tras llegar allí, el pastor de Ruse me dijo que a nuestro equipo no le permitirían abandonar el barco. Un barco de Juventud con una Misión había llegado allí y había atracado el año anterior, pero ninguno de los miembros del equipo había recibido permiso de salir del barco. El pastor me dijo, con muchas palabras: "Su equipo no podrá salir de ahí; no ocurrirá; mejor que se olvide de eso". Siguió diciéndome que el barco atracaría, pero que no les dejarían bajar. Estaba seguro de que, en vez de tener 150 personas en la reunión, los únicos presentes seríamos yo misma y la persona que había ido conmigo en el tren.

Mire, a algunas personas les encanta dar buenas noticias todo el tiempo.

Fui al hotel y oré: *Dios, ¿acaso creeré sus palabras más que tu Palabra?* La Palabra de Dios dice que siempre triunfo en Cristo (véase 2 Corintios 2:14). No dice "un tercio de las veces", y no dice "la mitad de las veces". Dice *siempre*. Así que una vez más, el juego no se acaba hasta que no ganamos.

Al día siguiente, enseñé en la escuela de entrenamiento ministerial. Estaba previsto que el barco atracara a las tres de la tarde, y tenía algo de ansiedad por lo que el pastor me había dicho. Pero oré: "No, Dios, no voy a estar afanada. Siempre triunfaré en Cristo; todo es posible para el que cree; tú puedes tomar lo imposible y hacerlo posible", y así.

Enseñé y prediqué en la escuela hasta casi las tres. En mi corazón, oraba: *Dios, te creo a ti. Creo que van a poder salir de ese barco.*

A las tres y media, mi yerno, Reece, entró en el auditorio. Habían salido del barco.

La guindad el pastel fue cuando mi hija Sarah predicó y un niño que no podía ver con un ojo fue sanado. Si hubiéramos dudado, eso nunca habría ocurrido.

¡No se rinda! ¡El juego no se termina hasta que usted gana!

3. *Pida, busque, llame*

El tercer punto viene de otra de las enseñanzas de Jesús registradas en el Evangelio de Lucas.

Les dijo también: ¿Quién de vosotros que tenga un amigo, va a él a medianoche y le dice: Amigo, préstame tres panes, porque un amigo mío ha venido a mí de viaje, y no tengo qué ponerle delante; y aquél, respondiendo desde adentro, le dice: No me molestes; la puerta ya está cerrada, y mis niños están conmigo en cama; no puedo levantarme, y dártelos? Os digo, que aunque no se levante a dárselos por ser su amigo, sin embargo por su importunidad se levantará y le dará todo lo que necesite. (Lucas 11:5–8)

Ahora bien, piense en esto. A medianoche, ¿le gustaría que alguien tocara a su puerta, diciendo: "Oye, ¿me podrías prestar tres panes?". Quizá le respondería: "Ve a comprarlos. Debe de haber una tienda de comestibles por aquí cerca".

La situación descrita en esta parábola era más seria de lo que podríamos pensar, según nuestra perspectiva moderna de las cosas. En esos días, las puertas de las casas tenían una cama desplegable, porque vivían en cuartos pequeños. De noche, cerraban la puerta y desplegaban la cama. Después, los miembros de la familia se metían todos en la única cama que tenían. Por tanto, a medianoche, el esposo estaría en la cama con su esposa y todos sus hijos.

¿Se imagina a alguien llamando a la puerta y pidiendo pan en mitad de la noche en esas condiciones? El esposo tendría que despertar a su esposa y a sus hijos (si es que no les habían despertado ya los golpes en la puerta), sacarlos de la cama, alzar la cama, abrir la puerta mientras la esposa u otro miembro de la familia iba a buscar el pan, darle el pan a la persona, y después volver a cerrar la puerta, bajar la cama y meter a toda la familia en la cama nuevamente. Después, ¡todos estarían con la esperanza de poder volver a conciliar el sueño!

Jesús dijo que no fue porque la persona fuera amigo, sino porque seguía llamando, por lo que el hombre se cansó de que le molestaran y dijo: "Está bien, ¡nos levantaremos y te daré el pan!".

Esta es la forma de orar. Nunca se rinda hasta que gane. Eso es lo que Jesús dijo.

Cuando organizamos reuniones de sanidad en Veracruz, México, una mujer dio el siguiente testimonio una noche: Cuando tenía unos cincuenta años, tuvo un accidente de auto, y se lastimó seriamente su hombro. Tuvo que someterse a una operación para insertarle unos clavos, pero le dijeron que no podría volver a levantar el brazo.

Así que esa mujer oró: "Dios, voy a creer que tú vas a restaurar mi brazo". Se aferró a la Palabra y permaneció en ella, y no ocurrió nada. Sin embargo, siguió diciendo: "Dios, creo que vas a restaurar mi hombro".

Cinco años después, mientras estaba cocinando, se estiró para alcanzar algo en un mueble usando el brazo con el hombro malo. Usó totalmente su mano, su brazo y su hombro.

Tras dar el testimonio, se produjeron unos cien milagros de sanidad de hombros en la reunión. ¿Se da cuenta que cuando le ocurre un milagro a una persona, provoca fe en otros también para recibirlos? Dios es tan económico que da kilometraje extra con un sólo milagro. Este es un gran ejemplo de un paquete de milagros.

> **Cuando le ocurre un milagro a una persona, provoca fe en otros también para recibirlos.**

De forma similar, como Dios hizo un milagro para que nuestro equipo pudiera salir del barco en Ruse, Bulgaria, pudimos hacer más que ministrar a los pastores de la escuela de entrenamiento; también pudimos llevar a cabo nuestras reuniones de sanidad por las noches. Dios quería que el niño que había nacido con un ojo ciego fuera sanado. En ese entonces, el pueblo búlgaro acababa de salir del comunismo. Dios demostró que la Biblia es verdad y que Él puede hacer que lo "imposible" sea posible.

Al término de su parábola, Jesús nos dijo lo que hacer para recibir milagros describiendo una intensa persistencia, no rindiéndonos.

> *Y yo os digo: Pedid, y se os dará; buscad, y hallaréis; llamad, y se os abrirá. Porque todo aquel que pide, recibe; y el que busca, halla; y al que llama, se le abrirá.*
> (Lucas 11:9–10)

¿Cómo nos enseñó Jesús a pasar de lo imposible a lo milagroso? Primero, dijo que tenemos que pedir. Ahora bien, cualquiera puede pedir. Puedo pedir nueve cosas en un minuto, porque pedir es fácil, y por eso quizá usted diga: "Pues yo le pedí a Dios un milagro, y no ocurrió nada".

¿Siguió usted creyendo, o se rindió? El segundo punto que Jesús estableció en el pasaje anterior es que tenemos que buscar.

En una ocasión, Sarah estaba pasando un momento delicado en su fe. Yo estaba en Japón en ese entonces hablando en una conferencia del Dr. Cho, y tuve un sueño horrible sobre ella. Le había pedido a Dios que la librara, pero en el sueño, su situación era aún peor. Me desperté, me levanté de la cama y comencé a orar en el Espíritu. Después, ayuné. En otras palabras, comencé a buscar, y Dios respondió, guardando a Sarah en ese periodo difícil.

Buscar es como la guerra espiritual. No podemos decir: "Bueno, no me respondió". Si no ha recibido una respuesta a su oración, puede que necesite ayunar y entrar en una oración más intensa. Quizá necesite orar durante un período de tiempo más largo. A menudo, uso los momentos en los que voy conduciendo en mi automóvil para orar en el Espíritu. Hay días en los que puedo estar una hora orando en lenguas de esta forma.

Aún puede que diga: "Yo he pedido, y he estado buscando, pero no ha ocurrido nada". Bueno, no se rinda, porque el siguiente paso es llamar.

Ahora bien, llamar es algo "violento". La Biblia dice: "*Desde los días de Juan el Bautista hasta ahora, el reino de los cielos sufre violencia, y los violentos lo arrebatan*" (Mateo 11:12). La *Nueva Versión Internacional* lo dice de esta manera: "*...el reino de los cielos ha venido avanzando contra viento y marea, y los que se esfuerzan logran aferrarse a él*".

¿En qué medida está dispuesto a ser agresivo para ver a Dios moverse, tomando lo imposible y haciéndolo posible?

Hubo un tiempo en el que comencé a tener un poco de sobrepeso, y pensé: *Tengo que hacer ejercicio*. Así que contraté a una entrenadora. Me enseñó a utilizar la banda elástica, y me fortaleció. Aunque fue de ayuda, aún quería perder algo más de peso.

Mi entrenadora me dijo: "No se trata tan sólo de perder algunos centímetros y algo de peso, sino de estar en forma". Me llevó de usar la banda elástica a levantar pesas. Yo comparo la banda elástica con la parte de "pedir" de la oración y las pesas con la parte de "buscar". Eran pesas pequeñas; al principio solamente dos kilos, pero después pasé a otras de cinco kilos, y vi que las siguientes eran de seis kilos. Las pesas fueron un reto, y comencé a quejarme, diciendo: "Esto de las pesas es muy duro".

Mi entrenadora me decía: "Si no dejas de hablar de forma negativa, terminarás dejando de hacerlo".

Yo respondí: "De acuerdo, ya no lo haré. Me encantan las pesas. Me encantan las pesas. Las pesas son maravillosas".

Sin embargo, aún no tenía los resultados que yo quería. Había mejorado mi peso, estaba perdiendo algunos centímetros, mi energía era buena, pero no tenían lo que *deseaba*. Para conseguirlo, necesitaba una fe del tipo "llamar".

Mi entrenadora me dijo que hiciera un ejercicio con un balón medicinal. Hicimos el ejercicio, y dije: "Eso es imposible".

La primera vez que intenté hacer el ejercicio, no pude hacerlo, pero seguí intentándolo. Era agotador, y requería de mi toda la fuerza y el control que tenía. Pero hoy, puedo hacer ese ejercicio veinte veces seguidas.

Cada día, tenía que hacer frente a ese ejercicio y perseverar con una determinación que "movería una montaña". Esa es una fe de tipo "llamar".

Si hacemos lo que Jesús nos dice que hagamos, los paquetes de milagros "imposibles" se harán posibles. Crea que Él le dará su paquete de milagros. Crea que se lo traerá, sin importar la forma, gracias a su perseverancia en la fe, por medio de pedir, buscar y llamar.

> **Si hacemos lo que Jesús nos dice que hagamos, los paquetes de milagros "imposibles" se harán posibles.**

Capítulo 13

Milagros de oportunidad

Puertas abiertas y bendiciones inesperadas

Los milagros de oportunidad son puertas abiertas de Dios que nos permiten cumplir sus propósitos en nuestras vidas. Algunos requieren una alerta especial por nuestra parte. Puede que se encuentren al alcance de nuestra mano, pero no los vemos porque no estamos buscándolos activamente. La Biblia enseña que debemos estar espiritualmente alertas hasta que Jesús regrese, y una de las formas en que podemos hacerlo es reconocer las oportunidades para eventos milagrosos que Él nos provee. Obtendremos recompensas si estamos vigilantes. Tenemos que hacer nuestro el recordatorio de Jesús: *"Velad, pues, porque no sabes cuándo vendrá el señor de la casa;...para que cuando venga de repente, no os halle durmiendo. Y lo que a vosotros digo, a todos los digo: Velad"* (Marcos 13:35–37). Tenemos que tomar parte activa en las oportunidades que Él nos envía.

Puede que las oportunidades llegue en medio de situaciones que no nos gustan o que no nos demos cuenta que Dios ha permitido con un propósito. Él permite que a veces nos sucedan circunstancias curiosas para darnos puertas abiertas para los milagros. A través de los años, he descubierto que muchas veces las circunstancias que parecen desfavorables en un principio son oportunidades disfrazadas.

Le doy gracias a Dios por el milagro de las oportunidades. Nunca sabemos cuáles son las puertas que Dios puede abrir, así que tenemos que saber discernir en cuanto a la gente y las circunstancias que Él trae a nuestras vidas.

Oportunidades milagrosas para testificar

Dios es un "oportunista" y quiere que escuchemos al Espíritu Santo y aprendamos a usar las puertas que nos abre para hablarles a otros de Él. Así como un surfista espera la marea perfecta y la ola correcta para subirse a la tabla y llegar a la orilla, así nosotros tenemos que estar vigilantes al movimiento del Espíritu.

Con los que se encuentra en su vida cotidiana

Anteriormente, mencioné que a veces doy testimonio mientras viajo en avión. Permítame contarle otra ocasión que ilustra un milagro de oportunidad. Una vez, cuando regresaba a casa de Indonesia, un empresario japonés subió al avión en nuestra escala en Tokio y se sentó a mi lado. Hablaba inglés perfectamente, así que pensé: *Quizá esta es una oportunidad.* Oré en el Espíritu para ser sensible y no aburrirle. Luego le pregunté por su trabajo, y me dijo que trabaja con empresas acereras y que visitaba mucho los Estados Unidos. Parecía un hombre exitoso y un perfecto caballero.

Me preguntó: "¿A qué se dedica usted?".

Mi oportunidad para testificar se abrió ante mí. Le dije que enseñaba la Biblia, que tenía un programa diario de televisión que llegaba a dos mil millones de televidentes semanalmente, y que había viajado a países budistas, comunistas, hindúes y musulmanes y que me había dado cuenta de que les amaba a todos. Amaba a los budistas porque enseñan la paz y tienen unos valores maravillosos para vivir. Apreciaba también la rica herencia de las enseñanzas religiosas de los países comunistas. Me encantaban los hindús por sus valores familiares y porque sus principios para la vida eran impresionantes. Terminé diciendo que había leído la mayor parte del Corán y que había ido a muchos países musulmanes y me había enamorado de sus gentes. Después dije: "Permítame decirle lo que soy".

El respondió: "Usted es cristiana, ¿correcto?".

"Yo me definiría como una persona de Jesús", le dije. "Cuando estudié el budismo, vi que aunque tenían valores maravillosos, no me aportaba una forma de llegar a un Dios perfecto; no me ofrecían nada que me limpiara de mi pecado. Tampoco encontré lo que necesitaba en el hinduismo para acercarme a Dios. Sus valores eran sobresalientes, pero una vez más, no tenía ninguna forma de acercarme un Dios perfecto. Aunque me encantaban los musulmanes, no encontraba nada en el Corán que tratara el asunto de mi pecado tampoco; lo único que podía hacer era trabajar y trabajar y esperar que Dios me llevara al paraíso.

"Pero cuando oí de Jesús, aprendí que Él era el Hijo de Dios, que era perfecto, que nunca pecó, y que derramó su sangre y entregó su vida por mis pecados. Dios le resucitó de los muertos. Cuando recibí a Jesús, se llevó mi pecado, y ahora tengo una manera de acercarme a Dios".

El hombre permanecía callado mientras hablaba. Le dije cómo había invitado a Jesús a entrar en mi vida, y cómo Él camina conmigo y habla conmigo. Le dije que es el autor de mi Biblia, el libro que procede de su corazón. "No me considero cristiana. Soy una persona de Jesús", repetí.

Me dijo: "Nadie me había dicho antes algo así".

Le di una tarjeta con la oración del pecador en ella, y sentí que él oraría para recibir a Cristo. Tuvimos un tiempo maravilloso durante nuestro vuelo, y más tarde le vi pasando por la aduana. Quizá nunca vuelva a verle, pero creo que ese día que volé de Tokio a San Francisco hubo una "oportunidad de Dios".

> **Debe estar atento a oportunidades para compartir su fe, porque no siempre ocurre en donde usted esperaría.**

Usted también debe estar atento a oportunidades para compartir su fe, porque no siempre ocurre en donde usted esperaría. Se pueden producir en una tienda, un taxi, o cualquier otro lugar donde el Espíritu de Dios decida moverse.

La gente raras veces le rechaza si usted pregunta: "¿Puedo orar por usted?". Extranjeros de todas las edades y todas formas de vida aceptarán una oración. La oportunidad siempre está ante su puerta. Esté disponible, y sea afectuoso y considerado. No tiene que ser "religioso", tan sólo amoroso.

Con musulmanes "gentiles"

En la iglesia primitiva, el rechazo de Cristo de un grupo de judíos en Antioquía provocó un cambio dramático en el ministerio de los apóstoles:

Entonces Pablo y Bernabé, hablando con denuedo, dijeron: A vosotros a la verdad era necesario que se os hablase primero la palabra de Dios; más puesto que la desecha es, y no os juzgáis dignos de la vida eterna, he aquí, nos volvemos a los gentiles. (Hechos 13:46)

Quizá una cita del profeta Isaías pasó por la mente de Pablo en ese momento y le dio una dirección fresca e inspiración para la misión que Dios le había encomendado:

Ahora pues, dice Jehová, el que me formó desde el vientre para ser su siervo, para hacer volver a él a Jacob y para congregarle a Israel (porque estimado seré en los ojos de Jehová, y el Dios mío será mi fuerza); dice: Poco es para mí que tú seas mi siervo para levantar las tribus de Jacob, y para que restaures el remanente de Israel; también te di por luz de las naciones, para que seas mi salvación hasta lo postrero de la tierra. (Isaías 49:5–6)

El llamado a proclamar el evangelio tanto a gentiles como a judíos es para cada uno de nosotros. Podemos tener oportunidades milagrosas de compartir a Cristo con aquellos que no le conocen.

Una de las mayores oportunidades que he tenido para ministrar a los gentiles musulmanes ocurrió en Detroit, Michigan. Tras haber ministrado en países musulmanes durante muchos años, mi corazón comenzó a ir a mezquitas en los Estados Unidos. No veía muchas mezquitas, pero de vez en cuando veía una en alguna ciudad, y pensaba: *¿Cómo podemos* alcanzar a las personas de esa mezquita? *No se permiten cristianos en una mezquita, y menos una mujer, y mucho menos una mujer cristiana.*

Sin embargo, en su maravilloso amor y sabiduría, Dios puede cambiar una situación negativa en una positiva. Puede tomar lo que parece una puerta cerrada y hacer de ella una puerta abierta de oportunidad.

Me encanta ir a Detroit, especialmente a la iglesia Word of Faith, cuyo pastor es el obispo Keith Butler. El obispo Butler ha viajado conmigo a Pakistán dos veces y tiene una pasión muy grande por las naciones y por los perdidos. Word of Faith es una iglesia que se caracteriza por la oración y una fe fuerte en la Palabra de Dios.

> **"Si Dios puede abrir grandes puertas en países islámicos, ¿por qué no puede abrir la puerta para alcanzar a los musulmanes en nuestra nación?".**

Hablé en esa iglesia hace varios años en un seminario de dos días sobre el Evangelio de Juan, y mi tema fue "Los siete 'Yo Soy' de Jesús". En una de las sesiones que hubo por la mañana, hice esta atrevida declaración: "El mayor grupo de musulmanes en los Estados Unidos está en Dearborn, Michigan. Creo que Dios podría abrirme una puerta para llevar a cabo una reunión de sanidad en una mezquita. Si Dios puede abrir grandes puertas en países islámicos, ¿por qué no puede abrir la puerta para alcanzar a los musulmanes en nuestra nación?".

No dije eso como una palabra profética, sino de manera informal a la audiencia.

Esa mañana, entre los asistentes había una mujer que trabajaba en la esfera política. Escuchó mi declaración, y fue un desafío para ella. Al terminar, me llamó y me dijo: "Trabajo en el gobierno, y conozco a un imán, líder de una mezquita, que quizá estaría abierto a albergar una reunión de sanidad en su mezquita".

Dios le bendiga. Comenzó a llamar y a buscar una oportunidad, y me consiguió una entrevista con uno de los grandes líderes islámicos de la zona de Dearborn.

Nuestro director global, Stephen Kiser, fue conmigo, y nos sentamos con un imán chiíta que llevaba en los Estados Unidos más de catorce años y era el líder de la mezquita The House of Wisdom (Casa de sabiduría) en Dearborn. Llevó consigo un miembro de su directiva para escuchar lo que teníamos que decir.

Compartí con él lo mucho que amaba a los musulmanes y lo mucho que me gustaba orar por los enfermos, especialmente en países musulmanes. Le conté que había estado en Pakistán, Sudán y otros países islámicos y que había llevado a cabo grandes uniones de sanidad, y le dije que tenía videos de las reuniones. Se quedó muy sorprendido.

No me preguntó ni se puso a discutir conmigo, pero me dijo muy abiertamente que no estaba interesado. Me dijo que no funcionaría en su mezquita, que no ocurriría nada. También compartió conmigo que había sido capellán de la marina en Irán y que, periódicamente, regresaba allí. No me ofreció ninguna oportunidad de hacer lo que quería en su mezquita.

Cuando le diga todo lo que quería hacer, entenderá que él dudase, porque no sólo quería tener una reunión de sanidad e invitar a los musulmanes de la zona de Dearborn a acudir y ser sanados, sino que también quería retransmitir la reunión en nuestro programa de televisión. Quería compartirlo con nuestra audiencia en todo el mundo y enseñarles lo que Dios puede hacer en el mundo islámico.

Como dije, él se mantuvo bastante negativo en cuanto mi propuesta, al igual que la persona de su directiva. Sin embargo, no me rendí. No pensé que el hecho de que alguien me dijera: "No puedes hacerlo", significase que Dios no podía hacerlo.

Al final de nuestra reunión, mientras me preparaba para irme, me dijo: "La próxima vez que esté en Detroit, me gustaría que viniera a mi casa, orase por mi esposa y cenara con nosotros. ¿Estaría dispuesta?".

Pensé: *Por supuesto, estaría dispuesta*. Fue una puerta abierta poco común, y accedí.

Seis meses después, estaba en Detroit, y Stephen llamó al imán y concertó una cita para cenar en su casa. Se portó muy bien con nosotros. Su esposa, una americana encantadora que se había convertido al islam, preparó una cena preciosa. Pasamos un tiempo juntos escuchando lo que nos dijo sobre Irán, su vida y la sabiduría que sentía en la comunidad islámica. Después de casi una hora, me dijo: "Marilyn, ¿qué quiere hacer en la mezquita?".

Le volví a decir: "Me gustaría tener una reunión de sanidad. Me gustaría anunciarla e invitar a los musulmanes a acudir, y luego orar por los enfermos. También me gustaría grabar la reunión en un DVD, además de una entrevista con usted, y luego presentarla en mi programa de televisión para una audiencia de más de dos mil millones de personas".

Me dijo: "Marilyn, creo que podemos hacerlo". Se fue a por el Corán y leyó lo que decía acerca de Jesús. Como mencioné anteriormente, el Corán dice que Jesús sana a los enfermos.

Seis meses después, fuimos a La casa de Sabiduría en Detroit y tuvimos dos noches de reuniones de sanidad. Las mujeres iban con su cabeza cubierta, y también vestían de manera apropiada. La primera noche, la reunión fue en la misma mezquita, donde tienen sus reuniones generales. No había mucha gente (quizá unas 100 personas), pero yo sabía que era una increíble oportunidad. En los últimos 1.400 años no había habido una reunión de sanidad cristiana en una mezquita, y mucho menos con una mujer cristiana como oradora.

> **En los últimos 1.400 años no había habido una reunión de sanidad cristiana en una mezquita, y mucho menos con una mujer cristiana como oradora.**

El imán y yo habíamos ensayado exactamente lo que ocurriría durante el servicio. Me presentaría, daría un pequeño sermón islámico, y luego presentaría a dos de sus jóvenes líderes, que participarían en el programa leyendo del Corán. Uno de ellos era un adolescente y la otra una joven. Después de eso, sería mi turno de hablar y luego orar por la sanidad de las personas.

Después de que los jóvenes leyeran del Corán, el imán me presentó de nuevo explicando que el Corán dice que Jesús sana. Explicó cómo nos habíamos conocido y cómo había ido a predicar sobre Jesús de la Biblia y a orar por los enfermos.

Le puedo decir abierta y honestamente que enseñé en esa mezquita como si estuviera enseñando en una iglesia cristiana. Había escogido un milagro de Jesús de Juan 5:1–9, el cual veremos brevemente, y les conté a los asistentes cómo Jesús había sanado al cojo del estanque de Betesda. Prediqué de cómo Jesús es el mismo ayer, y hoy y por los siglos, y que Él quería sanar a los enfermos esa noche. Me dieron treinta minutos para hablar, y pudimos grabar la reunión completa en DVD.

Después le pedí a Dios que me diera palabras de conocimiento para las diferentes enfermedades que había entre la audiencia, y cuando lo hizo, hice que la gente se pusiera en pie. Oré por las necesidades en el nombre de Jesús. Les pedí a todos que extendieran sus manos hacia los necesitados, y se unieron a mí en la oración en el nombre de Jesús. Compartí el Salmos 107:20: *"Envió su palabra, y los sanó, y los libró de su ruina".* Yo envié la Palabra a sus cuerpos y le pedí a Dios una sanidad total. Después les pedí que compartieran sus testimonios. El adolescente que anteriormente había leído del Corán recibió un gran milagro de sanidad en su ojo y pasó al frente para dar testimonio. Otros cuantos testificaron de sanidades en sus espaldas. Fue una reunión corta pero muy buena.

Después, tomamos juntos unos refrescos. Me senté en una mesa, y un musulmán se acercó a mí y me pidió que orase por la sanidad de su esposa. Fue otra oportunidad poco común, y me di cuenta que fue muy afable y cortés.

La segunda noche, un imán nos invitó a cenar. Había reunidos otros once imanes, además de varios líderes de la comunidad islámica. También había entre los asistentes sacerdotes católicos llenos del Espíritu y un rabino, lo cual me alegró mucho porque el imán se mostraba bastante abierto a construir puentes de comunicación. Esa noche, volví a enseñar de la Biblia. Hablé sobre Jesús y oré por los enfermos, y de nuevo, la gente vino a mi mesa y querían que orase por ellos. Fue una noche maravillosa.

Les regalé al imán y su esposa mi propia Biblia y le animé a leer los cuatro evangelios. Me respondió diciendo: "Ya he leído la Biblia una vez. La volveré a leer".

Tuvimos respuestas negativas de dos de los imanes, quienes se enojaron y se fueron de la cena, pero el resto se mostraron amables y abiertos a nosotros. Me regalaron un reloj muy bonito, el cual guardo en mi oficina como recuerdo de lo que Dios hizo en esas reuniones.

Quizá esté pensando: *Fue una reunión muy pequeña*. Pero lo que Dios hizo fue hacer pedazos la historia. Recuerde que esto no había pasado nunca en más de 1.400 años.

Le he preguntado al imán si piensa que sería posible que tuviera una reunión de sanidad en Teherán, Irán. Lo único que puedo decir es que no se ha mostrado reacio.

Pasé un tiempo corto en su oficina mientras grabábamos una entrevista con él, y hemos visto esa entrevista en nuestro programa de televisión. No sé muy bien lo que Dios hará con todo esto, pero creo que los musulmanes conocerán a Jesucristo como su Salvador personal y le invitarán a ser Señor de sus vidas.

Desde esas reuniones, la esposa del imán ha tenido un bebé. Recientemente me invitaron a ir y pasar la noche en su casa. Aún no he aprovechado esa oportunidad, pero me gustaría hacerlo cuando regrese a Detroit.

> **Dios quiere hacer milagros en su vida, si usted se lo permite.**

Además, me han ofrecido otra oportunidad para hablar en una mezquita en Indonesia. ¡No podemos pensar que Dios no abrirá oportunidades para que ocurran cosas milagrosas! Tenemos que estar atentos a esas puertas y no rendirnos, porque tenemos a un Dios que hace milagros. Él quiere hacer milagros en su vida, si usted se lo permite.

Algunas personas quizá cuestionen por qué quiero orar con los musulmanes, sabiendo que no se llevan bien con Israel. Creo que cuando las personas con otros estilos de vida (musulmanes, budistas, hindúes) experimenten el amor de Dios y su poder sanador, el Espíritu de Dios los cambiará desde su interior. Cuando conocí al Señor, experimenté amor por mi prójimo, y cuando el amor se convierta en el factor dominante, habrá menos odio, y todos seremos bendecidos, incluyendo Israel. Mi oración es que Israel también experimente a nuestro maravilloso Dios.

OPORTUNIDADES MILAGROSAS PARA SANIDAD A TRAVÉS DE PALABRAS DE CONOCIMIENTO

Algunas oportunidades de milagros vienen a través de palabras de conocimiento con respecto a las enfermedades de las personas. La Biblia dice: *"Porque Jehová da la sabiduría, y de su boca viene el conocimiento y la inteligencia"* (Proverbios 2:6), y *"Porque a este es dada por el Espíritu palabra de sabiduría; a otro, palabra de ciencia según el mismo Espíritu"* (1 Corintios 12:8).

Varias veces, he mencionado ocasiones en que he recibido palabras de conocimiento de Dios durante reuniones de sanidad sobre las enfermedades de las personas y les he pedido que se levanten para que sean sanas, como hice en la mezquita de Michigan. Vemos varios ejemplos de palabras de conocimiento que llevaron a sanidad en la Biblia. Por ejemplo, observamos previamente como Naamán el sirio fue sanado por medio de profeta Eliseo. Eliseo había recibido una palabra de Dios de que Naamán debía bañarse siete veces en el río Jordán, y entonces recibiría su sanidad (véase 2 Reyes 5:1–14).

En el Nuevo Testamento, Jesús tuvo una palabra de conocimiento para sanar cuando fue a Jerusalén para la fiesta de la Pascua.

Y hay en Jerusalén, cerca de la puerta de las ovejas, un estanque, llamado en hebreo Betesda, el cual tiene

cinco pórticos. En éstos yacía una multitud de enfer-
mos, ciegos, cojos y paralíticos, que esperaban el movi-
miento del agua. Porque un ángel descendía de tiempo
en tiempo al estanque, y agitaba el agua; y el que pri-
mero descendía al estanque después del movimiento
del agua, quedaba sano de cualquier enfermedad que
tuviese. Y había allí un hombre que hacía treinta y ocho
años que estaba enfermo. (Juan 5:2–5)

Jesús se percató de ese hombre, y debió de indagar sobre él, porque la Biblia indica que supo que había estado en esa condición durante mucho tiempo. Jesús le preguntó: *"¿Quieres ser sano?"* (versículo 6). Él le dio a este hombre su oportunidad para recibir un milagro.

El hombre enfermo respondió: *"Señor, no tengo quien me meta en el estanque cuando se agita el agua; y entretanto que llegó y, otro desciende antes que yo"* (versículo 7).

Dios Padre le reveló a Jesús la manera en que el hombre sería sanado, y Jesús dijo: *"Levántate, toma tu lecho, y anda"* (versículo 8). El hombre fue curado al instante, y tomó su lecho y se fue, como Jesús le había dicho (véase versículo 9). Después, vemos que Jesús recibió otra palabra de conocimiento sobre él cuando le dijo: *"Mira, ha sido sanado; no peques más, para que no te venga alguna cosa peor"* (versículo 14).

Otra ocurrencia bíblica de una palabra de conocimiento es cuando Jesús habló con la mujer samaritana en el pozo y le dijo que había tenido cinco maridos y que ahora estaba viviendo con un sexto hombre. La precisión del conocimiento de Jesús sobre su vida, cuando era la primera vez que se veían, fue un medio por el que la mujer abrazó la fe en Jesús como Mesías y experimentó un renacimiento espiritual. Este es también un ejemplo de un "paquete de milagros", ya que su encuentro con Jesús también sirvió para salvar a muchos en su ciudad (véase Juan 4:3–42).

Recientemente tuve una reunión en Richmond, Virginia, donde tuve el privilegio de predicar y participar en otro milagro de Dios que conllevaba una palabra de sabiduría que di durante un servicio. Una mujer fue sanada, y este es un extracto del testimonio que recibí de ella:

> Tuve el placer de sentarme bajo el mensaje ungido que usted predicó el pasado domingo, 3 abril de 2011. Asistí a los dos servicios, pero mi sanidad ocurrió en el servicio de las 11:30. Esto es lo que ocurrió. Usted pidió que todo aquel que tuviera un tumor, verruga o quiste se pusiera en pie. Durante un minuto, no me di cuenta, porque hacía tanto tiempo que tenía ese quiste en mi pecho que se me olvidó levantarme. Con los años, en mi revisión anual periódica, mi doctor me decía que si me quitaban el quiste, me dejaría un gran agujero en el pecho porque el quiste era muy voluminoso. Gracias a Dios que en cada revisión que le hacía nunca era canceroso. El Espíritu Santo llamó mi atención y me inquietó para ponerme de pie. Usted comenzó a orar, y después dijo: "Ahora, revísese". Miré a mi alrededor y le dije a mi novio: "No creo que deba revisarme aquí". Después del servicio, me entretuve con los hermanos y las hermanas y me fui de la iglesia más tarde de lo habitual. Salimos a tomar algo y nos fuimos a casa. Nos sentamos, vimos una película, conversamos y mi novio se fue a casa. Entré a mi cuarto y comencé los preparativos para acostarme, y me acordé de revisarme. Cuando lo hice, para sorpresa mía, la masa voluminosa no estaba. Seguí revisando porque había estado ahí durante tanto tiempo que pensé que habría cambiado de posición, pero no encontré por ningún lado. Con lo grande que era, era imposible que estuviera escondida. No es necesario decir que comencé a saltar y a gritar y alabar al Señor. ¡NO ESTÁ! ¡POR LA LLAGA DE JESÚS FUI Y SOY SANADA! ¡GLORIA A DIOS! Gracias, Dra. Hickey, por su obediencia a Dios. Que Él siga usándola poderosamente para su gloria.

OPORTUNIDADES MILAGROSAS
PARA OBTENER RIQUEZA

Dios también puede darnos oportunidades milagrosas para recibir las finanzas que necesitamos y obtener riqueza en tiempos de dificultades económicas. A menudo, cuando hacemos frente a una merma económica, sentimos que nuestros problemas seguramente sean los peores en la historia de la humanidad, pero para ilustrar lo que Dios puede hacer, quiero que veamos unas circunstancias terribles que se dieron en 2 Reyes 6:24–29 cuando Dios intervino en una situación de desesperación para producir un milagro de provisión y riqueza material. Si Él puede intervenir en una situación así, también puede proveer en medio de cualquier carencia económica que tengamos.

> **Dios puede proveer en medio de cualquier carencia económica que tengamos.**

Apriétese el cinturón, porque lo que viene a continuación es fuerte. En los días de Eliseo, había una hambruna en la ciudad de Samaria, la capital del reino del norte de Israel. La hambruna era tan terrible que la gente se moría literalmente de hambre. Esta situación no se debió a una falta de lluvia, sino a que la ciudad estaba rodeada por todos lados por el ejército del rey sirio Ben-adad. ¿Le recuerda? Era el rey que anteriormente quiso capturar a Israel pero no pudo porque Dios siempre le decía a Eliseo cuál sería su próximo movimiento (véase 2 Reyes 6:8–23). Ahora Ben-adad había tomado a todo su ejército y sitiado Samaria para que nadie pudiera ni entrar ni salir de la ciudad, y no había forma de hacerles llegar ni comida ni ningún otro abastecimiento.

> *Después de esto aconteció que Ben-adad rey de Siria reunió todo su ejército, y subió y sitió a Samaria. Y hubo gran hambre en Samaria, a consecuencia de aquel sitio; tanto que la cabeza de un asno se vendía por ochenta piezas de plata, y la cuarta parte de un cab de estiércol de palomas por cinco piezas de plata.*

Y pasando el rey de Israel por el muro, una mujer le gri-
tó, y dijo: Salva, rey señor mío. Y él dijo: Si no te salva
Jehová, ¿de dónde te puedo salvar yo? ¿Del granero, o
del lagar? Y le dijo el rey: ¿Qué tienes? Ella respondió:
Esta mujer me dijo: Da acá tu hijo, y comámoslo hoy, y
mañana comeremos el mío. Cocimos, pues, a mi hijo, y
lo comimos. El día siguiente yo le dije: Da acá tu hijo,
y comámoslo. Mas ella ha escondido a su hijo.

(2 Reyes 6:24–29)

Como la gente estaba desesperada por comida, estaban cociendo a sus propios hijos y comiéndoselos. Ahora bien, sé que está pensando: *Marilyn, esto es muy desagradable.* Lo sé, sin embargo permanezca conmigo porque quiero que aprenda las verdades que se desprenden de esta historia.

Situaciones malditas

Este estado de sitio y la consiguiente hambruna fue una situación maldita para los israelitas. Las maldiciones nacen del pecado y la desobediencia, y llevan a la muerte. Las enfermedades, dolencias y pobreza se producen como resultado de maldiciones que vienen sobre los seres humanos debido al pecado. Hay maldiciones que son el resultado de pecados sexuales, idolatría y rebeldía, por nombrar unas cuantas. Las maldiciones incluso pueden provenir de los padres, abuelos o bisabuelos, y generalmente se les denomina "maldiciones generacionales".

La Biblia tiene algo interesante que decir sobre la naturaleza de las maldiciones: *"La maldición sin motivo jamás llega a su destino"* (Proverbios 26:2, NVI). En otras palabras, una maldición no puede venir sobre una nación o una persona sin ningún motivo. Si está participando de algún pecado sexual, se puede liberar una maldición sobre su vida. Si está engañando a su empresa malversando fondos, está en desobediencia y pecado, y puede recibir una maldición.

Algunos cristianos piensan que pueden ser desobedientes y no pagar las consecuencias. Por ejemplo, quizá digan: "No es tan importante que deje de diezmar, porque es una enseñanza del Antiguo Testamento, y ahora estamos en el Nuevo Testamento. Además, necesito ese dinero más que la iglesia. ¿Has visto cómo se viste el pastor? ¿Has visto todos los zapatos que tiene su esposa? ¿Y qué hay del auto tan bonito que poseen? ¿Por qué? ¡Ellos no necesitan mi dinero!".

Las maldiciones no vienen sin motivo, amigos. Dios quiere que obedezcamos.

La primera parte de la maldición que afectó a Israel fue el ataque del ejército de Siria. Ben-adad dijo: "Vamos a conquistar Israel de una vez para siempre y a hacerla nuestra". ¿Por qué llegó esta maldición tan terrible sobre Israel? Creo que fue porque el rey Joram mantuvo a la nación en idolatría. Joram era el mismo rey que quiso matar a los sirios que había perdonado Eliseo, y el mismo rey que se buscó problemas cuando fue a la guerra contra los moabitas. Su padre era Acab, y su madre Jezabel, la cual introdujo la adoración a Baal en Israel. De hecho, toda la familia no era sino una banda de matones. Una *"maldición sin motivo"* no puede llegar, pero si usted decide practicar la idolatría, entonces habrá una razón para que llegue la maldición.

Ahora bien, el rey de Siria, Ben-adad, tampoco se dio mucha prisa. Anteriormente, vimos que ya había visto los resultados de milagro tras milagro de la provisión de Dios (véase, por ejemplo, 2 Reyes 5:1–18; 6:11–23), pero aún se negaba a arrepentirse y servir a Dios. Se vio en situaciones en las que podía haber sido librado de las maldiciones en su vida si hubiera acudido al Dios verdadero, pero aparentemente, a este rey le encantaba el pecado, y estaba decidido a conquistar Israel como fuera.

Conozco a algunos cristianos que deben de tener algún parentesco con Ben-adad, ya que ven milagro tras milagro, y aun así su corazón no cambia, y se quejan diciendo: "Sé que tal persona fue sanada de cáncer, pero a mí no me va a ocurrir. La sanidad no es para todos, sabes". ¿Cuál es el resultado? *¡El milagro se esfuma!* En vez de obtener una liberación maravillosa, algunas personas siguen en rebeldía y viven sus maldiciones.

Tiene que lanzarse en fe y creer que Dios le dará su milagro. Si reconoce que está en una situación de maldición, tiene que pedir a Dios que le ayude. Si no sabe cómo puede llegar una maldición a su familia, dígaselo a Dios, y Él se lo dirá. Él no se enoja por tener que responder preguntas, porque le encanta enseñarnos a ganar. Si está viviendo en pecado, el Espíritu Santo le revelará su pecado y le ayudará a limpiar su comportamiento. Las maldiciones traen muerte, pero los milagros producen vida. La Biblia nos enseña a *"escoger la vida"* (Deuteronomio 30:19).

> **Si no sabe cómo puede llegar una maldición a su familia, dígaselo a Dios, y Él se lo dirá.**

Culpa contra confianza

¿Qué hizo el rey Joram con la grave situación que estaba viviendo Israel? Cuando oyó que la gente se estaba comiendo a sus hijos por la gravedad de la hambruna, se enojó, pero con una motivación equivocada.

> *Cuando el rey oyó las palabras de aquella mujer, rasgó sus vestidos, y pasó así por el muro; y el pueblo vio el cilicio que traía interiormente sobre su cuerpo. Y él dijo: Así me haga Dios, y aun me añada, si la cabeza de Eliseo hijo de Safat queda sobre él hoy.*
>
> (2 Reyes 6:30–31)

Es fácil culpar a otros de nuestros pecados y dificultades. Quizá oímos la Palabra de verdad que puede cambiar nuestra vida, pero no la ponemos en práctica, y además refunfuñamos: "Sé que debería diezmar, pero mi casa entera se está derrumbando, los prestamistas llaman a mi puerta y mi automóvil no funciona. No me puedo permitir diezmar". Según va empeorando la situación, también lo hacen nuestras actitudes. "Si fulanito o menganito no hubiera dicho que podía ser próspero, no tendría ahora estos problemas".

Israel estaba en un estado de desesperación tal que algunas personas estaban cociendo a sus hijos y comiéndoselos, pero Dios iba a dar una oportunidad para librarse. Nuestras circunstancias pueden mejorar, a pesar de nosotros mismos. Eliseo sabía lo que estaba ocurriendo en la ciudad, pero no se puso nervioso. No estaba sentado en su casa, mordiéndose las uñas, muriéndose de autocompasión y muerto de miedo por la falta de alimento. Había visto suficientes milagros de Dios en su vida como para saber que Dios era fiel a su Palabra y que la liberación estaba a la vuelta de la esquina. Eliseo no confiaba en el rey Joram o en Ben-adad. Sabía que el Dios vivo era su fuente.

Nuestra fuente de poder

Cuando se produce una "hambruna" en nuestra economía, lo primero que nos gusta hacer es hablar de la situación, y les contamos a nuestros vecinos y amigos la terrible situación económica que estamos atravesando. Nos alejamos de la fe y nos acercamos a la necedad, y entonces realmente nos metemos en aprietos. Quizá comenzamos a culpar a Dios y a otras personas, como nuestro cónyuge, nuestros hijos y nuestros pastores, pero como hemos visto, hablar de nuestros problemas sólo empeora las cosas. Trae oscuridad y puede ser espiritualmente mortal (véase, por ejemplo, Proverbios 15:4; 8:21; Santiago 3:5–11). Vivir en tinieblas nos impide ver la verdad, pero Jesús es la luz de todo el mundo. Si mantenemos nuestros ojos fijos en Él durante nuestras hambrunas económicas, Él traspasará las tinieblas con la verdad de la Palabra de Dios (véase Juan 8:12).

Permítame ponerle una analogía. Tener el poder de la electricidad es una increíble ventaja que a menudo damos por hecho. Por ejemplo, cuando quiere luz en su habitación, enciende el interruptor y la tiene al instante. Gracias a que el poder de la electricidad se canalizó a través de cables eléctricos hasta ese interruptor, cuando lo acciona, la luz aparece a través de los elementos de la bombilla. El punto es que esa electricidad se puede canalizar hasta el lugar correcto en el momento oportuno.

De igual forma, si hay una hambruna económica en su casa, Jesús está listo para "liberar el poder". Tan sólo tiene que decir: "Jesús, tengo una gran necesidad aquí en mi vida. Necesito un milagro para volver a levantarme". A Jesús le encanta este tipo de oración. Él es la fuente de poder de su milagro. Él puede enviar su poder para "accionar el interruptor" y darle sabiduría y provisión en base a su problema. Quizá piense que su problema es único en el mundo, y quizá así lo sea, pero Jesús puede canalizar su poder directamente hasta su necesidad concreta y adentrarle en la luz de la "tierra prometida".

> **Jesús puede enviar su poder para "accionar el interruptor" y darle sabiduría y provisión en base a su problema.**

Yo no me sentaré en la oscuridad y comenzaré a hablar de los problemas que quieren bloquear mi camino, sino que más bien los veo como oportunidades disfrazadas. Jesús es mi fuente de poder, y quiero que Él sea una gran luz en mi vida para que la gente vea esa luz en medio de su propia oscuridad. Las personas con heridas sabrán que mi Dios es un Dios de milagros y comenzarán a creer que los milagros también pueden ser suyos.

Eliseo conocía esta verdad, y proclamó lo que Dios podía hacer en medio de esa terrible hambruna en Israel, diciéndole al rey Joram:

> *Oíd palabra de Jehová: Así dijo Jehová: Mañana a estas horas valdrá el seah* [alrededor de 4,5 kilogramos] *de flor de harina un siclo, y dos seahs de cebada un siclo, a la puerta de Samaria.* (2 Reyes 7:1)

Esta palabra de Dios fue una noticia tremenda. Si usted se estuviera muriendo de hambre, ¿no sería una buena noticia para usted? Sin embargo, usted no creería que en medio de una noticia tan maravillosa, habría un oficial del rey que no creyó a Eliseo. *"Y un príncipe sobre cuyo brazo el rey se apoyaba, respondió al varón de Dios, y dijo: Si Jehová hiciese ahora ventanas en el cielo, ¿sería esto así?"* (2 Reyes 7:2).

La actitud del príncipe del rey es como la actitud de algunos cristianos. Oyen la Palabra de Dios, pero la rechazan porque no creen que Él es un Dios de milagros. El Señor estaba a punto de hacer un milagro para Israel, e incluso para el príncipe del rey, pero este hombre albergaba duda e incredulidad. Eliseo sabía que Dios iba a abrir las ventanas de los cielos y hacer un milagro, sin embargo ¿qué le dijo al incrédulo príncipe? *"He aquí tú lo verás con tus ojos, mas no comerás de ello"* (2 Reyes 7:2).

Una liberación poderosa

Prepárese, porque Israel estaba a punto de recibir un milagro poderoso en medio de una circunstancia peculiar. A veces, su camino hacia los milagros puede tener algunas curvas inesperadas.

> *Había a la entrada de la puerta cuatro hombres leprosos, los cuales dijeron el uno al otro: ¿Para qué nos estamos aquí hasta que muramos? Si tratáremos de entrar en la ciudad, por el hambre que hay en la ciudad moriremos en ella; y si nos quedamos aquí, también moriremos. Vamos, pues, ahora, y pasemos al campamento de los sirios; si ellos nos dieren la vida, viviremos; y si nos dieren la muerte, moriremos.*
>
> (2 Reyes 7:3–4)

Estos hombres sacaron fuerzas de flaqueza y, al anochecer, tomaron sus muletas y se dirigieron al campamento sirio. Estaban hambrientos y cansados, pero tenían una esperanza que les hacía seguir avanzando.

Cuanto más se acercaban al lugar, más observaban lo quieto que estaba todo. No había nadie vigilando la entrada, así que se adentraron en el campamento, ¿y sabe quién les vio? Nadie. Eso es, nadie. Lo único que encontraron allí fueron tiendas abandonadas, caballos, asnos, ropa y *comida*.

Llegaron hasta el botín y comenzaron a comer y a comer. Estaban tan hambrientos, que ni si quiera contaron las calorías. Fue algo sencillamente maravilloso, todo tipo de comida, y nadie que les molestase (véase versículos 5–8).

¿Dónde cree que estaban los sirios ese día? Esto es lo que dice la Palabra:

> *Porque Jehová había hecho que en el campamento de los sirios se oyese estruendo de carros, ruido de*

*caballos, y estrépito de gran ejército; y se dijeron unos
a otros: He aquí, el rey de Israel ha tomado a sueldo
contra nosotros a los reyes de los heteos y a los reyes
de los egipcios, para que vengan contra nosotros. Y
así se levantaron y huyeron al anochecer, abandonan-
do sus tiendas, sus caballos, sus asnos, y el campamento como estaba; y habían huido para salvar sus
vidas.* (2 Reyes 7:6–7)

Aquí vemos el milagro que hizo Dios. Provocó que los sirios oyeran un gran estruendo como de miles de hombres y
caballos que corrían hacia la ciudad. Lo primero que pensaron
los sirios fue que Joram había conseguido la ayuda de los heteos y los egipcios, que eran los dos ejércitos más grandes de la
zona, para venir y atacarles. Se aterrorizaron tanto que huyeron para salvar sus vidas y dejaron detrás todas sus posesiones
materiales.

Los leprosos se encontraron con abundancia de comida y
bienes materiales allí tirados para que los recogieran. Después
de comer, se vistieron. Y siguieron comiendo y admirando las
riquezas de los sirios. Pero finalmente, uno de ellos dijo: "Oye,
¿no crees que deberíamos regresar y decirles a los habitantes
de Israel que hemos encontrado comida? Compartamos nuestras bendiciones con todos los que están en casa".

Así, los leprosos regresaron a la ciudad. Me los imagino
de esta manera: con su tripa llena, eructando, y vistiendo una
ropa muy bonita. Gritaron a los porteros de la ciudad, diciendo:
"¡El ejército sirio se ha ido! Vengan y vean toda la comida que
han dejado, y toda la ropa, joyería y dinero. ¡Hurra! Vayan al
campamento y coman" (véase versículos 9–11).

Ya se imaginará lo que los habitantes de la ciudad debie-
ron de haber pensado al escuchar y ver a los cuatro leprosos.
Observe lo que ocurrió cuando los mensajeros del rey confirmaron su historia:

*Entonces el pueblo salió, y saqueó el campamento de
los sirios. Y fue vendido un seah de flor de harina por
un siclo, y dos seahs de cebada por un siclo, conforme a la palabra de Jehová. Y el rey puso a la puerta*

a aquel príncipe sobre cuyo brazo él se apoyaba; y lo
atropelló el pueblo a la entrada, y murió, conforme a lo
que había dicho el varón de Dios, cuando el rey des-
cendió a él. (2 Reyes 7:16–17)

Como puede ver, el pueblo de Israel corrió al campamento sirio. Todos intentaron llegar a la vez porque se morían de hambre, y ¿qué le ocurrió al príncipe que no creyó la profecía de Eliseo? Eliseo le dijo que vería la riqueza y la comida, pero que no la obtendría. Pues bien, el rey le dijo a este príncipe que ayudara a la multitud a pasar por la puerta de la ciudad de manera ordenada. Pero esas personas estaban hambrientas y actuaron de forma salvaje, así que cuando abrió la puerta, cientos de personas pasaron corriendo por encima de él. No se pudo apartar a tiempo, y la turba hambrienta le pasó por encima aplastándole, y ese fue su final.

> **Cuando usted decide creer a Dios, la puerta de bendición comienza a abrirse a medida que le obedece.**

Dios tenía un plan para el pueblo de Israel, una bendición de oportunidad de provisión y riqueza. Habló a través de su profeta Eliseo y le dijo que habría comida. Usted puede creer en los milagros de Dios, o puede ser como el príncipe del rey. Cuando usted decide creerle, la puerta de bendición comienza a abrirse a medida que le obedece. Habrá abundancia, y no carencia. Somos el pueblo escogido de Dios. Debemos tomar el botín y contentar nuestro corazón.

Le animo a proclamar estas confesiones:

Superaré mi hambruna económica. Creeré que Dios suplirá mis necesidades. Le daré a Dios y esperaré que las ventanas del cielo se abran para mí. Caminaré en la luz y no en tinieblas. Proclamaré lo que Dios puede hacer y hará en mi vida. Abriré las puertas del reino de Dios y viviré en prosperidad. Tomaré los despojos del enemigo y reclamaré mi milagro.

Oro para que el Señor obre milagros de oportunidad en su vida que rebasen lo que usted espera y lo que puede llegar a imaginar (véase Filipenses 3:20), siempre que usted se muestre dispuesto a ser guiado por el Espíritu Santo. Es sólo por el Espíritu de Dios que se pueden abrir nuestros ojos, para poder discernir las increíbles oportunidades que Él ha planeado para nosotros.

CAPÍTULO 14

MILAGROS A MEDIANOCHE

Su hora más oscura puede traer su mayor milagro

Casi ninguno de nosotros pensamos en la medianoche como en un tiempo idóneo para los milagros. La "medianoche" a menudo parece un símbolo de los momentos de oscuridad en nuestra vida, o cuando parece que el tiempo se ha quedado sin esperanza ni rescate. Sin embargo, el momento de la "medianoche" puede traer consigo el mayor de nuestros milagros.

Los milagros de Dios de medianoche eclipsan las situaciones adversas y demuestran su poder a través de cosas como juicios, rescates, llamados en la vida de las personas y sanidades. A "medianoche", he visto desaparecer el cáncer, ojos ciegos que vuelven a ver y oídos que se destapan, y tumores desvanecerse.

En este capítulo veremos ocho "milagros de medianoche" en la Biblia, cuatro del Antiguo Testamento y cuatro del Nuevo Testamento. Creo que es muy interesante que Dios escoja actuar en la oscuridad de la noche, pero si piensa en ello, la medianoche es sin duda alguna el momento en el que comienza un nuevo día...

1. El milagro de medianoche de la Pascua

Nuestro primer milagro de medianoche es la liberación de los israelitas en la pascua. El pueblo de Dios había sido esclavizado y perseguido por los egipcios durante 400 años. Ochenta años antes de su éxodo, el faraón había ordenado la muerte de todos sus bebés varones, porque temía que los israelitas crecieran demasiado en número y poder. Sin embargo, nació un libertador, un bebé que el faraón había planificado que muriera, pero que su familia escondió y después rescató la misma hija del faraón. El nombre del bebé era Moisés.

Moisés salió de Egipto a los cuarenta años después de intentar salvar a los israelitas con su propia fuerza, y se convirtió en pastor. Cuarenta años después, Dios le llamó a liberar a su pueblo de la esclavitud. Cuando el faraón al mando se negó a liberar a los israelitas, Dios envió plagas a los egipcios. Debido a estas plagas, Egipto vivió uno de los momentos más oscuros de su historia, pero fue uno de los momentos más milagrosos para Israel (véase Éxodo 2–4).

> **Egipto vivió uno de los momentos más oscuros de su historia, pero fue uno de los momentos más milagrosos para Israel.**

Siguiendo las instrucciones de Dios, Moisés y su hermano Aarón acudieron nueve veces ante el faraón, anunciando varias plagas que llegarían sobre Egipto si no liberaba a los israelitas. Pero el corazón del faraón estaba endurecido, y se negó (véase, por ejemplo, Éxodo 7:1–13). Estoy segura de que Dios no quería castigar a los egipcios de esta manera, pero su líder rehusó tercamente prestar atención al Dios de Israel, aun a pesar de las milagrosas demostraciones de las plagas. Además, los egipcios en ese tiempo servían a unos 2.000 dioses y diosas, pero no reconocían al único Dios verdadero.

El hecho de que el faraón no quisiera dejar libre a Israel no fue una sorpresa para Dios. El Señor se lo había dicho a Moisés la primera vez que le llamó para ser el libertador de Israel:

Mas yo sé que el rey de Egipto no os dejará ir sino por mano fuerte. Pero yo extenderé mi mano, y heriré a Egipto con todas mis maravillas que haré en él, y entonces os dejará ir. (Éxodo 3:19–20)

El Señor también le había dicho a Moisés que los israelitas tendrían favor con los egipcios y recibirían de ellos *"alhajas de plata, alhajas de oro, y vestidos"* (versículo 22) cuando se fueran.

No voy a describir las nueve plagas anteriores porque quiero que vea lo que hizo Dios en esta hora especial de medianoche cuando la décima plaga sacudió Egipto.

> *Jehová dijo a Moisés: Una plaga traeré aún sobre Faraón y sobre Egipto, después de la cual él os dejará ir de aquí; os echará de aquí del todo.*   (Éxodo 11:1)

Así que Moisés fue a ver al Faraón una última vez:

> *Dijo, pues, Moisés: Jehová ha dicho así: A la medianoche yo saldré por en medio de Egipto, y morirá todo primogénito en tierra de Egipto, desde el primogénito de Faraón que se sienta en su trono, hasta el primogénito de la sierva que está tras el molino, y todo primogénito de las bestias. Y habrá gran clamor por toda la tierra de Egipto, cual nunca hubo, ni jamás habrá. Pero contra todos los hijos de Israel, desde el hombre hasta la bestia, ni un perro moverá su lengua, para que sepáis que Jehová hace diferencia entre los egipcios y los israelitas. Y descenderán a mí todos estos tus siervos, e inclinados delante de mí dirán: Vete, tú y todo el pueblo que está debajo de ti; y después de esto yo saldré. Y salió muy enojado de la presencia de Faraón.*   (versículos 4–8)

Los israelitas quedaron exentos de esta décima plaga a través de la primera Pascua. Dios también instituyó que su pueblo guardara continuamente la fiesta de la Pascua. Como vimos en el capítulo 2 de este libro, la observancia de la Pascua es una revelación del Cordero sacrificial de Dios (Jesús).

> *Habló Jehová a Moisés y a Aarón en la tierra de Egipto, diciendo: Este mes os será principio de los meses; para vosotros será éste el primero en los meses del año. Hablad a toda la congregación de Israel, diciendo: En el diez de este mes tómese cada uno un cordero según las familias de los padres, un cordero por familia.*
>
> (Éxodo 12:1–3)

El primer mes del año significa un nuevo comienzo. Nosotros también experimentamos un nuevo comienzo cuando "tomamos cada uno al Cordero", al recibir el Espíritu de Cristo, la mente de Cristo y las palabras de Cristo en nuestra vida (véase, por ejemplo, Mateo 26:26, Romanos 8:11; 1 Corintios 2:16; Juan 15:7).

Dios le dijo a Moisés: *"Ahora lo guardaréis* [el cordero] *hasta el día catorce de este mes. Luego toda la congregación del pueblo de Israel lo inmolará entre las dos tardes"* (Éxodo 12:6). Observe que el cordero había que inmolarlo al anochecer, o entre las dos tardes. Este significado me emociona mucho porque he enseñado muchas veces sobre los sacrificios de la mañana y de la tarde. Los judíos tenían dos tardes, una a las tres en punto, que era cuando se mataba el sacrificio de la tarde, y el otro a las seis en punto. Jesús estaba en la cruz y murió a la hora novena, lo que equivale a nueve horas después del amanecer, o las tres en punto de la tarde, la hora del sacrificio de la tarde (véase, por ejemplo, Marcos 15:20–38). Emocionante, ¿verdad? Dios tenía todos los detalles alineados en este sacrificio precursor de Jesús.

"Y tomarán de la sangre, y la pondrán en los dos postes y en el dintel de las casas en que lo han de comer" (Éxodo 12:7). Cada familia israelita ponía la sangre mojando un hisopo y presionándolo contra los dos postes laterales de la puerta y el dintel superior. Bajo el antiguo pacto, no había perdón, santidad ni relación con Dios sin el pacto de sangre, y Jesús les dijo a sus discípulos en la última cena: *"Esto es mi sangre del nuevo pacto, que por muchos es derramada para remisión de los pecados"* (Mateo 26:28). El nuevo pacto está basado en la "pascua" resultante del sacrificio de Jesús, porque no hay perdón, remisión de pecados, santidad, relación con Dios, morada del Espíritu Santo o vida eterna sin el pacto de sangre de Jesús.

La última plaga, la muerte de todo primogénito, llegó a Egipto a medianoche, pero a los israelitas no les afectó. No sólo tenían la sangre de los corderos sacrificados sobre sus puertas, sino que también habían comido la carne de esos corderos. De esta forma, tenían el cordero "dentro" y "fuera" de ellos. La

Pascua en Egipto fue el mayor milagro de liberación que experimentaron los israelitas, porque salvó a su primogénito del juicio de muerte. *"Por la fe* [Moisés] *celebró la pascua y la aspersión de la sangre, para que el que destruía a los primogénitos no los tocase a ellos"* (Hebreos 11:28). Nuevamente, fue una de las mayores revelaciones proféticas de Jesucristo, el Cordero de Dios, que vino para salvarnos de la muerte eterna. *"Y él* [Cristo] *es la cabeza del cuerpo que es la iglesia, él que es el principio, el primogénito de entre los muertos, para que en todo tenga la preeminencia"* (Colosenses 1:18). Podemos tener al Cordero dentro de nosotros, Jesús es nuestra *"esperanza de gloria"* (versículo 27), así como su sangre "fuera" de nosotros para protegernos de la matanza de nuestro enemigo el diablo: *"Y ellos le han vencido por medio de la sangre del Cordero..."* (Apocalipsis 12:11).

Este milagro de medianoche también liberó al pueblo de Dios de la esclavitud de los egipcios. Los egipcios estaban tan ansiosos de dejarles ir que les dieron sus riquezas, así como Dios había dicho que harían. El Salmos 105 afirma: "[Dios] *los sacó con plata y oro; Y no hubo en sus tribus enfermo"* (versículo 37). Los israelitas eran libres, sanos y tenían un futuro: la tierra prometida. Y ocurrió a medianoche.

> **Nosotros podemos ser libres espiritualmente, estar físicamente sanos y anticipar un futuro con Dios en la eternidad a través de la sangre del Cordero.**

Nosotros podemos ser libres espiritualmente, estar físicamente sanos y anticipar un futuro con Dios en la eternidad a través de la sangre del Cordero de Dios. Jesús ha provisto eso para nosotros, si estamos dispuestos a recibirlo.

2. EL MILAGRO DE MEDIANOCHE
DE LA ESCAPADA DE LOS ENEMIGOS

La segunda ocasión de "medianoche" tiene que ver con Sansón, uno de los últimos jueces que gobernaron Israel. Su nacimiento se produjo después de que el ángel del Señor apareciera a sus padres, Manoa y su esposa, y les dijera que tendrían un hijo que comenzaría a liberar a los israelitas de sus enemigos, los filisteos (véase Jueces 13). Tras unas cuantas escapadas en su vida, en las que demostró una fuerza extraordinaria, Sansón fue a Gaza, una ciudad filistea. Los habitantes del lugar le rodearon en la noche y le esperaron en la puerta de la ciudad, con un plan para matarle por la mañana. De algún modo, Sansón se enteró del plan. Podía haber sido que el Señor le despertara y le dijera que se fuera de allí.

Ungido por Dios y con una fuerza sobrenatural, Sansón se levantó a medianoche, arrancó las puertas de la ciudad, las cargó sobre sus hombros y escapó de los que intentaban capturarle, llevando las puertas hasta lo alto de una colina (véase Jueces 16:1–3). Esa colina estaba a unos dos kilómetros de la ciudad de Gaza.

Las barreras de la ciudad no pudieron detenerle, ni tampoco el plan de sus enemigos. ¿Se imagina a los filisteos despertándose y diciendo: "¿Dónde están las puertas de la ciudad? ¡Eran nuestra protección!". Comenzaron su búsqueda, y las encontraron en lo alto de la colina. Era obvio que sólo el hombre a quien intentaban matar podía haberlas puesto allí.

Esta demostración de fuerza y fuga ocurrió a medianoche, en una de las horas más oscuras de Sansón, cuando sus enemigos esperaban tenderle una emboscada. Quizá usted se sienta encerrado por sus enemigos, pero Dios le dará fuerza para su liberación. Él trae milagros de medianoche, y lo hará con usted, si mantiene sus ojos en Él y no se rinde.

> **Quizá usted se sienta encerrado por sus enemigos, pero Dios le dará fuerza para su liberación.**

3. El milagro de medianoche
de un pariente-redentor

El tercer milagro de medianoche se centra en un romance: la historia de Rut y Booz.

Rut era una joven moabita viuda que dejó su propia familia y país para acompañar a su suegra Noemí, que se quedó viuda e indigente, a su ciudad natal de Belén en Israel. Rut le había entregado su corazón al Dios vivo, al confesar abiertamente a Noemí: "Tu Dios será mi Dios" (véase Rut 1:16).

Sin embargo, este era un momento oscuro para Rut. Acarreaba consigo el dolor de haber perdido a su marido. Probablemente extrañaba a sus familiares, su pueblo y muchas de las cosas a las que estaba acostumbrada en Moab. Después, tras llegar a Belén, tuvo que ir a recoger grano en los campos, como una mendiga, para conseguir comida para Noemí y para ella. Los israelitas tenían una ley que les obligaba a dejar una esquina de los campos sin cosechar para que los pobres pudieran conseguir alimento (véase, por ejemplo, Levítico 19:10).

Mientras Rut trabajaba en los campos de Booz, que era un hombre importante de la ciudad de Belén, recibió su favor. Este hombre entendió que era moabita, y le atrajo su devoción a Noemí, su duro trabajo y su carácter personal. Así que le pidió a sus hombres que cuidaran de ella mientras recogía el grano en sus campos, pidiéndoles que la dejaran unirse a sus trabajadores a la hora de la comida, y secretamente ordenó que le dejaran intencionadamente una cantidad extra de grano. Al final del primer día, Rut llegó a casa con más de un efa de cebada, una gran cantidad para un sólo día de trabajo. Su suegra le preguntó y descubrió que esa abundancia provenía de Booz, que era uno de los parientes de su difunto esposo. Noemí conocía las costumbres de su pueblo, las cuales contemplaban la "redención" (matrimonio) de una viuda por un familiar cercano. Le dijo a Rut que sería muy bueno que se quedara en los campos de Booz hasta el final de la cosecha, porque allí estaría protegida de posibles hombres indeseables de otros estados.

Cuando se terminó la cosecha, casi se podía ver el brillo en los ojos de Noemí cuando le contó a Rut el plan que tenía en mente.

Después le dijo su suegra Noemí: Hija mía, ¿no he de buscar hogar para ti, para que te vaya bien? ¿No es Booz nuestro pariente, con cuyas criadas tú has estado? He aquí que él avienta esta noche la parva de las cebadas. Te lavarás, pues, y te ungirás, y vistiéndote tus vestidos, irás a la era; mas no te darás a conocer al varón hasta que él haya acabado de comer y de beber. Y cuando él se acueste, notarás el lugar donde se acuesta, e irás y descubrirás sus pies, y te acostarás allí; y él te dirá lo que hayas de hacer. (Rut 3:1–4)

Rut siguió el consejo de su suegra, y la Biblia dice: *"Aconteció que a la medianoche se estremeció aquel hombre, y se volvió; y he aquí, una mujer estaba acostada a sus pies"* (versículo 8). Un momento, ¿cuándo ocurrió esto? A medianoche.

Booz preguntó: "¿Quién *eres*?".

Ella respondió: *"Soy Rut tu sierva. Extiende el borde de tu capa sobre tu sierva, por cuanto eres pariente cercano ["pariente que me puede redimir",* NVI]" (versículo 9).

Entonces Booz le dijo:

Y él dijo: Bendita seas tú de Jehová, hija mía; has hecho mejor tu postrera bondad que la primera, no yendo en busca de los jóvenes, sean pobres o ricos. Ahora pues, no temas, hija mía; yo haré contigo lo que tú digas, pues toda la gente de mi pueblo sabe que eres mujer virtuosa. Y ahora, aunque es cierto que yo soy pariente cercano, con todo eso hay pariente más cercano que yo. Pasa aquí la noche, y cuando sea de día, si él te redimiere, bien, redímete; mas si él no te quisiere redimir, yo te redimiré, vive Jehová. Descansa, pues, hasta la mañana. (versículos 10–13)

Rut estuvo tendida a sus pies hasta la mañana. Cuando se levantó para irse, él la envió a casa con seis efas de cebada (gran abundancia) muy probablemente para que Noemí supiera que había accedido a su propuesta.

Para que Booz se convirtiera en el esposo de Rut, tuvo que cumplir los siguientes requisitos: (1) tenía que ser un pariente cercano de su difunto esposo, (2) tenía que tener el dinero para comprar la tierra de su esposo (la tierra que su esposo hubiera heredado de su padre, si hubiera vivido), y (3) tenía que "redimirla" casándose con ella. No todos los hombres hubieran escogido tales circunstancias para su matrimonio, porque su primer hijo fruto de esta unión normalmente llevaba el nombre del difunto esposo, para poder preservar así la memoria y linaje del marido. Pero él aceptó las condiciones, y se casaron cuando otro pariente más cercano que él rechazó estas condiciones.

Rut y Booz tuvieron un hijo llamado Obed, que se convertiría en el padre de Isaí, que a su vez fue el padre de David, rey de Israel. Incluso más importante aún, se convirtieron en una parte integral de la genealogía de Jesucristo, que era descendiente de David. ¿Cuándo comenzó todo esto? Comenzó a medianoche.

> **Mantenga su fe en Dios mientras confía en que Él será su mejor Redentor y Proveedor.**

Quizá usted se encuentre soltero y solo; quizá sienta que no hay nadie para usted. Podría ser un tiempo oscuro de su vida, pero también podría ser el tiempo en el que Dios le traiga una pareja excepcional. Mantenga su fe en Dios mientras confía en que Él será su mejor Redentor y Proveedor.

4. EL MILAGRO DE MEDIANOCHE DE LA LIBERACIÓN POR MEDIO DE LA ALABANZA

Si está viviendo un tiempo de oscuridad, ¡levántese y alabe al Señor! El autor del Salmos 119 pasó por varias dificultades (véase versículos 49–61), pero aún así siguió declarando: *"A medianoche me levanto para alabarte por tus justos juicios"* (versículo 62).

Permítame contarle un milagro de medianoche de alabanza que experimentaron Pablo y Silas. Estos hombres eran misioneros de Dios, y se encontraron con una situación difícil como consecuencia de proclamar el evangelio. Cuando estaban en Filipo, conocieron a una esclava que tenía un *"espíritu de adivinación"* (Hechos 16:16). Sus amos usaban a esta chica para hacer dinero adivinando el futuro de la gente. La palabra griega traducida como *"adivinación"* en el versículo de arriba es *puthon* (pitón). Según la mitología, pitón era una serpiente enorme, a la que dio muerte Apolo, que era un "diòs" griego con poderes proféticos.

Esta esclava seguía a Pablo y Silas por todos lados durante días, gritando: *"Estos hombres son siervos del Dios Altísimo, quienes os anuncian el camino de salvación"* (Hechos 16:17). Aunque era cierto, el espíritu que había en ella era demoniaco, y esto entristecía a Pablo, así que echó al espíritu maligno de ella.

Los hombres que obtenían su sueldo con los poderes de esta esclava se enfurecieron cuando Pablo mandó al espíritu que saliera de ella, causándole que perdiera su capacidad de ver el futuro. (Creo que la chica se convirtió, aunque la Biblia no lo dice). Sus amos llevaron a Pablo y Silas ante los magistrados de la ciudad y les dijeron, básicamente: "Estos hombres judíos nos están causando muchos problemas en nuestra ciudad". Los habitantes de la ciudad se lanzaron contra ellos también. Los magistrados ordenaron que les azotaran y metieran en prisión, y el guarda o carcelero de la prisión les puso en la celda más interna y amarró sus pies con grilletes.

Claramente, esta fue una hora muy oscura para Pablo y Silas, pero también fue un momento oportuno para que Dios actuara, el cual llegó por su espíritu de alabanza. En vez de mirar a sus grilletes y quejarse por el dolor que les causaban, los dos hombres miraron a Dios y tuvieron una reunión de alabanza. Y, como bien sabe, ¡Dios apareció a medianoche!

Pero a medianoche, orando Pablo y Silas, cantaban himnos a Dios; y los presos los oían. Entonces sobrevino de repente un gran terremoto, de tal manera que los cimientos de la cárcel se sacudían; y al instante se abrieron todas las puertas, y las cadenas de todos se soltaron. Despertando el carcelero, y viendo abiertas las puertas de la cárcel, sacó la espada y se iba a matar, pensando que los presos habían huido.
(Hechos 16:25–27)

El guarda de la prisión se llenó de espanto, porque si los prisioneros escapaban, le matarían, así que había decidido quitarse él mismo la vida. Pablo le dijo: *"No te hagas ningún mal, pues todos estamos aquí"* (Hechos 16:28). Un guarda acercó una luz, y el carcelero les preguntó a Pablo y a Silas: *"Señores, ¿qué debo hacer para ser salvo?"* (versículo 30). Los dos hombres que acababa de encarcelar estaban a punto de convertirse en una bendición eterna para él.

Pablo y Silas aprovecharon la mejor oportunidad que podemos tener. Guiaron al carcelero y toda su casa a Cristo. Ahora, el carcelero les curó las heridas y les dio de comer, y él y su familia fueron bautizados. Verdaderamente fue un milagro de medianoche. Al día siguiente, Pablo y Silas fueron liberados (véase versículos 16–40).

> **En su medianoche, puede alabar a Dios, y Él brillará con su luz sobre usted, le transformará y le dará un nuevo comienzo.**

Quizá usted se encuentre en una situación oscura, como una adicción, un divorcio, una enfermedad, una decepción, un fracaso, en definitiva los "azotes" que nos da la vida. Pero puede recurrir a Dios. En su medianoche, puede alabarle, y Él brillará con su luz sobre usted, le transformará y le dará un nuevo comienzo. La medianoche: ¡el tiempo perfecto de Dios para un milagro!

5. El milagro de medianoche de una resurrección

Algún tiempo después del incidente de Filipo, Pablo y Lucas se encontraban en la ciudad de Troas, y *"el primer día de la semana, cuando los discípulos se juntaron para partir el pan, Pablo, listo para partir al día siguiente, les habló y extendió su mensaje hasta la medianoche. Había muchas lámparas en el aposento alto donde estaban todos reunidos"* (Hechos 20:7–8).

Muchos de los creyentes de Troas se habían reunido en ese aposento alto para escuchar las enseñanzas de Pablo. Pablo enseñó hasta la noche porque estaba listo para partir al día siguiente, y quería asegurarse de que tenían un buen fundamento para su fe en Cristo. Después, ocurrió la tragedia:

*Y un joven llamado Eutico, que estaba sentado en la
ventana, rendido de un sueño profundo, por cuanto
Pablo disertaba largamente, vencido del sueño cayó
del tercer piso abajo, y fue levantado muerto. Entonces descendió Pablo y se echó sobre él, y abrazándole,
dijo: No os alarméis, pues está vivo…. Y llevaron al
joven vivo, y fueron grandemente consolados.*

(Hechos 20:9–10, 12)

Eutico había muerto, ¡pero ahora estaba vivo! La acción
de Pablo me recuerda cómo los profetas Elías y Eliseo, en diferentes ocasiones, se tendieron sobre el cuerpo inerte del hijo de
una viuda y le devolvieron la vida por el poder de Dios.

Cuando Eutico resucitó, los creyentes regresaron al aposento alto de la casa. Comieron algo, y después Pablo continuó
hablando hasta el alba. Cuando salieron de la reunión, los creyentes no sólo estaban animados gracias a la enseñanza que
Pablo les había dado, sino también muy consolados por este
milagro de resurrección a medianoche (véase versículo 7–12).

Dios sigue resucitando gente hoy día milagrosamente, re-
sucitándoles físicamente de los muertos. Y la última resurrección para todos los creyentes será la resurrección de nuestro
cuerpo a semejanza de Jesús para la eternidad: *"Se siembra
en corrupción, resucitará en incorrupción…. En un momento, en
un abrir y cerrar de ojos, a la final trompeta…los muertos serán
resucitados incorruptibles, y nosotros seremos transformados"*
(1 Corintios 15:42, 52).

6. El milagro de medianoche
de la preservación

Pablo experimentó después aún otro milagro de medianoche. Después de ser arrestado y encarcelado, apeló exponer su
caso ante el César. Le llevaron, pues, junto a otros prisioneros,
en un viaje en barco a Roma bajo la custodia de un centu-
rión romano llamado Julio. Después de que el grupo realizara
varias paradas durante el viaje, y cambiara varias veces de

barco, Pablo recibió una palabra del Señor de que no debían proseguir con el viaje que habían planeado hacer desde Buenos Puertos, donde el barco estaba en ese momento atracado, porque resultaría en pérdida de vidas y la destrucción del barco y el cargamento. Pero Julio confió más en el consejo del piloto y patrón de la nave, que querían continuar, que en la advertencia de Pablo.

Poco después de zarpar, les golpeó una tormenta terrible. Las olas chocaban contra el barco y un viento huracanado "*llamado Euroclidón*" (Hechos 27:14). Este nombre denotaba remolinos de tipo tifón que soplaban en todas direcciones. Se encontraban, pues, en una situación precaria.

Los tripulantes comenzaron a ayunar. Quizá no todos eran cristianos, pero ayunaban y oraban.

Luego Pablo se puso en pie y les dijo que un ángel del Señor se le había aparecido, diciéndole que todos estarían a salvo porque Dios quería que él apelase ante el César. Les aseguró que Dios también preservaría la vida de todos lo que estaban en el barco.

Al decimocuarto día de tormenta, el resto de viajeros parecieron haber perdido toda esperanza, aunque Pablo les había hablado esas palabras de ánimo. Después, "*a la medianoche*" (versículo 27), la hora más oscura en una situación de por sí ya oscura, los marineros descubrieron que el barco estaba cerca de tierra.

> **Las cosas maravillosas de la ley de Dios me iluminan en mis tiempos oscuros, asegurándome que sus promesas funcionan.**

Pablo les dijo que rompieran el ayuno y comieran para tener fuerzas para sobrevivir al naufragio, y todos participaron de la comida. Después, cuando intentaron llegar a tierra, el barco quedó totalmente destruido, pero las 276 personas que había a bordo sobrevivieron, como Dios había dicho.

¿Cuándo reconocieron los marineros por primera vez que finalmente habían encontrado tierra? A la medianoche (véase Hechos 27).

Aunque seguimos a Dios, es posible que pasemos por tempestades, pero Él nos librará, quizá en un momento que nos pareciera el menos indicado. Cuando me encuentro en esas circunstancias, oro así: *"Abre mis ojos, y miraré las maravillas de tu ley"* (Salmos 119:18). Las cosas maravillosas de la ley de Dios me iluminan en mis tiempos oscuros, asegurándome que sus promesas funcionan. Él es el Dios que nos da un nuevo día para vivir y servirle.

7. EL MILAGRO DE MEDIANOCHE DE LA TRANSFORMACIÓN

Al comienzo de la creación, *"la tierra estaba desordenada y vacía, y las tinieblas estaban sobre la faz del abismo, y el Espíritu de Dios se movía sobre la faz de las aguas"* (Génesis 1:2). Aún no se había instituido el tiempo en la tierra cuando el Espíritu de Dios se movía sobre la faz de las aguas en su creatividad divina. Creo que la oscuridad original del mundo podría haber sido una de sus horas de medianoche, pero Dios transformó el "vacío y tinieblas" de la tierra en un entorno maravilloso, vibrante y lleno de vida. Y Él hará lo mismo en nuestras vidas.

Hace varios años experimenté una transformación así en mi propia vida. Todos pasamos por pruebas, pero como mencioné en el capítulo 12, una vez estuve muy enferma, aparentemente debido a unos parásitos. Ese fue sin lugar a dudas un "tiempo de medianoche" en mi vida. No tenía ni idea de que pudiera estar tan enferma. No tenía la energía para cruzarme la habitación caminando, e incluso me costaba pensar.

Esa infección me ocurrió antes de que mi hija Sarah y su esposo Reece se convirtieran en los pastores principales de la iglesia Orchard Road Christian Center, la iglesia que Wally y yo fundamos. Reece quería que hiciera una declaración sobre mi enfermedad ante los miembros de la iglesia porque decía que la gente podía pensar que era algo peor. También quería que yo pidiese oración. Y lo hice, pedí oración para que mi apetito regresara y pudiera dormir y renovar mi energía.

Cada día, una de las mujeres de nuestra iglesia me traía la comida. Fue una bendición. Yo no podía comer mucho, pero Wally sí. Esa mujer siempre me decía: "Esto es temporal", pero el diablo me susurraba al oído: *Nunca volverás a viajar.*

Mi experiencia de medianoche duró sólo siete meses, y el Señor me sanó milagrosamente. El diablo me había dicho que nunca volvería a viajar, pero ocurrió justamente lo contrario. Dios hizo que surgieran más viajes a otros países que nunca antes, y también ocurrieron milagros mayores en mi vida desde entonces.

Los milagros de medianoche de Dios demuestran su amor por nosotros y nos humillan. Mi experiencia de medianoche me dio más compasión por los enfermos, y aumentó mi fe. Y, durante el período en que no pude viajar, teniendo que permanecer en casa, aprendí muchas cosas del Señor. Sí, los momentos oscuros de medianoche pueden ser la antesala de tiempos milagrosos.

La oscuridad que afrontemos puede ser espiritual, económica, física, mental o emocional. Quizá se encuentra ahora en la peor tormenta de su vida, y le parece que nunca saldrá de ella. Si se siente así, está en el mismo club al que pertenecen muchas otras personas. Mantenga viva su fe en Jesús, y saldrá de ahí. Permítale transformar la oscuridad con su luz, y llegará a salvo a la orilla de su amor y su gracia.

8. EL MILAGRO DE MEDIANOCHE
DEL REGRESO DEL NOVIO

Quiero compartir un milagro más de medianoche: "*Y a la medianoche se oyó un clamor: ¡Aquí viene el esposo; salid a recibirle!*" (Mateo 25:6). Jesús nos dijo: "*Cuando estas cosas* [señales de su segunda venida] *comiencen a suceder, erguíos y levantad vuestra cabeza, porque vuestra redención está cerca*" (Lucas 21:28). Como novia de Cristo que somos, debemos estar listos en la hora más oscura para la revelación total de Jesucristo al mundo. No mire hacia abajo, sino levante su cabeza. "*Gocémonos y alegrémonos y démosle gloria; porque han llegado las bodas del Cordero, y su esposa se ha preparado*" (Apocalipsis 19:7).

¿Está preparado para su regreso? La preparación para este último evento comienza en el mismo lugar que la preparación para entrar en su camino hacia los milagros. A través de los principios de este libro, usted puede (y espero que ya haya comenzado) obtener muchos tipos de milagros. Sin embargo, el mayor de los milagros, y el lugar donde todos comienzan, es recibir a Jesucristo como su Señor y Salvador.

> **El mayor de los milagros, y el lugar donde todos comienzan, es recibir a Jesucristo como su Señor y Salvador.**

Previamente mencioné que siempre llevo conmigo tarjetas con la oración del pecador impresa, la cual la gente puede usar para orar por su salvación y reconciliarse con su Padre celestial. No se decepcione si hablo de ser un "pecador", porque todos lo somos, pero Dios no nos dejó ahí. Él proveyó un medio para borrar nuestras ofensas para que podamos tener una relación con Él. ¿Le gustaría saber lo que dicen esas tarjetas? Es bastante simple:

Querido Padre celestial, sé que tienes un plan para mi vida, porque me creaste y me amas. Tú creaste el cielo para que fuera mi morada eterna contigo. Perdóname todos mis pecados, mis errores y mi pasado. Creo que la sangre de tu Hijo Jesús me limpia de todo pecado. Me arrepiento de mis pecados y te invito, Jesús, a venir a mi corazón y ser mi Salvador personal. Gracias por salvarme, según lo que me dice la Biblia en Romanos 10:13: Porque todo aquel que invocare el nombre del Señor, será salvo. Amén.

Si usted ha hecho esta oración con sinceridad, ha nacido de nuevo, ¡y quiero darle la bienvenida a la familia de Dios! Este es el mayor de los milagros de su vida. Quiero que se ponga en contacto con una iglesia cristiana que crea en la Biblia y esté llena de fe. Pídale a Dios que le lleve a una, y después involúcrese. Ore y lea su Biblia todos los días para que aprenda más sobre su fe y crezca en su relación con Dios.

El poder detrás de los milagros

Al comenzar su nueva vida en Cristo, quiero que sepa que el poder que hay tras los milagros que he descrito en este libro es Dios: Dios Padre, Dios Hijo (Jesús) y Dios Espíritu Santo. No sé por qué derroteros hubiera transcurrido mi vida si no hubiera sido por la presencia continua del Espíritu Santo conmigo.

> **El bautismo del Espíritu Santo se refiere a una unción que nos da poder sobrenatural para vivir para Dios y servir a sus propósitos en el mundo.**

Por medio de mi esposo, Wally, Dios me guió para recibir el maravilloso regalo de ser "bautizado" en el Espíritu Santo de Dios, y mi oración es que usted reciba también este regalo. Aunque cada creyente tiene el Espíritu de Dios viviendo dentro de él, el bautismo del Espíritu Santo se refiere a una unción que nos da poder sobrenatural para vivir para Dios y servir a sus propósitos en el mundo (veamos, por ejemplo, Hechos 2; 10:44–46; 19:1–6; Marcos 16:17).

En el libro de Wally, *Life Lessons*, él compartía:

Al principio de mi caminar cristiano, crucé un área gris en mi vida religiosa (algunos dirían que me aparté). Después Dios me conectó con algunos pentecostales encendidos. Me animaron para que fuese bautizado en el Espíritu Santo con la evidenciad e hablar en lenguas. Esto era algo nuevo para mí, así que oré algo como esto: "Señor, esto nuevo que estoy aprendiendo, el bautismo en el Espíritu Santo, si es de ti, muéstramelo con versículos que nadie haya usado conmigo".

Después de hacer esa oración, estaba leyendo 1 Corintios 2:9: "*...Cosas que ojo no vio, ni oído oyó, ni han*

subido en corazón de hombre, son las que Dios ha pre-
parado para los que le aman". Después, en 1 Corintios
2:13 encontré: *"Por lo cual también hablamos, no con*
palabras enseñadas por SABIDURÍA HUMANA, sino
con las que ENSEÑA EL ESPÍRITU SANTO…".

Parecía como si el Señor iluminara esos versículos y
me dijera en mi corazón: "Un niño francés aprende
a hablar francés por la sabiduría de su madre que
habla francés. Un niño que habla inglés aprende a
habar inglés por la sabiduría de su madre que habla
inglés. Sólo hay un lenguaje que no se enseña por
la 'sabiduría humana', y es el lenguaje del cielo que
'enseña el Espíritu'". Tomé esto como la respuesta a
mi oración, y recibí mi lenguaje celestial, un lenguaje
que me enseñó el Espíritu Santo en cuestión de días.

Pídale a Dios que le bautice con su Espíritu Santo. Él lo
hará. Comience a alabarle y a recibir el derramamiento de su
Espíritu en su vida. Jesús dijo: *"Pues si vosotros, siendo malos,*
sabéis dar buenas dádivas a vuestros hijos, ¿cuánto más vues-
tro Padre celestial dará el espíritu Santo a los que se lo pidan?"
(Lucas 11:13). El Espíritu Santo le enseñará la verdad de la Palabra de Dios, le dará poder para el ministerio, y le capacitará para
cumplir los planes que Dios tenga para usted (véase, por ejemplo, Juan 16:13–15; Hechos 1:8; Romanos 15:18–19; Efesios 5:9).

VIAJE POR EL CAMINO HACIA LOS MILAGROS

Nunca habría emprendido mi camino hacia los milagros
si no me hubieran animado a recibir el bautismo del Espíritu
Santo. Mi vida, tal y como es ahora, no existiría. Afortunada-
mente, Dios abrió mis oídos espirituales y me reveló, de una
forma que finalmente entendí, que Él tenía algo maravilloso
para mí. Ministrar personalmente a miles, retransmitir por televisión para miles de millones de espectadores y visitar 125
países es algo que superaba todas mis expectativas. Mi vida ha
sido un camino de milagros, pero mi vida aún no ha terminado.
Creo que vienen más milagros.

Cuando este libro se imprima, habré estado en Karachi, Pakistán, hablando a una audiencia de más de 200.000 personas. Será la reunión más grande que haya tenido jamás, superando una reunión previa en Pakistán con 120.000 personas. También habré estado en Hong Kong llevando a cabo reuniones de sanidad, y en Beijing, China, para unas sesiones de enseñanza con 3.000 líderes de células. Anticipo que llegarán más reuniones de sanidad en Turquía, con refugiados iraníes, y con el pueblo turco. Además, creo que Dios abrirá oportunidades excepcionales para predicar el evangelio no sólo en Israel, sino también en la franja de Gaza.

"Y [Jesús] *les dijo* [¡y a nosotros también!]: *Id por todo el mundo y predicad el evangelio a toda criatura*" (Marcos 16:15).

Tenemos una eternidad que estamos anticipando, pero antes de cruzar, tenemos otras partes del camino que recorrer a este lado de las "puertas de perla" de Dios. Recuerde: los milagros son para *usted*, y en todas las cosas, ¡oro para que usted tenga un viaje bendecido en *Su Camino Hacia los Milagros*!

Acerca de la autora

Como fundadora y presidenta del ministerio Marilyn Hickey Ministries, Dios está usando a Marilyn para ayudar a cubrir la tierra con la Palabra. Su ministerio de enseñanza bíblica es un esfuerzo internacional vía televisión, satélite, libros, CDs, DVDs y reuniones de sanidad. Marilyn ha establecido un programa internacional de distribución de Biblias y alimentos, y está comprometida con el ministerio en otros países, a menudo llevando el evangelio a las personas que nunca antes lo han escuchado.

Marilyn y su esposo, Wallace Hickey, son los pastores fundadores de la iglesia Orchard Road Christian Center en Greenwood Village, Colorado. Tienen dos hijos adultos, cinco nietos y cuatro biznietos.

Una invitación especial

Por favor, contacte conmigo por correo postal o electrónico y déjeme saber si ha hecho la oración para recibir a Cristo y el bautismo del Espíritu Santo y si ha contactado con alguna iglesia que crea en la Biblia. También me gustaría escuchar sus experiencias milagrosas del poder de Dios actuando en circunstancias de su vida.

Si vive en la zona de Denver, por favor no dude en visitarnos en Orchard Road Christian Center; y por supuesto, en cualquier lugar del mundo donde se encuentre, siempre puede enviarme sus experiencias y testimonios por Internet a través de Marilyn Hickey Ministries u Orchard Road Christian Center.

¡Que Dios le bendiga!
Marilyn Hickey

Marilyn Hickey Ministries
Página web: http://www.marilynandsarah.org/

Orchard Road Christian Center
8081 East Orchard Road, Greenwood Village, CO 80111
Página web: http://orcconline.org/